MÉMOIRES DE L'ACADÉMIE
DES
SCIENCES, BELLES-LETTRES ET ARTS DE CLERMONT-FERRAND

Deuxième Série

FASCICULE CINQUIÈME

LE MONASTÈRE

DE LA

VISITATION SAINTE-MARIE

DE RIOM

ET

JEANNE-CHARLOTTE DE BRÉCHARD

ÉTUDE HISTORIQUE

PAR

Edouard EVERAT

DOCTEUR ÈS-LETTRES
AVOCAT A LA COUR D'APPEL DE RIOM
MEMBRE TITULAIRE DE L'ACADÉMIE DE CLERMONT-FERRAND

CLERMONT-FERRAND
IMPRIMERIE M. BELLET ET FILS, ÉDITEURS
Avenue Centrale, 4.

1892

MÉMOIRES DE L'ACADÉMIE
DES
SCIENCES, BELLES-LETTRES .ET ARTS
DE
CLERMONT-FERRAND

DEUXIÈME SÉRIE

Fascicule cinquième

LE MONASTÈRE

DE LA

VISITATION SAINTE-MARIE

DE RIOM

ET

JEANNE-CHARLOTTE DE BRÉCHARD

ÉTUDE HISTORIQUE

PAR

Edouard EVERAT

DOCTEUR ÈS-LETTRES
AVOCAT A LA COUR D'APPEL DE RIOM
MEMBRE TITULAIRE DE L'ACADÉMIE DE CLERMONT-FERRAND

CLERMONT-FERRAND
IMPRIMERIE M. BELLET ET FILS, ÉDITEURS
Avenue Centrale, 4.

1892

AVANT - PROPOS

Notre époque n'a pas un goût médiocre à fouiller le passé et à en exhumer jusqu'aux plus frustes débris.

Est-ce pure flatterie de l'imagination, dont la fierté grandit avec la difficulté de faire sourdre la vie où tout est stérile et bien mort? Est-ce, après cette résurrection fructueusement tentée, et en face d'êtres en soudaine activité, le plaisir de converser avec des âmes reconquises, et l'attrait plus captivant encore de leur ajouter de notre propre fonds ce que leur refuse l'Histoire forcément incomplète?

Nous ne savons : mais l'avantage à recueillir de semblables études se multiplie, si à la recherche des faits pris aux sources et acceptés par la critique, si à la connaissance du milieu nous ajoutons la recherche et la connaissance des esprits qui peuplent ce milieu, et comme conclusion morale, une recherche et une connaissance plus intimes de nous-mêmes.

Ozanam voit juste, qui met « la source des grandes actions dans les souvenirs. » Le document sec, brutalement analysé à l'égal d'une sensation qui ne dépasse pas la modification physique, manque de valeur. Jusque dans les déblais du sol fouillé, jusque dans les pierres qui en émergent, — simple appareil ou fragments d'une empreinte artistique, — l'esprit ne doit chercher que l'esprit.

Pour nous, qui avons entrepris d'écrire une page de l'Histoire religieuse en un coin de province, la chose est facile.

Il y a là plus que l'examen de pièces d'archives, plus qu'une série d'événements qui, réduits à l'isolement de leur centre, seraient de minime importance. Avec la biographie de la Mère de Bréchard et l'historique de sa fondation jusqu'à nos jours, « on ramasse ce quelque chose de glorieux » que Bossuet trouve au compte « de l'immortelle beauté de l'Église en tous les lieux et en tous les siècles. » En remettant dans son cadre et dans son jour une figure de sainte, fût-elle enveloppée de demi-teintes et de pénombres presque perdues dans les charmes du mystère et de l'inconnu, on n'en saisit pas moins les linéaments d'une grande œuvre, où le doigt de Dieu achève, de traits en relief, l'esquisse du doigt de l'homme.

L'on pourra estimer étrange que la Mère de Bréchard et son monastère aient eu un rôle à jouer, qu'ils réclament leur place dans le mouvement des affaires religieuses au xviie siècle, et qu'ils la tiennent assez en lumière.

Mais qu'on se rappelle que nous sommes au début d'un grand siècle, — que l'esprit de la Visitation n'est autre que celui de saint François de Sales, appliqué en perfection à la vie religieuse, — qu'il répondait, non seulement aux besoins de quelques âmes facilement gagnées, mais à ceux d'une époque particulière de notre pays, et dans ce même pays, aux exigences d'une ville où sainte Chantal venait de fonder son quinzième monastère. Le portrait de la Mère de Bréchard garnit bien son cadre, et le cadre s'élargit, ou plutôt, tout autour, viennent se grouper, avec des figures déjà connues, — celles du fondateur, de la fondatrice, des premières Mères de la Visitation, — d'autres figures plus modestes, moins saillantes, auxquelles toutefois on voit avec plaisir se rattacher les plus beaux noms de notre Auvergne.

Histoire locale et histoire générale fondues, et poursuivant leur marche sous la double pression des événements humains et d'autres événements, — ceux du cloître, — plus cachés, plus forts aussi, — en ce sens que la Sainteté reste souveraine maîtresse du temps et de ses conflits !

Tel voudrait être cet essai hagiographique.

L'unité providentielle ne lui fait pas défaut : la Visitation Sainte-Marie, après les heurts des années, a retrouvé plus que son nom, — et ses cloîtres abritent trop bien l'œuvre de Dieu pour que Dieu ne lui imprime pas le sceau des choses qui durent (1) !

E. E.

---

(1) C'est le spectacle de cette restauration du vieux monastère Sainte-Marie qui nous a inspiré l'idée de cette étude. Et nous serions un ingrat, si nous ne payions ici notre dette d'affectueuse gratitude à l'éminent Religieux, — érudit distingué non moins que tendre ami, — qui a contribué avec un zèle si éclairé au relèvement de l'antique maison, et qui à la fois a secondé d'une aide si efficace l'éclosion de ces modestes pages ! — E. E.

SOURCES INÉDITES

1. « Fondation du monastère de la Visitation Sainte-Marie établie en la ville de Riom en Auvergne le 8 décembre, en l'année 1623. » (Manuscrit, terminé en 1699, et dû à la plume d'une Visitandine de Riom. — Archives du monastère de Riom.)

2. Histoire chronologique des fondations de toute la Visitation Sainte-Marie. (Manuscrit. — Bibliothèque Mazarine, H. 1755, A, tome II.)

3. Manuscrit contenant la vie de la Mère de Bréchard, terminé le 6 décembre 1641. (Archives du monastère de Riom.)

4. Manuscrit d'une Visitandine contemporaine de la Mère de Bréchard, contenant les détails de l'exhumation de celle-ci en 1644 et des faits qui suivirent. (Archives de la Visitation de Riom.)

5. Récit de Sœur Marie-Françoise Fayolle, professe de Riom, Visitandine à Brioude, dicté, vers 1820, à Sœur Marie-Louise Martinon d'Aubagnat, du monastère de Brioude, et concernant les reliques de la Mère de Bréchard. (Archives de la Visitation de Riom.)

6. Lettres de Sœur Marie-Michel Laurent, du monastère de Riom, à la supérieure de la Visitation de Brioude (28 janvier 1806), et de Jeanne Feuillarade, nièce de Sœur Françoise-Catherine Merle, professe à Riom, à Sœur Marie-Françoise Fayolle (4 avril 1806), sur les reliques de la Mère de Bréchard. (Archives du monastère de Riom.)

7. Procès-verbaux de reconnaissance et de visite des reliques de la Mère de Bréchard. (Archives du monastère. — Archives départementales.)

8. Archives de la Préfecture du Puy-de-Dôme. — Fonds des Visitandines de Riom. (*Nous désignons, dans le corps de l'ouvrage, les pièces extraites de ce fonds par les lettres F. V.*)

9. Archives de la ville de Riom. (Délibérations des consuls et du Conseil municipal.)

LE MONASTERE

DE LA

VISITATION SAINTE – MARIE

DE RIOM

ET

JEANNE-CHARLOTTE DE BRÉCHARD

(ÉTUDE HISTORIQUE)

CHAPITRE PREMIER

Etat des communautés religieuses à Riom au début du XVIIᵉ siècle

---

« La ville de Riom a toujours esté une des plus dévotes et zélées villes de France à la religion catholique et chrestienne, laquelle n'a jamais cy-devant peu endurer aucune hérésie, et de présent (nonobstant l'édict de liberté de conscience), il y a fort peu d'habitans qui soient de la religion prétendue. »

C'est en ces termes que, vers 1619, le R. P. Jacques Fodéré, visiteur des « convens de l'ordre Saint-François et monastères Sainte-Claire (1), » appréciait les sentiments religieux des Riomois.

---

(1) *Narration historique et topographique des convens de l'Ordre de Saint-François et monastères Sainte-Claire, érigez en la province Saint-Bonaventure*, par le R. P. Jacques Fodéré. (Lyon, 1619, in-4º, réimprimé en ce qui concerne la custoderie d'Auvergne dans les *Mémoires de l'Académie de Clermont-Ferrand*, 1859, 2ᵉ série, I, 316, 32ᵉ vol. de la collection.)

Rien de plus véridique que ce jugement.

Du jour, en effet, où leur pasteur et concitoyen saint Amable eut enraciné la foi dans leurs cœurs, les Riomois y demeurèrent inébranlablement attachés, et aucune révolution, — politique ou sociale, — ne put diminuer leur inaltérable dévouement à la religion du Christ. Aussi bien, constance, fidélité, — ces deux mots ne dessinent-ils pas un des traits caractéristiques de leur génie ?

Une telle ferveur religieuse eût dû, semble-t-il, peupler la ville de monastères. Cependant, au début du xviie siècle, une seule Communauté, — les Cordeliers, — était établie dans ses murs. Les autres établissements ecclésiastiques, les Chapitres de Saint-Amable, du Marthuret et de la Sainte-Chapelle, étaient tous séculiers (1).

Les Cordeliers avaient été appelés à Riom antérieurement à l'an 1284. Ils s'étaient d'abord installés au faubourg de Layat. Mais les malheurs de la guerre de Cent ans et les craintes occasionnées par les incursions des Anglais en Auvergne firent craindre que les ennemis ne s'en emparassent pour s'y établir comme dans un retranchement et « travailler » ensuite la ville. Les habitants exigèrent que le monastère fût rasé. Pendant douze ans environ, les Cordeliers restèrent sans asile. En 1350, les libéralités de Michel Bardon, « dévot et riche habitant, » leur permirent enfin de rétablir leur Communauté dans un vaste emplacement, « joignant les murailles de la ville, à l'opposite du premier convent, n'y ayant que les murailles, le fossé et le grand chemin entre-deux (2). » La munificence de nombreux bienfaiteurs, de Jean de Chazeron entre autres, fournit les moyens de l'aménager en peu de temps. Un tremblement de terre détruisit une partie des

---

(1) On sait, en effet, que l'abbaye de Saint-Amable fut sécularisée par bulle du 9 novembre 1548 et arrêt du 9 déc. 1550. (Chabrol, *Coutumes d'Auvergne*, IV, 455.)

(2) Cet emplacement est aujourd'hui occupé par la Maison centrale de force et de réclusion.

constructions en 1485, mais le seigneur de Cériers s'empressa de les restaurer, et dans des conditions telles que le couvent passa « pour le plus massif et le mieux asseuré contre le feu qui fust en la province. »

Les Cordeliers avaient rapidement profité d'une situation aussi privilégiée pour se concilier les sympathies de tous les habitants. Mais l'aurore du xviie siècle allait marquer la fin de l'empire exercé jusqu'ici sans partage par les Frères mineurs de Saint-François.

Elle annonçait une ère de rénovation pour l'Église entière, pour celle de France en particulier. Les luttes de la Réforme, et les guerres civiles qui en avaient été la conséquence, n'avaient pas eu seulement pour résultat de souffler la haine au cœur des chrétiens et d'ensanglanter les contrées, théâtre de ces horribles discordes. Que de ruines elles laissaient à relever, de haines à éteindre, d'erreurs à dissiper, d'ignorances à éclairer, de misères physiques à soulager ! Cette lourde tâche était bien de nature à tenter l'âme toujours généreuse et compatissante de l'Église catholique. Pour ramener la charité dans les cœurs et la tolérance dans les esprits, pour répandre à flots les lumières de la foi et de l'instruction, rasseoir les États sur le fondement ébranlé de l'autorité, — il lui suffisait de rappeler les hommes à l'observance des préceptes évangéliques, et d'en attester l'efficacité par la double affirmation de sa parole et de son exemple. A cette noble mission, elle se dévoua sans hésiter, — et bientôt de son tronc mutilé, mais toujours vigoureux, s'élançaient, hardis et vivaces, de nombreux rejetons. Les vertus et les doctrines des Pie V, des Ignace de Loyola, des François Xavier, des Philippe de Néri, des Charles Borromée et des Thérèse avaient été une semence féconde, qui, jetée aux quatre vents du monde, avait enfanté tous les sacrifices et tous les héroïsmes.

Nulle part cette semence n'avait fructifié avec plus de bonheur que sur la terre de France. Le siècle est à peine né :

déjà Vincent de Paul a commencé ses gigantesques travaux ; il verse à torrents autour de lui les trésors de son inépuisable charité ; il institue, pour le soulagement des pauvres et des malades, et pour l'instruction des enfants du peuple, ces illustres congrégations, demeurées la gloire de l'Humanité. A ses côtés, M. Olier fonde Saint-Sulpice pour la formation du clergé ; — M. de Bérulle destine les prêtres de l'Oratoire à devenir, concurremment avec les Pères de la société de Jésus, les maîtres de la jeunesse ; François Régis, César de Bus, Pierre Fourrier évangélisent les masses et les invitent à la fraternité et à la pacification religieuses ; le cardinal du Perron et François de Sales terrassent les hérétiques avec les armes de l'érudition ou les charmes de la plus suave éloquence ; les ordres de Cîteaux, de la Trappe se réforment ; de nouvelles Communautés surgissent : les unes (les Ursulines, les Carmélites, les Visitandines), pour donner l'exemple de toutes les austérités et de toutes les mortifications ; — les autres, pour s'infuser dans le sang du peuple, lui enseigner la religion comme les Capucins, ou lui apprendre les sciences profanes comme les Sœurs de Notre-Dame ! Admirable époque, qui préludait à l'éclosion des plus éclatantes productions du génie humain, par celle des miracles les plus étonnants de la charité chrétienne et de l'amour divin !

A un tel spectacle, un frisson d'enthousiasme soulève toutes les classes de la société française, — les plus humbles comme les plus élevées, — et c'est parmi elles une véritable émulation pour faire le bien, secourir l'infortune, soigner les malades, répandre les bienfaits de l'éducation chrétienne, — « ouvrir, en quelque sorte, la maison de Dieu à tout ce qui pleure, à tout ce qui a froid, à tout ce qui a faim (1). »

La noblesse surtout se lance, ardente, dans la mêlée, avec sa fougue accoutumée. Poussée dans cette voie par Henri IV lui-même, qui rouvrait les collèges des Jésuites, et par Marie

---

(1) Paul Lacroix, *XVIIe siècle, Institutions, usages et coutumes* (Paris, Didot, 1880), p. 360.

de Médicis, qui implantait le Carmel espagnol à Paris, elle favorise de tout son pouvoir les progrès de cette restauration religieuse. Au premier rang, se font remarquer les plus illustres femmes du royaume. Les dames de la Cour, les princesses des maisons de Longueville et de Lorraine quittent soudain l'éclat du monde pour se jeter dans l'obscurité d'un cloître. Mme Le Gras, une Marillac, devient l'auxiliaire le plus précieux de M. Vincent ; — Mme Acarie, du cardinal de Bérulle ; — Mme de Sainte-Beuve, de César de Bus ; — Mme de Chantal, de François de Sales. L'aristocratie comprenait ainsi qu'elle devait à elle-même et à la France de réparer ses fautes, ses désordres et ses crimes du siècle précédent, et de pratiquer ouvertement l'abnégation, la soumission et la chasteté, après avoir prêché si souvent l'égoïsme, la révolte et la débauche. Que n'a-t-elle racheté toujours aussi bien ses égarements et ses folies !

Ce vaste soulèvement remua le royaume entier. L'Auvergne n'y demeura pas étrangère. Riom prit avec hardiesse l'initiative du mouvement. — Cette ville qui, pendant trois siècles, n'avait admis qu'un ordre religieux dans son sein, en installa cinq nouveaux en moins de vingt années, — les Capucins en 1606, les Oratoriens et les Carmélites en 1618, les religieuses de Notre-Dame en 1622, et les Visitandines en 1623 (1). Ici encore, c'est avant tout la noblesse qui opère ces fondations, les aide de sa fortune et de son influence, et envoie ses membres les plus distingués dans les nouveaux monastères.

Les Capucins bénéficièrent les premiers de cet élan. Gilbert de Chazeron donna 1,500 écus d'or pour leur établissement, et leur construisit « un des beaux couvens qu'ils

---

(1) Puis vinrent les Hospitalières en 1642, les Carmes en 1643, les Chanoines de Sainte-Geneviève en 1661, et les Sœurs de Saint-Vincent de Paul ou *Sœurs grises* en 1736.

eussent en la province, hors et assez près de la ville (1). »
Cette installation confortable leur permit de se livrer en
toute liberté à la prédication. Ils le firent avec éclat ; leur
popularité s'affirma bientôt dans la ville et dans les contrées voisines, et persista vivace et durable jusqu'à la Révolution (2).

Les Oratoriens n'avaient été introduits en France
qu'en 1611 : ils acquirent, dès l'abord, une renommée suffisante pour que de toutes parts on sollicitât l'honneur de leur
confier l'éducation de la jeunesse. Riom fut une des premières villes à réclamer cet avantage. A la demande de ses
consuls, le P. de Bérulle vint, en 1617, traiter sur place de
cette importante affaire. Dès le 8 janvier 1618, un traité
passé entre la ville et le P. Jean Bence, un des premiers disciples de M. de Bérulle, délaissait à perpétuité le collège de
Riom à la congrégation de l'Oratoire, qui s'engageait à
fournir et entretenir trois régents pour les classes de quatrième, cinquième et sixième moyennant une rente annuelle
de 1,000 livres. Les cours commençaient le 1er janvier 1619, et
ils obtenaient, dès leur début, un succès si vif, que, le 22 décembre 1622, ils étaient complétés par l'adjonction des classes
de troisième, seconde et rhétorique. Quelles furent l'importance de ce collège et l'excellence de son enseignement, — il
n'est plus besoin de le redire, depuis qu'un de nos plus érudits
compatriotes a publié et enrichi de savants commentaires *le
Journal de l'Oratoire* (3).

« M. de Bérulle étant venu à Riom pour y établir les Pères

---

(1) Au champ d'Ojardias, faubourg de Mozat. La donation de Gilbert de Chazeron, « pour bâtir un couvent de Capucins entre Riom et Mozat, » est transcrite sur le vol. 94, p. 126, des registres des insinuations déposés à la Préfecture.

(2) Après la suppression du couvent de Riom, des pétitions se signaient dans la ville pour obtenir la conservation des Capucins. (Voir délibérations du Conseil municipal des 6 mars, 22 juin 1791.)

(3) M. Marc de Vissac, *le Journal de l'Oratoire*. Riom, Girerd, 1885.

de l'Oratoire, trouva notre petite ville si agréable et si bien situé, qu'il conçut le désir d'y fonder une communauté de Carmélites (1). » On sait, en effet, que le vénérable cardinal fut le propagateur, en France, à la fois de la congrégation de l'Oratoire et de la réforme de Sainte-Thérèse. « Il parla de ses chères filles du Carmel avec une admiration si communicative, que les habitants réclamèrent aussitôt pour leur cité l'honneur d'une fondation (2). » M. Jacques de Murat, seigneur de Bardon, voulut être le bienfaiteur de la maison. Il donna 2,000 écus et un hôtel dans la rue de Mozat. La ville lui devait 1,000 écus. Pour se libérer de cette dette, elle fournit une concession d'eau à la nouvelle Communauté. Mme veuve Gabriel du Lac, née Malet de Vendègre, — nièce du garde des sceaux de Marillac et parente de Mme Le Gras, — joignit ses largesses à celles de M. de Murat. Les moyens d'existence de la maison se trouvèrent ainsi assurés. Mme de Murat partit aussitôt de Riom pour le monastère de Tours, où résidaient les religieuses chargées de la fondation. Le jour de l'Epiphanie, 1618, elle revenait avec cinq Carmélites : la Mère Marie de Saint-Gabriel, fille de M. l'Espeuvrier, négociant de Troyes, et professe du grand couvent de Paris, avec le titre de prieure ; — la Mère Madeleine de Saint-Joseph, professe du monastère de Tours, élève de la Mère Anne de Saint-Barthélemy, si célèbre dans les annales du Carmel, avec la qualité de sous-prieure, — et les Sœurs Thérèse de Jésus, Françoise de Jésus et Maria du Saint-Sacrement. Madeleine le Roy, encore postulante du voile blanc, qui devait bientôt devenir Sœur Madeleine de Jésus, complétait la Communauté. Le 28 janvier 1618, fête de sainte Cirille, le Saint-Sacrement était exposé avec solennité dans la chapelle, et la clôture définitivement établie.

A peine installées, les religieuses reçurent de nombreuses novices, — parmi lesquelles nous relevons les noms des

---

(1) Manuscrit inédit de la fondation des Mères Carmélites de Riom.
(2) Abbé Houssaye, *le P. de Bérulle et le Carmel en France.*

Sœurs Thérèse de Saint-Joseph, — nièce du P. Sirmond, — Marie de Jésus, Marie de Saint-Gabriel et Anne de Saint-Joseph, toutes trois nièces de Mme de Murat. L'aristocratie riomoise fournissait encore au Carmel, quelque temps après, Mme de Murat elle-même, devenue veuve ; — puis Mme du Lac et sa fille (1).

Cinq filles dévotes, raconte Chabrol (2), s'étaient associées, en 1621, pour fonder une communauté de l'ordre de Notre-Dame, — et sans doute aussi pour donner l'instruction aux jeunes filles pauvres. Elles avaient acheté une maison et bâti une chapelle, — mais leur nombre ne paraissait pas susceptible d'accroissement. Mme Gabrielle de Fretat, veuve de M. du Verdier, conseiller au Présidial, obtint alors du cardinal de Sourdis, archevêque de Bordeaux, assez de sujets pour constituer une véritable Communauté. Elle avait promis de la nourrir et entretenir jusqu'à ce qu'elle eût 1,000 livres de revenu. — Les religieuses s'installèrent d'abord dans la rue de la Croix-Mazaye, puis se transportèrent près des locaux occupés par le Chapitre de Saint-Amable, — au lieu devenu présentement la place de la Halle-au-Blé et du Château-d'Eau.

Tel était l'état des Communautés fixées à Riom à la fin de l'année 1622.

Soudain, les habitants apprirent le projet d'un nouvel établissement en faveur des Filles de l'Ordre de la Visitation, que François de Sales, l'illustre évêque de Genève, venait d'établir depuis douze ans à peine.

---

(1) M. de Murat fut, à sa demande, inhumé dans la chapelle du monastère, — non sans opposition de la part du Chapitre de Saint-Amable.
Tous ces détails sont tirés du manuscrit inédit de la fondation de Riom, que les RR. MM. Carmélites ont bien voulu nous communiquer.

(2) *Coutumes*, IV, 361.

CHAPITRE II

Les préliminaires de la fondation (1616-1622)

A M. Jacques de Murat, seigneur de Bardon, conseiller au Présidial, — et fils du célèbre Jean de Murat, député de Riom aux États d'Orléans et de Blois, — revenait l'honneur du projet. Sous l'influence de l'enthousiasme religieux qui soulevait alors les esprits les plus éclairés du royaume, ce gentilhomme avait résolu de doter sa ville natale d'un couvent de religieuses. Par admiration pour François de Sales et par respect pour les Filles du pieux évêque dont l'éloge retentissait déjà de toutes parts, son choix s'était fixé sur l'Institut de la Visitation.

Dès les premiers jours de l'année 1616 (1), il avait communiqué son dessein au cardinal-archevêque de Lyon, Mgr de Marquemont, qui l'avait renvoyé à saint François de Sales lui-même. Celui-ci accueillit avec joie les propositions de M. de Murat. L'Auvergne lui paraissait « la terre des bons esprits (2) » par excellence, et il se réjouissait d'y compter une maison de son Ordre. Il promit donc la fondation demandée. Déjà il se disposait à envoyer à Riom Mme de Chantal pour en étudier de près les conditions. Mais « les troubles de la

---

(1) Le manuscrit dit 1676 : c'est évidemment une erreur. La date de 1576 ne pouvant davantage être acceptée, — car l'ordre de la Visitation n'a été fondé qu'en 1610, — il faut prendre celle de 1616. Du reste, la relation ajoute que la fondation de Moulins retarda celle de Riom. Or, le monastère de Moulins fut établi le 20 août 1616.

(2) Termes d'une lettre de saint François de Sales à la Mère Favre, fondatrice du monastère de Montferrand.

guerre entre les François et les Savoyards, qui rendirent les chemins fort dangereux, » s'opposèrent à l'exécution de ce dessein. Puis, survint l'établissement du monastère de Moulins : cette entreprise s'effectua sans difficulté, pour ainsi dire, grâce aux largesses abondantes du maréchal de Saint-Géran et de Mlle Hélène de Chastelluz. Elle rendait impossible l'envoi immédiat d'une nouvelle colonie dans une autre ville.

Ces retards successifs découragèrent le conseiller, — impatient de faire sa fondation. Des incidents imprévus pouvaient différer encore la réalisation de son projet : il préféra se tourner du côté du Carmel. Il fut séduit par l'aménité du P. de Bérulle, venu à Riom à cette époque, et devint, comme nous l'avons vu, le fondateur du couvent riomois de cette règle (1).

Saint François de Sales cependant n'abandonnait pas l'idée de bâtir en Auvergne un monastère de la Visitation.

Comme il ne pouvait plus compter sur M. de Murat, il accepta les offres de Mme de Dallet, jeune veuve, qui se sentait irrésistiblement appelée à la vocation religieuse, et dont les quatre enfants en bas-âge empêchaient seuls l'entrée immédiate dans un cloître. A la prière de cette dame, il envoya la Mère Favre, — une des trois fondatrices de l'Ordre, — établir le monastère de Montferrand (7 juin 1620).

Mais le dessein d'appeler les Filles de la Visitation à Riom est repris à la même époque par une personne des plus considérables de la cité, Mme Marie-Gabrielle de Chazeron.

Issue d'une ancienne famille de Bourgogne, qui avait fourni des ambassadeurs et des généraux à Charles VIII, Louis XII, François Ier et Henri IV, Mme de Chazeron était fille de Jean-François de la Guiche, comte de la Palice et seigneur de Saint-Géran, maréchal de France et gouverneur du Bourbonnais. Son mari, Gabriel de Chazeron, était lui-même fils de ce Gilbert de Chazeron, chevalier du Saint-

---

(1) Voir *supra*, chap. I. — Année Sainte, août, p. 717, *Vie de la Mère Chariel*.

Esprit, qui avait été sénéchal et gouverneur du Lyonnais, conseiller d'Etat et maréchal des camps et armées du Roi. Cette union de deux noms aussi illustres avait donné à ceux qui les assemblaient sur leurs têtes un crédit exceptionnel, et leur avait assuré un des premiers rangs à la Cour. Mᵐᵉ de Chazeron était même dame d'honneur de Marie de Médicis, mère du roi Louis XIII.

Or, en cette année 1620, Mᵐᵉ de Chazeron faisait une retraite de trois mois au monastère de la Visitation de Moulins. Pendant cette retraite, « elle prit une si grande affection et estime de la manière de vivre des religieuses, que, toute charmée de leur conversation, elle se résolut de travailler à l'installation d'un monastère » à Riom. Au demeurant, les fondations religieuses étaient de tradition dans sa famille. Un aïeul de son mari avait puissamment favorisé l'introduction des Cordeliers à Riom ; son beau-père avait fondé dans cette ville le couvent des Capucins ; enfin, la Visitation de Moulins venait d'être bâtie en partie par son père.

Elle confie son projet à la supérieure, — la Mère Jeanne-Charlotte de Bréchard. — Celle-ci l'approuve d'autant plus volontiers, qu'elle y voit l'occasion de mener à bonne fin l'entreprise retardée, mais non abandonnée, de la fondation riomoise. Saint François de Sales est informé des intentions généreuses de Mᵐᵉ de Chazeron ; il y répond avec empressement. Mais cet établissement, fait aussitôt après celui de Montferrand et dans une ville rapprochée, pouvait préjudicier au nouveau monastère ; il recommande d'en différer encore l'installation. Les années 1620 et 1621 s'écoulent avant que le saint évêque ait donné son approbation. Il avait, au reste, des vues particulières sur cette maison. Il prenait le soin de les expliquer lui-même à la Mère Favre, de Montferrand, en se servant d'une gracieuse image : « Je voudrais, lui écrivait-il (1), que l'on prît du temps pour la fondation du monastère de Riom, et que, s'il se pouvait, on

---

(1) Lettre du commencement de 1622.

retirât les filles qui en veulent être, en votre monastère de Montferrand, avec leurs pensions annuelles, puis, la nouvelle maison étant faite à Riom, comme une ruche nouvelle, on y envoyât des filles toutes faites, comme un essaim d'abeilles prêt à faire le miel. »

Ces lenteurs désespéraient Mme de Chazeron, désireuse d'établir au plus tôt la ruche de ces chères abeilles. Marie de Médicis, « qui l'aimoit et l'affectionnoit comme l'une des plus aymables dames de la Cour (1), » la rappelait à Paris : il fallait, de toute nécessité, régler immédiatement la question. Sur ses instances et sur celles de la Mère de Bréchard, saint François de Sales accorde enfin son autorisation.

Mme de Chazeron se hâte, le 10 septembre 1622, de signer, au parloir du couvent de Moulins, le contrat de fondation. Quelques jours plus tard, son mari ratifie ses libéralités (2). Par ces actes, ils s'engageaient l'un et l'autre à payer, dans le délai de trois mois, une somme de 4,000 livres pour l'achat d'un monastère, et, en outre, une pension annuelle de 1,000 livres « pour la nourriture et entretenement des religieuses jusqu'à ce que l'on eût reçu dix religieuses à la profession, présupposant qu'alors, par le moyen des aumônes dotales des filles reçues, » la maison serait en état de se suffire à elle-même. La fondation devait être faite par six religieuses du couvent de Moulins. Elles ne pourraient être retirées de Riom que du consentement mutuel des deux maisons, à l'exception de la supérieure qui les conduirait. Enfin, M. et Mme de Chazeron recevaient le titre de bienfaiteurs du monastère de Moulins et de fondateurs de celui de Riom : ils devaient, en cette double qualité, jouir « des honneurs et privilèges concédés et permis par les saints Canons de l'Eglise. » Mme de Chazeron se réservait même le droit

---

(1) Dans une lettre du 26 août 1623 à Mgr d'Estaing, Marie de Médicis déclare elle-même et en termes formels qu'elle « affectionne beaucoup » Mme de Chazeron.

(2) Voir aux annexes ces deux actes, qui portent la date des 10 et 25 septembre 1622.

d'entrer librement, sous le bon plaisir des évêques diocésains, dans les deux couvents, « adsistée d'une de ses damoiselles, » à la charge de ne point divertir les religieuses de leurs exercices ordinaires.

Peu après, mourait saint François de Sales (28 décembre). Il avait eu le temps de désigner la supérieure du monastère. Comme pour témoigner de son intérêt tout spécial pour cette fondation, et comme s'il eût prévu en même temps les difficultés inouïes qu'elle allait rencontrer, — il avait fait au nouveau couvent un présent inestimable, en le plaçant sous la direction de la supérieure de Moulins, de Jeanne-Charlotte de Bréchard elle-même !

Ce choix combla les vœux de Mme de Chazeron : elle l'avait ardemment sollicité.

Elle ne doute pas que, sous un tel patronage, le succès ne couronne ses espérances, et elle part pour la capitale sans s'inquiéter davantage de son entreprise. Elle n'a garde toutefois d'oublier d'écrire à ses amis, MM. Antoine de Murat, lieutenant-général de la Sénéchaussée, et Valette, procureur du Roi au même siège, de mettre tout leur dévouement et toute leur influence au service des Visitandines.

C'était confier sa cause à de bonnes mains. M. de Murat s'intéressait d'une façon particulière au succès d'un projet autrefois conçu par l'un de ses parents. Pour M. Valette, des motifs personnels le poussaient à seconder de tous ses efforts la tentative de Mme de Chazeron. Une de ses filles avait pris le voile à la Visitation de Montferrand : l'établissement d'un couvent du même institut à Riom lui permettrait de la rappeler près de lui. La fondatrice pouvait donc se reposer entièrement sur les deux magistrats du soin d'aplanir les difficultés, s'il en naissait.

Les événements allaient lui montrer que cet appui ne rendrait pas inutile son intervention personnelle.

En effet, dès que la nouvelle de la fondation se fut répandue dans la ville, les esprits s'échauffèrent, et une opposition formidable se forma contre l'entreprise.

Une infinité de causes l'avaient suscitée et la fortifiaient comme à l'envi.

Pendant trois siècles, les Riomois n'avaient vu autour d'eux qu'un seul couvent, — celui des Cordeliers. Or, en quelques années, quatre Communautés étaient venues se fixer parmi eux, et partager avec les anciens religieux de la cité les sympathies, les faveurs et les libéralités des habitants. Quelle dérogation aux vieilles traditions ! quelle transformation dans les mœurs comme dans les habitudes ! Et une cinquième Congrégation parlait de s'établir ! Encore si l'installation de religieux n'eût apporté que des avantages ! Mais les secours spirituels ne manquaient pas ; en revanche, par l'accroissement des monastères, les biens de mainmorte se multipliaient, et la circulation des immeubles devenait moins active ; par le fait même, et en vertu des privilèges et des exemptions de taxes et d'impôts accordés aux couvents, une certaine quantité d'héritages était soustraite au paiement des contributions ; les charges de la ville restant les mêmes, il se trouvait qu'elles devenaient plus onéreuses pour le reste des citoyens. Ajoutez à cela le levain d'hostilité qui fermente dans toutes les populations, même catholiques, à l'encontre des Ordres religieux : la Réforme a eu beau n'y pas recruter d'adhérents, la Ligue y exciter au plus haut degré l'enthousiasme religieux, — les calomnies de l'une, les dérèglements de l'autre ont glissé dans le peuple des préventions qui ne demandent qu'à s'affirmer.

Au surplus, l'élément laïque n'était pas le seul à contester l'utilité du nouvel établissement. Il se sentait soutenu dans son opposition par le secret appui du clergé séculier et des Communautés régulières. Le Chapitre de Saint-Amable avait lutté pendant des siècles contre les Cordeliers, et il voyait toujours avec peine des institutions ecclésiastiques surgir en face du clocher de son église : il redoutait en toutes des rivales, et craignait d'assister à l'effrondrement ou à la diminution de ses prérogatives. L'évêque de Clermont montrait lui-même quelque tiédeur à soutenir les Ordres religieux, dont l'influence pouvait faire échec à la sienne dans le diocèse. Enfin, les Congrégations qui s'étaient nouvellement établies à Riom, et dont l'existence était à peine assurée, n'avaient-elles pas à craindre qu'une autre Communauté ne nuisît à leur développement, soit en attirant les sujets, soit en divisant les libéralités des bienfaiteurs ?

Pour tous ces motifs, les diverses classes de la cité considéraient d'un œil irrité l'arrivée des Visitandines. Comme par suite d'un accord, elles se trouvèrent réunies pour protester avec violence contre leur établissement.

En un instant, la lutte s'organise, et la polémique acquiert, dès le début, un degré d'acuité qu'elle n'atteint que dans les petites villes, où les intérêts personnels et les rivalités mesquines peuvent se donner si facilement carrière.

Nous nous proposons de suivre en détail les péripéties de cette lutte, — lutte doublement intéressante, et parce qu'elle nous révèlera les grandes qualités de la Mère de Bréchard, et parce qu'elle nous fera saisir sur le vif un des traits du caractère riomois. Dans cette discussion, en effet, nous verrons, d'une part, les habitants apportant à l'attaque ou à la défense la ténacité de leur esprit, les ressources et les rouéries de la chicane, hôtesse alors familière de leurs murs, — ne résistant pas de front, menant une campagne sourde et habile ; — de l'autre, la supérieure de la future maison leur opposant la fermeté de son caractère, la souplesse et l'élévation de son intelligence, l'ardeur de son tempérament, et aussi la force de ses vertus. — Au milieu de ce conflit, nous verrons enfin les protecteurs de l'Ordre s'agiter et appeler à leur aide, ceux-ci, l'ardeur de leur foi, comme Mme de Dallet ; ceux-là, l'autorité royale, comme M. de Murat et Mme de Chazeron.

CHAPITRE III

Oppositions à la fondation (1622-1623)

D'après les règles de leur Institut, les Visitandines ne pouvaient s'établir dans la ville où on les appelait pour une fondation, avant d'avoir reçu la permission du prélat et des magistrats du lieu (1). Il fallait donc se préoccuper de réclamer cette double autorisation, — et d'abord celle des consuls riomois, dont l'obtention entraînerait évidemment l'approbation de l'évêque.

Mme de Chazeron se flatta de l'avoir sans difficulté.

Elle écrit aux consuls et joint à sa lettre une expédition du contrat de fondation. Elle représente que « l'établissement d'une religion de la Visitation Saincte-Marie en la ville n'apportera aucune incomodité, en conséquance de la dotation faite par le contract et des charités que les religieuses espéroient recevoir d'ailleurs que des habitans. » Elle ne doute pas que la ville ne s'empresse de déférer à son désir. De son côté, la Mère de Bréchard annonce, en termes respectueux, aux magistrats son intention d'établir à Riom un couvent de son Ordre, et leur assure que cette entreprise est tentée uniquement pour la gloire de Dieu et le bien spirituel de la ville.

Grand fut l'émoi produit « à la maison commune du Saint-Esprit » par la réception de ces missives. Répondre personnellement par un refus catégorique à la demande de Mme de Chazeron, une des protectrices de la cité, et à la requête si pleine de déférence « de la prieure » de Moulins, semblait

---

(1) Bougaud, *Vie de sainte Jeanne de Chantal*, II, 154.

bien difficile à MM. Chardon du Floquet, Fournyer, de Sirmond et Bardon, consuls en exercice. D'autre part, heurter, par une acceptation, le sentiment général qui se manifestait d'une façon non équivoque à l'encontre de la nouvelle maison, était une initiative dont aucun d'eux n'aurait voulu assumer la charge. Pour se tirer d'embarras, les consuls décident d'en référer à « une assemblée générale des citoyens et habitans de la ville, » dont les délibérations, quelles qu'elles fussent, les exonèreraient de toute responsabilité.

Deux d'entre eux, MM. du Floquet et Fournyer, annoncent ce dessein à la Mère de Bréchard par la lettre suivante, datée du 18 octobre 1622 : « Madame, nous avons recogneu par la vostre le grand zèle avec lequel vous avez embrassé le désir de Madame de Chazeron et l'installation de votre Compagnie en nostre ville. C'est un bien que sa piété nous procure, et un tesmoignage de son affection et de vostre charité qui tend à une mesme fin. Nostre debvoir nous oblige d'en faire dellibérer au plus tost et explorer les voluntés des habitans en une assamblée génералle, à laquelle nous proposerons tout ce qui peut regarder et advancer le succez de vos sainctes intentions, comme estant d'un mesme zèle et affection, Madame, vos très-humbles serviteurs (1). »

On ne pouvait entourer de formules plus polies le refus qu'on se proposait secrètement de donner à l'autorisation réclamée, — car la décision de l'assemblée générale n'était douteuse pour personne à Riom. Et, le 23 octobre, l'on vit assurément sans surprise les membres de la réunion, « convoquez à son de trompete, par tous les carrefourds, dès le jour d'hier et encore cejourd'huy matin, » rejeter la demande de Mme de Chazeron, malgré les instances de MM. de Murat et Valette, tous deux présents à la séance. Le procès-verbal porte qu' « attandu le grand nombre de relligieux et relligieuses qui ont esté cy-devant receus en ceste ville, et l'incommodité que les dictes relligieuses de Saincte-Marie

---

(1) Fonds des Visitandines, II, c. I.

pourroient recepvoir à cause de la petitesse de la dite ville, qui ne pourroit permettre leur logement et establissement, la dicte dame de Chazeron sera remerciée de sa bonne volonté et charitable désir, et pour les considérations susdictes, les habitants ne peuvent entandre à la dicte installation (1). »

Par ce refus clair et formel, fondé ironiquement sur l'impossibilité de trouver un monastère pour la nouvelle Communauté, on comptait étouffer dans son germe l'entreprise annoncée et décourager les espérances conçues. Mais MM. de Murat et Valette n'étaient pas hommes à abandonner la partie aussi vite, ni la Mère de Bréchard femme à reculer devant un premier obstacle. D'un commun accord, ils conviennent d'informer Mme de Chazeron de la réponse de la ville. C'était riposter par un coup droit et habile.

Furieuse de l'opposition faite à ses desseins et blessée dans son amour-propre, Mme de Chazeron, en effet, ne voulut point condescendre à parlementer avec les consuls. Elle préféra les forcer à s'humilier et à obéir par contrainte à ses désirs. La Reine-mère était duchesse douairière d'Auvergne. Mme de Chazeron profite de cette circonstance pour prier la Souveraine d'ordonner aux gens de Riom de revenir sur leur détermination. Marie de Médicis n'avait rien à refuser à sa dame d'honneur. Elle écrivit aussitôt aux consuls sa volonté qu'ils consentissent à l'établissement demandé.

Déconcertés par cette vigoureuse réplique, les Riomois ne savaient quel parti prendre. Résister eût bien été dans les vœux des ardents. Mais la ville s'était aliéné l'esprit du Roi par son zèle ligueur sous le règne précédent, et il était imprudent, faisaient avec raison remarquer les sages, d'entrer en lutte contre le Gouvernement pour un motif d'aussi minime importance. D'autant que les protecteurs des Visitandines, Mme de Chazeron et M. de Murat, étaient fort bien vus à la Cour. Leur crédit avait été déjà et pouvait être encore

---

(1) Lire aux annexes le procès-verbal de cette séance, V.

très utile. Il fallait prendre garde de les indisposer. Comme argument suprême et pour vaincre les dernières résistances, les juristes de l'assemblée firent entendre — Riom n'est pas en vain la capitale judiciaire de l'Auvergne — que, tout en s'inclinant en apparence devant la majesté de la duchesse douairière, on pouvait avoir raison d'elle et de ses protégées. Il suffirait de recourir à une habile restriction, insignifiante à première vue, mais suffisante, en réalité, pour jeter les Visitandines dans le plus cruel embarras.

Ces assurances toutefois ne désarmèrent pas tous les adversaires de la Visitation. Plutôt que de consentir à la fondation projetée, quelques-uns d'entre eux préférèrent s'abstenir de paraître à l'assemblée convoquée, le 28 mars 1623, pour délibérer à nouveau sur la question. Tandis qu'en général la réunion comprenait de cinquante-cinq à soixante membres, — à celle du 22 octobre précédent avaient assisté cinquante-quatre conseillers, — quarante-sept personnes seulement étaient présentes le jour fixé. Grâce à ces défections, MM. de Murat et Valette, membres de droit de l'assemblée en leur qualité de lieutenant-général et de procureur du Roi, arrivèrent à enlever le vote, mais au prix de graves concessions. Le procès-verbal, dans son style froid et précis comme celui de tout document officiel, laisse facilement deviner le ton de contrainte et de mauvaise humeur qui avait accentué la décision du Conseil. « Il a été résolu et dellibéré, dit-il, que pour satisfaire au désir de Sa Majesté, les relligieuses Saincte Marye pourront s'establir en ceste ville, aux charges et conditions que les sieur et dame de Chazeron bailleront de bonnes caultions et assurances suffisantes à ceste ville et descharge pour la nourriture et entretien des dictes relligieuses... Et pour sçavoir si lesdictes caultions et assurances sont bonnes et suffisantes, a esté résolu que les consuls tiendront assemblée générale pour dellibérer sur la suffisance ou insuffisance des caultions (1). »

(1) Registre des délibérations du Corps de ville, 1623.

Cette délibération, on le voit, ne laissait pas que d'être un peu injurieuse pour M. et Mme de Chazeron. Le Corps de ville semblait suspecter leur solvabilité ou leur générosité. Cette défiance, cependant, ne rebuta point la Mère de Bréchard.

Elle voulut se montrer persuadée que la ville avait définitivement accordé son autorisation. Elle se tourna alors du côté de l'Evêché et se préoccupa de présenter en bonne forme, à l'approbation diocésaine, le contrat de cautionnement exigé par les consuls.

Elle avait déjà, depuis quelque temps, réclamé les bons offices de Mgr d'Estaing. Celui-ci, dès le 1er mars, lui avait répondu de Paris : « Madame, j'écris à M. l'Official de Clermont, et lui donne tout pouvoir de vous assister et seconder vos pieuses intentions dans l'établissement que vous entreprenez à Riom. J'estime que c'est par l'inspiration de Dieu et pour la plus grande augmentation de sa gloire et de son service qu'il a donné un commencement si beau pour produire une issue des plus heureuses. C'est de quoy je le prieray avec zèle, vous asseurant que je suis vostre plus humble à vous servir selon Dieu (1). » Cette réponse, quelque bienveillante qu'elle fût, n'engageait pas beaucoup le prélat ; elle laissait, en définitive, à M. Pereyret, son vicaire général et official, le soin de voir s'il devait accorder ou refuser l'autorisation. Mais, — selon la Mère de Bréchard, — la dernière décision du Corps de ville devait lever tous les scrupules de l'Evêché. Elle escomptait trop favorablement l'avenir.

La délibération du 28 mars, malgré toutes ses restrictions, avait excité de violents murmures dans la ville. Les opposants de l'assemblée répétaient partout que le vote avait eu lieu à quelques voix de majorité. Cette faible majorité, ajoutaient-ils, n'eût même pas existé sans les suffrages des conseillers, proches parents des Visitandines désignées pour coopérer à la fondation. De là, des sollicitations pressantes

---

(1) Fonds des Visitandines, liasse II, 2, cote 1.

auprès des consuls pour qu'ils s'opposassent de toutes leurs forces à l'entreprise.

L'abbé Pereyret n'ignorait pas ces détails, et il comprenait que sa conduite devait être des plus circonspectes. Il s'agissait pour lui, surtout en l'absence de l'évêque, de se montrer diplomate avisé, et, sans refuser aux religieuses leur introduction dans la ville, de rassurer par quelque demi-mesure les habitants contre leurs inquiétudes. Il pensa tout concilier en permettant aux Sœurs de venir à Riom, mais sous la condition d'y passer quelques jours seulement, et de se retirer aussitôt au monastère de Montferrand. Dans cette retraite, elles attendraient l'installation définitive de leur couvent et l'entière régularisation des formalités administratives.

Les amis de la Visitation eussent souhaité davantage. La Mère de Bréchard estima qu'il fallait néanmoins presser le départ. Ne lui serait-il pas plus facile, sur les lieux mêmes, de trancher les difficultés ? Elle choisit, pour l'accompagner, les Sœurs Louise-Antoinette Augier, avec le titre d'assistante, Marie-Catherine Chariel, Françoise-Gasparde de Gerbe, Marie-Séraphique de Lalande et Marie-Marguerite Carré, enfin une novice domestique. De ces religieuses, deux, à dessein, avaient été prises parmi les jeunes filles originaires de Riom ou apparentées dans la ville, — les Sœurs Chariel, nièce du lieutenant-général, et de Lalande, fille d'un bourgeois des plus estimés de la cité. La Mère de Bréchard espérait ainsi s'attirer les sympathies et grossir le nombre de ses partisans.

Avant de quitter le monastère de Moulins, qu'elle avait fondé et embaumé de ses vertus, elle réunit toute la Communauté dans la salle du Chapitre, se mit à genoux avec les Sœurs qui devaient la suivre, et jura solennellement, ainsi que ses compagnes, de vivre et mourir dans l'observation des règles, constitutions et coutumes de l'Institut, et de les faire garder inviolablement. Ce serment, elle le transcrivit sur le livre du Chapitre, et toutes les Sœurs le signèrent. Puis, elle adressa ses dernières recommandations aux chères filles qu'elle dirigeait dans les sentiers de la perfection depuis six ans, leur donna le baiser d'adieu, et franchit le seuil du monastère pour prendre la route de Riom, non sans que de part et d'autre on eût versé d'abondantes larmes.

Le voyage se fit en deux étapes. A Gannat, la pieuse caravane s'arrêta pour passer la nuit. Elle y rencontra précisément le cortège de Mgr l'Evêque de Clermont, qui revenait de Paris dans son diocèse. « Aussitôt, les religieuses lui envoyèrent faire la révérence par l'ecclésiastique, leur conducteur. Sa Grandeur les envoya visiter à son tour par un de ses aumosniers, les assurant qu'il étoit bien fasché de ne les pouvoir aller voir lui-mesme, qu'elles estoient les bienvenues dans son diocèse, — ce qui les consola beaucoup. »

Le lendemain, elles arrivaient à Riom. Détachant le voile de dessus leurs épaules, elles se dirigèrent d'abord vers l'église de Saint-Amable, pour y chanter le *Laudate Dominum*. — Ensuite, elles se rendirent en procession à l'hôtel de Murat, où elles furent reçues avec de grandes démonstrations de joie et d'amitié.

Mgr d'Estaing venait à son tour de descendre chez le lieutenant-général. Les Sœurs s'empressèrent de « lui présenter leurs obéissances et demander sa bénédiction, qu'il leur donna avec de très-grands témoignages d'estime et de bienveillance. » Et, sans plus attendre, la Mère de Bréchard envoie « saluer de sa part Messieurs les Consuls. » Ceux-ci ripostent avec hauteur qu'ils se trouvent « dans le dernier étonnement qu'elle soit venue sans avoir entièrement satisfait au délibératoire de la ville, — à savoir de donner bonne et suffisante caution ; sans cela, ils ne permettront pas le nouvel établissement. » Le député des religieuses se hâte de répondre qu'elles n'ont pas l'intention de rester dans la ville. Sur le conseil de l'Official, elles résideront à Montferrand ; elles se sont arrêtées à Riom pour visiter leur maison, et reviendront seulement après avoir rempli toutes les conditions convenues et acceptées.

L'accueil des consuls montra qu'il fallait suivre rigoureusement ce programme. La supérieure se contenta d'inspecter la maison qu'on lui avait achetée près du Palais avec la somme fournie par M`<sup>me</sup>` de Chazeron. Elle donna ses indications pour les travaux d'aménagement, et visita « une place que M. de Chazeron lui vouloit octroyer pour bastir un monastère, mais qu'elle dut refuser parce-qu'elle étoit hors de la ville et avec beaucoup d'autres incommoditez. » Puis, elle se retira au monastère de Montferrand. Sa chère compagne, la Mère Favre, venait de le quitter pour fonder la Visitation de Dijon. Mais elle y rencontra, par compensation, un précieux auxiliaire en la personne de la comtesse de Dallet, qui appelait de tous ses vœux le jour où l'âge de ses enfants lui permettrait de quitter le monde pour le cloître de la Visitation, et dont la mère, Mme Le Loup de Monfant, née de Beaufort-Canillac, habitait Riom.

Quelque rapide qu'eût été le passage des religieuses dans la cité, il avait suffi pour exciter la colère et le dépit. Il constatait, pour ainsi dire, une prise de possession de la ville par le nouvel Ordre : on ne pouvait tolérer que cet acte fût consacré définitivement.

Sans hésiter, les ennemis des Visitandines complotent d'arrêter leur installation. Sous le prétexte que les murs de leur maison, placée en face du Palais (1), obscurciront, si on les élève, les salles d'audience, ils présentent une requête au Sénéchal d'Auvergne pour réclamer de lui la discontinuation des réparations. Ils obtiennent gain de cause. D'autre part, pour plus de sûreté, ils se plaignent à la municipalité (2) que

---

(1) Cette maison, dont on n'a jamais constaté l'identité à notre connaissance, devait donc être située dans la rue actuelle de Saint-Louis, à côté du Refuge.

(2) Les autorités judiciaires intervenaient souvent dans le règlement des affaires municipales, alors qu'il s'agissait d'établissements publics. Mais les consuls protestaient contre cette ingérence des magistrats, — et affectaient de ne pas se ranger à leur avis. C'est ainsi que, le 29 juin de cette même année 1623, le procureur du Roi dénonce la conduite des religieuses de Notre-Dame, qui « veulent contraindre leurs voisins à leur vendre une partie de leurs logements pour les accommoder, » et demande

les religieuses fassent construire dans leur demeure, sans autorisation. — Sous leur pression, l'assemblée de ville délibère « d'une commune voix que les consuls les empescheront de bastir et s'établir sans avoir satisfaict au délibératoyre du 26 mars (1). » La situation devenait grave.

La Mère de Bréchard et ses conseils, bien que fort décontenancés, ne se regardèrent pas comme perdus. D'après eux, cette opposition venait de la non-présentation du contrat de cautionnement exigé par la ville. En se hâtant de le signer, ils feraient disparaître, estimaient-ils, toutes les difficultés. Mais quelles seraient les cautions ? Et qui voudrait prendre sur ses biens personnels l'engagement assez lourd de répondre de la subsistance du monastère jusqu'à concurrence d'une rente annuelle de mille livres ?

Avec sa tendresse ordinaire pour l'Institut de la Visitation et sa véritable ardeur de néophyte, Mme de Dallet offrit sa signature. Encouragés par son exemple, Mme Chariel, sœur de M. de Murat, mère d'une des nouvelles religieuses, — et son gendre, M. Cartier, avocat à la Sénéchaussée, donnèrent les leurs ; le monastère de Montferrand fut le quatrième répondant.

L'acte est aussitôt rédigé et présenté enfin à l'agrément de l'Official.

Emu du bruit que faisait cette fondation et craignant de plus en plus de se compromettre, M. Pereyret refusa le concours du couvent. Il fallut chercher une autre caution. Pour en terminer, M. Valette n'hésite pas à se présenter lui-même. M. Lalande se joint à lui afin de donner plus de poids à l'engagement. L'Official n'ose refuser la garantie de personnes aussi honorables, et approuve l'acte.

La Mère de Bréchard s'empresse alors d'en envoyer l'expé-

---

qu'il soit fait défense à ces religieuses de s'installer dans la ville. L'assemblée municipale délibère que « lesdites religieuses étant établies depuis un an du consentement de la ville, on ne répondra pas à la sommation du procureur du Roi. »

(1) Délibération du 5 mai 1623.

dition à Riom (1), et de présenter, au nom des religieuses, requête à M. le Sénéchal, afin d'obtenir « que les deffances qui leur ont été faictes de bastir la maison qu'elles ont acquis en ceste ville soient levées, et qu'il leur soit permis de s'establir. »

A cette nouvelle, le Corps de ville s'assemble d'urgence. Il craignait que les Visitandines ne finissent, un jour ou l'autre, par satisfaire à ses exigences, et, en tout cas, grâce à la protection de Mme de Chazeron et de la famille de Murat, par lui forcer la main. Il ne vit plus d'autre moyen de vaincre que de recourir, à son tour, à l'autorité royale, et d'obtenir d'elle l'interdiction de l'établissement.

Or, à cette époque, deux députés, MM. de Murat, lieutenant général, et Chatard, conseiller à la Sénéchaussée, se trouvaient à Paris, où ils avaient été envoyés par le Présidial pour défendre les intérêts du Siège contre les attaques sans cesse renouvelées des officiers de la Sénéchaussée de Clermont. Pourquoi ne pas profiter de la circonstance pour prier M. Chatard de paralyser l'influence de Mme de Chazeron, et d'enlever aux Visitandines le bienveillant intérêt de la Reine-mère ?

Les consuls avaient écrit dans ce sens à M. Chatard, en lui recommandant (pas n'est besoin de le dire) de ne point parler de ses démarches à son collègue, M. de Murat. M. Chatard se chargea de la mission. Mais, au moment où la Mère de Bréchard produisait l'acte de cautionnement, le résultat de cette manœuvre n'était pas encore connu. Les consuls devaient donc temporiser, pour ne pas compromettre, par une déclaration inconsidérée, le succès des négociations de leur député.

Ils trouvèrent bientôt un prétexte. Le cautionnement était pris envers l'évêque de Clermont ; or, la délibération du 28 mars portait qu'il serait contracté envers les consuls. Le Corps

---

(1) Le contrat fut reçu, le 9 mai 1623, par Me Moranges, notaire à Montferrand.

de ville, après avoir, au moment du vote, fait retirer de la salle des séances MM. Valette, Lalande et Cartier, qui, étant cautions, se trouvaient « comme parties, » arrête « que les sieurs consuls empescheront l'entérinement de la requête et l'établissement des religieuses, veu qu'elles n'ont satisfaict au délibératoyre du 26° mars, le contrat passé avec le sieur Pereyret n'estant en la forme requise par ledict délibératoyre, et d'ailleurs que ledict contract doibt estre passé avec les dicts sieurs consuls (1). »

Cette prétention du Corps de ville était excessive et contraire à tous les usages. La Mère de Bréchard eût pu facilement la discuter ; — au lieu de perdre un temps précieux à le tenter, elle préféra préparer un nouvel acte de cautionnement, passé cette fois avec les consuls eux-mêmes. Le stratagème était bon ; si ses adversaires étaient de bonne foi, ils devaient se déclarer désarmés. Elle soumet le projet de contrat au Corps de ville et le prie de le ratifier. Embarrassés, les consuls sont contraints de découvrir leurs mobiles secrets. Dans le procès-verbal de la séance, ils avouent que « M. Chatard a escript avoir parlé à M. Bouteilher, secrétaire de la reyne mère du Roy, et qu'il parleroit à M. le cardinal de Richelieu. » Comme il convient d'attendre de ses nouvelles, on diffère « de prendre résolution sur ledit contrat (2). »

Ce refus d'examiner même l'acte de cautionnement préparé dans le sens indiqué par la ville convainquit la supérieure que l'exigence d'un engagement des cautions envers les consuls était un simple prétexte pour retarder la fondation. Il était plus sage d'obtenir avant tout l'autorisation de l'évêque. La ville ne voudrait certainement pas devenir l'adversaire direct du prélat. Au cautionnement du 9 mai, elle en substitue un autre passé, le 27 du même mois, devant M° Desgranges, notaire à Riom. Mme de Dallet et M. Amable de Murat, seigneur de Montaclier, conseiller du roi et contrôleur

---

(1) Délibération du 14 mai 1623.
(2) Délibération du 16 juin 1623.

général au bureau des finances, — fils de Jean de Murat et frère du fondateur des Carmélites, — Mme de Dallet et M. de Murat y comparaissent seuls cette fois. M. Amable de Murat n'était, à la vérité, qu'un prête-nom : par une contre-lettre, les précédentes cautions, MM. Valette et Cartier et Mme Chariel, s'obligeaient à le garantir de toutes les suites de son engagement et à l'indemniser, le cas échéant. Mais cet acte, destiné à rester secret, n'empêchait pas M. de Murat de passer publiquement pour la caution du couvent. L'autorité de son nom, jointe à celle des familles de Langeac et de Beaufort-Canillac, représentées par Mme de Dallet, entraînerait, sans doute, du moins on l'espérait, l'assentiment de l'évêque et dissiperait l'opposition de la ville.

Sans tarder, la Mère de Bréchard présente à M. Pereyret une requête où elle expose qu'à la suite de la délibération du 26 mai, « un décret de M. le Sénéchal d'Auvergne a pourté adjudication d'une place et maison au proffict des religieuses et destinée pour la construction du monastère, moyennant la somme de 1,300 livres. Il ne reste plus qu'à obtenir le plus exprès consentement et authorité de Monseigneur, lequel, pour ce faire, vous a commis et donné tout pouvoir comme à son official et grand vicaire (1). » Elle supplie le dignitaire ecclésiastique de le lui accorder.

Les résistances de la municipalité riomoise montraient plus que jamais à l'Official qu'il ne fallait pas se prononcer à la légère. Il jugea prudent de laisser prendre à l'évêque lui-même la responsabilité de la décision, et renvoya l'impétrante à se pourvoir devant Mgr d'Estaing. Le prélat se trouvait alors « en une maison de campagne distante de huit lieues. »

---

(1) Fonds des Visitandines, liasse II, 1, cote 5 et II, 2, cote 3. — Cette pièce se trouve en double original. Dans l'un des exemplaires, le prix de la maison, achetée pour le couvent, est fixé à 4,100 livres. Ce doit être une erreur. Nous avons préféré le chiffre de 1,300 livres, plus en rapport avec les faibles ressources de la Communauté à son origine. Peut-être, d'ailleurs, la pièce qui porte 4,100 livres est-elle une seconde requête adressée seulement au moment de l'installation définitive de la Communauté dans la maison Arvier, de la rue de l'Ane-Vert. Voir *infra*.

Les cautions vont l'y trouver et le conjurent d'agréer la fondation sous leur garantie. Aussi timoré que son vicaire général, l'évêque ajourne sa résolution à la veille de la Pentecôte. Force est aux religieuses d'attendre l'expiration de ce délai. A peine s'est-il écoulé, qu'elles font solliciter à nouveau le prélat. Celui-ci, dans l'espoir que le temps a calmé les oppositions, ne trouve aucune raison plausible d'un refus, et donne enfin son approbation.

Aussitôt, les consuls riomois de s'émouvoir, et l'un d'eux, M. Chabron, « accompagné de quelques personnes notables et callifiées, » de se rendre en toute hâte à Clermont, et de « prier monsieur l'evesque de ne faire ledit establissement contre le gré et désir de la ville. » Mgr d'Estaing essaie de rassurer les Riomois et de leur démontrer que, vu la solvabilité des cautions, ils n'ont aucune inquiétude à concevoir : les solliciteurs se retirent tout navrés. Mais déjà ils méditent d'apporter de nouvelles entraves à la fondation.

C'est un avocat qui leur en indique le moyen. L'idée (qu'on en juge!) était des plus ingénieuses. Elle allait permettre non seulement de prolonger, mais pour ainsi dire de rouvrir la lutte avec une violence nouvelle. Cet avocat (son nom nous est resté inconnu malgré toutes nos recherches, c'est regrettable) observe que Mme de Dallet, mère et tutrice de quatre enfants en bas âge, est une des cautions des religieuses : il va trouver Mme de Monfant, et lui remontre que sa fille, en s'obligeant pour la Communauté naissante, a commis une imprudence grave et un acte très préjudiciable au bien de ses pupilles. Mme de Monfant se laisse convaincre par ces paroles artificieuses. En un instant, elle est remplie d'alarmes pour la fortune de ses petits-enfants : elle voit leurs biens saisis et expropriés. Sa nature nerveuse, son imagination ardente, son caractère emporté ne peuvent résister à cette pensée. Elle déclare qu'elle va, sans perdre une minute, courir à Clermont. L'évêque est son propre neveu ; elle lui représentera le danger auquel il expose les jeunes mineurs en agréant la caution de leur mère, et le sommera de rapporter son autorisation. Déjà elle s'est précipitée dans son carrosse, et elle fait presser tellement ses chevaux que l'un d'eux tombe et crève sur la route.

Arrivée chez Mgr d'Estaing, elle mande sa fille, — qui résidait habituellement dans une maison proche du monastère de Montferrand, — et là, « en présence de l'évêque, du marquis de Coustou, son parent, de quantité d'ecclésiastiques et de personnes de haute considération, » elle accable Mme de Dallet de toutes les injures que peut dicter la passion, et lui ordonne de retirer sa signature. Calme et impassible, la jeune comtesse supporte la colère maternelle « avec une modestie et un silence accompagné d'une si grande douceur qu'elle attire les yeux et l'admiration de toute cette nombreuse et vénérable assemblée. » Impuissante auprès de sa fille, Mme de Monfant se tourne vers l'évêque, et termine cette scène pénible « par des conjurations si fortes et si pressantes de rompre l'établissement des Sœurs, » que le prélat, « partie pour le respect qu'il lui portoit, partie pour se pouvoir libérer de son bruit et de son importunité, accède à sa demande. Ce que voyant, notre très-honorée Sœur Dallet, qui n'était sensible qu'à ce qui touchait précisément le parti de Dieu, ne put aucunement dissimuler sa douleur, dont elle s'expliqua amèrement par une abondance de larmes. Mme de Monfant s'en aperçoit et le fait remarquer à toute la compagnie : « Messieurs, voyés de grâce cette insensible et dénaturée : elle n'a point pleuré quand je lui ay représenté le tort extrême qu'elle fait à tous ses enfans en s'obligeant pour ces religieuses, et maintenant que je parle de détruire cette affaire pour éviter le dommage de sa maison, elle fond en larmes. »

« La bonne dame » reprend aussitôt la route de Riom ; elle parcourt toutes les rues de la cité, traîne à sa suite ses petits-enfants, et les conduit à l'hôtel de ville pour les présenter aux consuls et leur demander en grâce « d'avoir la bonté d'estre les véritables pères de ces orphelins. »

Quel émoi parmi les habitants ! et quel triomphe pour les

adversaires du monastère ! Quels applaudissements pour l'avocat retors ! De tous côtés, on prend parti pour Mme de Monfant, on crie vengeance contre sa fille, on fait un tel vacarme, que « les Révérends Pères Capucins, qui affectionnoient saintement la congrégation des Visitandines et l'avoient jusqu'alors charitablement servie, n'osèrent plus aucunement s'employer pour l'établissement : autrement, ils n'eussent pas trouvé un morceau de pain dans la ville. »

Malgré sa fermeté et son courage, la Mère de Bréchard fut émue par tous ces obstacles qui naissaient comme à plaisir sous ses pas.

Dès le début, elle en avait avisé sainte Jeanne de Chantal, — devenue, depuis la mort de saint François de Sales, la seule directrice de l'Ordre. « Hélas ! lui avait répondu la tendre Mère, est-il possible que j'empêche mes yeux de rendre les témoignages de la douleur universelle que mon cœur ressent, sachant ma pauvre, très-chère, très-aimée et ancienne compagne en tant de travaux, de mépris, d'abjections et de traverses, et enfin la voyant si accablée de tous côtés ? Ma fille, croyez que Dieu veut sanctifier votre cœur bien-aimé par les croix... » Et encore : « Véritablement, ma très-chère fille, votre lettre m'a fait frémir, et j'admire la grandeur de vos croix, mais en même temps j'adore Celui qui permet tout ceci pour vous faire souffrir innocemment. — Tâchons de l'imiter, ma fille très-aimée, en la douleur et patience qu'il a exercée. J'ai confiance que cette tempête, bien ménagée par votre cœur, qui dès longtemps chérit la Croix, attirera de grandes bénédictions sur votre maison. Celui qui vous envoie ces grands travaux de corps et d'esprit vous donnera la force pour les supporter et pour en tirer le fruit qu'Il prétend (1). »

Cependant, Mme de Chantal ne laissait pas que d'être inquiète de la tournure des événements. Elle croyait même

---

(1) Lettres citées par la Mère de Chaugy, *Vie des premières Mères*, II, 188, 189.

qu'il ne fallait pas s'obstiner à poursuivre l'entreprise, alors que beaucoup d'autres villes lui faisaient les propositions les plus avantageuses. Aussi mande-t-elle un jour à la Mère de Bréchard : « Puisqu'il plaît à Notre-Seigneur permettre que ces Messieurs de Riom fassent de si puissantes et si persévérantes contradictions pour votre établissement dans leur ville, je pense que vous feriez extrêmement bien de vous retirer humblement et doucement (1). »

Tel ne fut pas l'avis de la Mère de Bréchard. Poussée par son courage et aussi par je ne sais quel pressentiment mystérieux, elle résolut tout au moins, avant d'abandonner la partie, de tenter un dernier effort. Elle y était excitée par un Père Jésuite, de grande réputation, « qu'elle avoit envoyé quérir à Billom, » et qui, « avec des paroles toutes de doctrine et de vraie piété, lui conseille de soutenir vigoureusement la tribulation, pour longue qu'elle soit. »

Elle apprend que l'évêque doit aller incessamment à Riom ; elle forme le projet hardi de s'y rendre vers le même temps. Sa présence contribuera peut-être à l'apaisement de l'opposition ; en tout cas, la protection de l'évêque la défendra des attaques trop vives et trop passionnées.

Elle mande, en conséquence, à une dame riomoise de ses amies de tenir ouvert le couvent, afin qu'elle y puisse entrer dès son arrivée dans la ville. Par une indiscrétion du valet chargé du message, la nouvelle est connue en peu d'instants. Les consuls s'assemblent en toute hâte, — le péril est urgent ! — et délibèrent que « si les religieuses de Sainte-Marie se présentent aux portes de la ville, on les leur fermera et on les fera retourner sur leurs pas. »

Devant cette décision, les Sœurs de Montferrand et Mme de Dallet elle-même dissuadent la Mère de Bréchard de donner suite à son dessein. Mais celle-ci, « s'étant retirée après les matines pour faire l'examen, eut une si forte inspiration de partir le lendemain, et une vue intérieure que Dieu lui

---

(1) Bougaud, *Vie de sainte Chantal*, II, 158.

donna qu'Il le voulait ainsi, » qu'elle décida résolument son voyage.

Le matin de la fête de sainte Madeleine (22 juillet), elle part avec les religieuses qu'elle a amenées de Moulins. Pour s'assurer les sympathies riomoises, elle s'adjoint la fille de M. Valette, professe de Montferrand. Mme de Dallet réclame l'honneur de la suivre et de partager ses travaux.

Aux approches de Riom, elles rencontrent « deux bonnes religieuses, leurs amies, qui les pressent fort de rentrer à Montferrand, dans la crainte qu'elles ne reçoivent un affront à la porte de la ville. » Inébranlable, la Mère de Bréchard demande aux Sœurs de retourner plutôt sur leurs pas « pour lui faire tenir ouverte la porte de sa maison. » Puis, Mme de Dallet en tête, la caravane reprend sa marche. Elle pénètre bientôt en ville, n'est pas remarquée, et parvient au monastère sans incident.

Une fois au cœur de la place, la Mère de Bréchard n'hésite pas. Elle envoie son aumônier saluer Messieurs les Consuls, « qui parlèrent fort froidement, quoiqu'il les assurât que la bonne Mère ne venoit pas pour s'établir contre leur volonté, mais pour traiter plus commodément avec la ville. »

Peu après, arrivait l'évêque ; il venait assister « à une messe nouvelle d'un personnage très-signalé. » A peine est-il descendu chez son hôte, « que les amis et les ennemis de l'établissement le vont trouver, les uns pour le supplier d'admettre les bonnes religieuses en leur ville, les autres, en particulier M. Chabron, consul, assisté des sieurs Montanier, Bernard et aultres notables personnes, pour le prier de les en chasser. » Le prélat ne sait à quelle décision se ranger. D'un côté, il estimait singulièrement la Mère de Bréchard et Mme de Dallet pour leur rare vertu, et il eût désiré leur être agréable, — mais, de l'autre, « il ne vouloit en aucune façon fascher ces Messieurs, ni donner aucun sujet de mutination à la populace. » Il crut calmer celle-ci par un commencement de satisfaction.

Il se fit représenter la minute du dernier acte de cautionnement signé par M. de Murat et par Mme de Dallet, et y apposa la déclaration suivante : « Nous, évesque de Clairmont, soubsigné, déclarons ne nous vouloir ayder et servir du susdict contract, et ne le vouloir accepter, au moien de ce que il nous en a esté consanti un aultre pardevant Moranges, notaire royal à Montferrand, le 9 du présant mois, et icelluy auquel nous nous voullons tenir, et deschargeons ladite dame de Dallet et sieur de Murat, aussi sus-nommé, des obligations et promesses portées au susdict contract. Faict à Riom, ce 23e jour de juillet 1623. » C'était marquer nettement qu'il refusait la caution de Mme de Dallet : l'intervention violente de Mme de Monfant avait porté ses fruits.

Ce succès encourage les adversaires de la Visitation. Ils espèrent gagner définitivement le prélat, et lui démontrer que le vœu unanime des habitants est hostile à la fondation. La convocation d'une assemblée de ville leur paraît le moyen le plus propre à produire ce résultat.

En effet, l'annonce de cette réunion porte au comble le trouble de la cité. Comme excité par la présence de l'évêque, chaque parti prend des mesures pour remporter la victoire. C'est à qui sollicitera les membres du Conseil, répandra les bruits les plus favorables à sa cause, essaiera de déterminer un courant à son profit. L'effervescence est générale le jour de la fête des saints Jacques et Christophe (25 juillet), quand la grosse cloche de la Tour de l'Horloge sonne l'heure de l'assemblée. Chacun se précipite en foule à l'hôtel-de-ville : amis et ennemis des religieuses s'injurient au point d'en venir presque aux mains ; et la foule, en majorité contraire aux Visitandines, vocifère à cris redoublés : « Il faut ôter les religieuses ! Il faut les ôter ! »

« A voir la ville toute en émotion et en rumeur, on eût dit qu'il ne s'agissait rien moins que du renversement de l'Etat et de tout le bien de l'Auvergne, — et que c'étoit l'affaire la plus importante qui se pût jamais trouver au monde et au grand préjudice d'une république. Cependant, il n'étoit question que de permettre à cinq ou six religieuses de vivre solitaires et cachées au monde, uniquement occupées du soin de leur salut, et à demander celui de ceux qui leur faisoient tant de peine. »

La violence du tumulte effraya les conseillers qui avaient été gagnés par les instances de Mme de Dallet et de M. Valette. Le résultat de la réunion fut absolument défavorable aux religieuses. On avait encore fait retirer, au moment du vote, « Messieurs Valette, procureur du Roy, Lalande, bourgeois, qui ont des filles religieuses dudict ordre, et M. Cartier, bourgeois, père, et M. l'advocat Cartier, beau-frère d'une desdictes relligieuses, et qui ont signé pour caultions, après qu'ils eussent remonstré tout ce qu'ils ont voulu dire. » Rendue plus libre par leur départ, la majorité avait arrêté « que le délibératoyre du 26 mars étoit nul, veu que lors d'icelluy il y eust confly d'opinions, et que (parmi ceux) qui opinoient pour les dames relligieuses (s'en trouvoient) qui estoient leurs proches parents, mesme le procureur du Roy et le sieur Lalande, et les voix desquelles estant rejettées, l'opinion contraire eust prévalu, laquelle nullité a esté alléguée à toutes les assamblées subséquentes. » Par voie de conséquence, il était résolu « que le délibératoyre du moys d'octobre précédant sortiroit effect, et suivant icelluy, que lesdictes dames relligieuses seroient remerciées et priées de la part de la ville de se retirer et de ne s'y establir, et affaulte d'y obéir et satisfaire volontairement, qu'elles y seroient contrainctes, pour n'estre à surcharge à la ville. »

Cette fois, l'écrasement du parti de la Visitation était complet. Le camp opposé, impatient de jouir de son triomphe, dépêche incontinent un consul signifier cette décision à la Mère de Bréchard. Le député s'acquitte de sa tâche « avec des paroles un peu vertes. » La vénérable dame lui répond avec beaucoup de douceur qu'elle est venue à Riom sur l'ordre de ses supérieurs, et que, sur un mot d'eux, elle partira. Mais elle persiste à demeurer, rassure ses compagnes éplorées et réconforte ses amis éperdus.

Cette fermeté les ranime. Toutefois, dans la crainte —

tant le trouble de la ville était profond ! — que la foule ne se porte à quelque violence contre le couvent, ses défenseurs la conjurent de prendre quelques précautions. « Ne redoutez rien, réplique-t-elle, l'ennemi qui excite la tempête n'a rien que du bruit et du vent. Notre-Seigneur achèvera assurément son œuvre. » Plusieurs dames, notamment Mmes de Dallet et de Fouberas, voulurent néanmoins passer la nuit auprès d'elle, — et les hommes monter la garde autour de la maison. A leur tête, se faisait remarquer « le bon M. de Lalande, âgé de soixante et tant d'années, qui dit qu'il vouloit absolument coucher tout proche de la porte avec une hallebarde ; qu'il en défendroit si bien l'entrée que personne n'y entreroit qu'il ne lui eût passé sur le corps. »

Cette excitation porte les consuls à ne pas exiger immédiatement l'exécution de leur arrêté, afin de permettre aux esprits de se calmer. Cependant, ils chargèrent « leur secrétaire » de faire à la Mère de Bréchard une seconde sommation avec « exprès commandement de sortir de la ville, pour montrer qu'elle ne vouloit pas s'établir par force. » Mais cette nouvelle mise en demeure resta aussi infructueuse que la précédente. Les consuls s'assemblent alors en conseil ordinaire le dernier jour de juillet (1623), et délibèrent que « l'ung d'eux, adsisté de quelques notables de ceste ville, yra trouver Monsieur l'évesque ou Monsieur l'official pour les prier de mander aux dictes dames religieuses de se retirer en ung couvent de leur ordre, — et (au cas) où mondict sieur l'évesque ou ledict sieur official refuseroit de faire ledict mandement aux dictes religieuses de sortir à l'amiable, lesdicts sieurs consuls les expulseront de la maison où elles sont, et les fraicts que lesdicts sieurs consuls feront au dict voyaige, comme aussy ceulx à ung aultre voyaige faict pour mesme subject, leur seront passés. »

A peine cette décision est-elle prise, que la Mère de Bréchard, grâce à ses intelligences dans la place, en est informée. Que résoudre ? L'évêque, pour terminer une affaire qui lui suscite tant d'embarras, ne cèdera-t-il pas aux objurgations des Riomois ? La supérieure, sans désespérer de la situation, estime qu'il faut céder en apparence. Quand le secrétaire vient lui notifier la résolution des consuls, elle répond qu'elle quittera son monastère. Mais elle demande en grâce la liberté de se retirer en quelque maison de la ville jusqu'à ce que ses affaires soient en ordre. En même temps, elle charge « le confesseur ordinaire » de la Communauté d'exposer, dans un acte notarié, dénoncé aux consuls, que les religieuses n'ont pas l'intention de s'établir contre le gré des autorités (1).

Le plan était habile : abandonner Riom, c'était manifestement tout perdre ; en y demeurant, on pouvait encore tout sauver. Effectivement, les consuls reculèrent devant l'extrémité — invraisemblable en ces temps-là — de chasser de la ville par la force armée cinq ou six religieuses, dont trois comptaient des parents et des amis dans les familles les plus considérables de la cité. Ils n'osèrent rejeter sa demande.

D'ailleurs, un revirement commençait à se produire dans l'esprit de la population. Les scènes du 25 juillet, par leur violence, — c'était inévitable, et la Mère de Bréchard l'avait pressenti merveilleusement, — avaient amené une détente générale, — et l'on commençait à se demander le motif de cet acharnement contre les Filles de la Visitation, alors qu'on n'avait apporté aucun obstacle à l'établissement de celles du Carmel ou de Notre-Dame. Des raisons identiques n'existaient-elles donc pas contre ces deux congrégations ? Mme de Monfant elle-même était revenue de son emportement : elle reconnaissait l'exagération de ses craintes, et elle rougissait d'avoir soulevé tant de tempêtes. La vertu de sa fille la subjuguait au reste. Pour réparer sa faute dans la mesure du possible, elle avait conjuré les religieuses d'accepter comme lieu de refuge le propre appartement qu'elle avait « de loage » dans la ville. C'était faire publiquement amende honorable : la foule fut vivement impres-

(1) Acte reçu Faure, notaire, le 31 juillet 1623 (F. V, l. 11-2, c. 2).

sionnée par ce retour, et se mit à manifester quelque sympathie à ces Sœurs, dont on parlait tant et à qui l'on ne pouvait encore rien reprocher.

Une autre conversion allait achever cet heureux commencement. Le propriétaire de la maison où logeait Mme de Monfant était précisément l'avocat « qui avoit si fort excité contre les nouvelles venues, et cet avocat demeuroit dans l'autre portion de ladite maison. » Ce rapprochement des deux parties adverses était piquant : l'avocat se promettait peut-être d'en tirer quelque nouvel avantage. Mais voici qu'épiant les démarches des religieuses et remarquant tout ce qu'elles faisaient et disaient, il les observa fort « soigneuses et exactes à se lever et à faire avec une extrême vigilance tous les autres exercices religieux aux heures réglées... Elles disoient tout leur office en psalmodie simple, n'osant aucunement chanter de crainte d'être ouïes de la rue. Ce bon personnage avoit son étude tout proche du lieu où elles fesoient leurs saints exercices : prenant peu à peu un grand plaisir à étudier leur genre de vie, il ne manquoit pas de s'y aller retirer aux mêmes heures que nos Sœurs disoient leurs offices, et se rendoit extraordinairement attentif à leur bonne prononciation et grande tranquillité d'âme, tirant de fort bonnes conséquences de leur dévotion intérieure, et il en témoignoit une grande édification aux voisins. Il se faschoit en lui-même de la mauvaise volonté qu'il avoit eue pour leur établissement, et il visita la bonne Mère avec des témoignages d'estime et de bienveillance. » L'aménité de Mme de Bréchard, la sûreté de son commerce et l'élévation de son esprit eurent bientôt conquis le cœur de son ennemi. Désormais, le gros de l'armée adverse était terrassé.

Cependant, un mois s'était écoulé, et le traité avec la ville ne se concluait pas. La Mère de Bréchard fit alors « le vœu à son bienheureux Père que, si l'établissement se faisoit, le monastère lui offriroit, pour placer son cœur, un cœur de vermeil doré, où il y auroit d'un côté un grand cristal pour voir et considérer plus facilement la relique, et, à l'entour, il y auroit cette inscription : *Soleil sans fard,* qui est l'anagramme trouvée fidèlement sur le nom de ce bienheureux Père, *François de Sales* (1). »

De son côté, Mme de Dallet était infatigable : du matin au soir, elle parcourait les rues de Riom, et se rendait chez les membres influents du Corps de ville pour les gagner à sa cause. Parfois, elle s'attardait si fort dans ses démarches, que la nuit la surprenait dehors. Pour rentrer avec la servante qui l'accompagnait, elle devait s'éclairer « d'un bout de chandelle. »

Ce zèle et ces prières ravivèrent l'espoir des Religieuses. Cependant, Mme de Monfant ne pouvait plus laisser son appartement à leur disposition. Il fallut chercher un nouvel abri. M. « Combes, conseiller, » le leur offrit avec empressement. Ce nouvel incident mettait à nu la précarité de la situation des Visitandines. Il leur prouva qu'elles avaient assez usé de temporisation, et qu'il fallait enfin songer à enlever la position de haute lutte. Leurs conseils les y poussaient depuis longtemps. Ils leur persuadaient de s'adresser encore à Mme de Chazeron : son crédit auprès de la Reine-mère briserait toutes les résistances.

Après de nombreuses tergiversations, la supérieure se résolut à ce parti.

---

(1) La fondation faite, la Mère de Bréchard n'oublia pas sa promesse. Elle envoya le reliquaire au monastère de Lyon, où avait été déposé le cœur du Saint. En échange, « les Sœurs de Bellecour lui adressèrent, comme précieuse relique, la boîte d'argent où ce cœur vénérable avait été renfermé jusqu'alors. » Plus tard, cette « boîte » servit de demeure au cœur de la Mère de Bréchard lui-même.

CHAPITRE IV

La fondation (8 décembre 1623)

Mme de Chazeron n'ignorait pas les menées des adversaires de son projet.

Les intrigues du conseiller Chatard auprès de la Reine-mère et de son secrétaire, M. Bouteilher, ne lui étaient pas restées inconnues. Elle n'avait pu résister au plaisir de s'en venger et d'infliger à son antagoniste un humiliant échec.

Dès le 17 juillet, afin de bien lui montrer l'inutilité de ses efforts, elle avait obtenu de Marie de Médicis, pour les consuls riomois, une seconde lettre contenant injonction d'accorder aux Visitandines l'autorisation réclamée.

Les consuls étaient encore tout enivrés de leur éclatante victoire du 25 juillet et des événements qui l'avaient précédée ou suivie. Cependant la réflexion leur fit bientôt comprendre qu'il serait sage de ne pas paraître trop dédaigneux pour le message royal. Dans une réunion tenue le 31 août, ils avaient, pour se couvrir, décidé que cette lettre « seroit communiquée et leue à l'assemblée générale pour estre délibéré sur le contenu à laquelle. » Mais ils s'étaient gardés de convoquer cette assemblée.

L'attitude était hautaine et même injurieuse pour la majesté royale. Elle démontrait clairement, en tout cas, qu'il ne fallait rien attendre de leur esprit de conciliation. Cette conviction avait décidé la Mère de Bréchard et MM. de Murat et Valette à en référer à leur protectrice et à lui faire en détail le récit de l'opposition ardente et prolongée apportée par les Riomois à l'exécution de « sa bonne volonté. »

A la nouvelle que sa dernière démarche n'a produit aucun résultat, M*me* de Chazeron se sent cruellement blessée dans son amour-propre, et jure de montrer aux consuls qu'il est inutile de résister à ses desseins. Avec cette impétuosité qu'apportent les femmes à la réalisation de leurs projets, quand elles y sont stimulées par la passion, elle se rend auprès de la Reine-mère. En un instant, la souveraine a épousé sa querelle. Quoi ! par deux fois elle a daigné marquer aux gens de Riom, — qui sont doublement ses sujets, — le plaisir qu'elle prendrait à l'établissement d'une maison de la Visitation dans leur ville, et elle n'a pas été écoutée ! Elle mande sur-le-champ son secrétaire Bouteilher, et, sans plus s'abaisser à écrire à des rebelles, elle dicte des lettres à l'évêque de Clermont et à M. de Murat (1) pour manifester sa surprise « qu'on ait différé de répondre à son inclination. » Elle les charge de représenter « aux habitants qu'étant comme ils sont à elle par la souveraine volonté du Roy son fils, elle aymoit trop leur bien pour favoriser une chose qui leur seroit préjudiciable et désavantageuse. » Elle ordonne donc impérieusement qu'on y procède sans retard, « afin que désormais elle n'en entende plus parler que pour apprendre le contentement que chacun en recevra. »

La communication de ces lettres terrifia les consuls. Jusque-là ils avaient bravé sans trop d'inquiétude l'autorité royale, dans la pensée que la recommandation de Marie de Médicis était de pure forme et serait vite oubliée. Mais quand ils virent la princesse s'intéresser d'une façon aussi vive à la fondation, ne plus la demander, ainsi qu'autrefois, presque comme un service, mais l'imposer formellement à l'évêque et au lieutenant-général, — ils se prirent à trembler et à craindre d'avoir encouru la disgrâce de Sa Majesté pour leur ville, déjà mal notée à cause de son ardeur ligueuse, et sans cesse décriée auprès du Pouvoir par les Clermontois.

---

(1) 26 août 1623. — Ces lettres ont déjà été publiées dans d'autres ouvrages.

De son côté, la foule, émue pour les mêmes raisons, se met, par un retour subit, mais assez ordinaire, à poursuivre de son blâme les magistrats qu'elle avait auparavant excités à la résistance, et à crier qu'on eût mieux fait d'accéder immédiatement aux désirs de la Reine-mère que d'attendre ses ordres.

Enfin, Mgr d'Estaing, désireux d'obéir à Marie de Médicis et à la fois de satisfaire à la prière de l'archevêque de Bourges, frère de Mme de Chantal, qui, sur la demande de celle-ci, était intervenu auprès de lui en faveur de la Visitation riomoise, insistait énergiquement à son tour pour la conclusion de l'affaire dans un sens favorable aux religieuses.

Les consuls ne demandaient pas mieux. Pour rendre leur retraite honorable, ils convoquent une assemblée générale le 8 octobre, et lui communiquent les trois dernières lettres de Marie de Médicis et la missive de Mgr d'Estaing. Le résultat de la délibération était certain : le Conseil arrêta « qu'attendu le commandement de Sa Majesté, les consuls presteront consantement à l'establissement desdictes dames relligieuses soubz les conditions passées par le délibératoire du 28 mars dernier. Et pour s'enquérir de la solvabilité des caultions que la ville a sur les dames relligieuses et minutte du contraict qui doict estre consanty par lesdictes caultions, l'assemblée a nommé messieurs Charrier, conseiller, Arnoux jeune, advocat, Soubrany, bourgeois, et Rigauld, procureur, et néantmoingts ladicte minutte de contraict sera leue à une assemblée génaralle pour y estre confirmée et lesdictes caultions estre approuvées advant que ledict contraict soict passé (1). »

La persévérance de la Mère de Bréchard recevait sa récompense ! A vrai dire, la vénérable religieuse avait facilité l'entente de son mieux et montré qu'elle voulait user de la victoire avec la plus grande modération. Pour adoucir aux consuls l'amertume de leur défaite, elle avait feint de croire que leur résistance à la fondation était venue du choix fait, pour le nouveau monastère, d'une maison située dans le

---

(1) Archives municipales. — Délibération du 8 octobre 1623.

voisinage du Palais. — Déjà elle avait abandonné cette demeure. Elle avait compris, avec sa délicatesse de femme et d'élève de saint François de Sales, que son retour dans cette maison serait humiliant pour ses adversaires. Elle promit généreusement de n'y plus rentrer, et offrit de s'installer dans tel autre quartier de la ville que les consuls indiqueraient. Dès le 3 septembre, elle l'avait exposé dans une requête présentée à l'assemblée générale de la ville :

« Supplient humblement Jehanne Charlotte de Breschard, Marye Catherine de Chariel, Marye Séraphine de Lalande et Marye Elisabet Vallette, originaires de ceste ville de Riom, relligieuses professes de l'Ordre Saincte Marye de la Visitation, et vous remonstrent, messieurs, que la requête qu'elles vous ont présentée cy devant en votre assamblée du 25ᵉ du moys de juilhet dernier passé de vouloir agréer l'establissement d'une leur maison en ceste dicte ville est si juste et si pieuze, qu'elles ne peuvent qu'elles ne la vous réytèrent encore à ceste fois, et la piété et la justice desquelles ceste dicte ville est recommandée leur en faict à ce coup espérer l'entérinement, et croyre asseurément que ce que cy devant elles en ont esté esconduictes est seulement que notre bon Dieu auroit bien voulu en elles pour quelques jours esprouver leur patiance et voir leur persévérance en ce sainct désir ; et parce que, messieurs, vous pourriez désirer que le lieu auquel elles prétendoient donner quelque commencement à leur demeure fust occupé d'habitants personnes laïques et non relligieux ou relligieuses, elles vous déclarent, messieurs, qu'elles sont contantes de faire et establir leur maison autre part en ceste ville qu'il vous plaira leur désigner, et tandis pour leur demeure chercher quelque autre maison ; et de plus où votre prudence vous feroit continuer l'appréhension qu'elles vous soyent aulcunement à charge à l'advenir et que, quand cela adviendra, ce qu'à Dieu ne plaise, et qui n'est jamais advenu en ville, qui comme cela ait reçu des relligieuses ou relligieux, elles se soubmettent de vuyder la ville et se retirer en une autre maison de leur relligion, et ont signé J. C. de Breschard, M. Chariel, M. Séraphine de Lalande et Elisabet Vallette. »

Et pour montrer combien cette proposition était sérieuse, les Visitandines s'abouchaient aussitôt avec un sieur « Arvyer, marchand drapier, » et entraient en marché pour « sa maison sise en la rue de l'Asne vert, » sous la condition que le traité ne deviendrait définitif qu'après son approbation par la ville.

Les Riomois auraient eu mauvaise grâce à repousser des avances faites avec tant de condescendance. En gens d'esprit, les commissaires s'empressent de conclure l'affaire et d'aplanir les dernières difficultés. Le 29 octobre, tout était terminé ; et, à la réunion générale de ce jour, les religieuses pouvaient sans crainte demander l'entérinement du contrat proposé par leurs cautions et du projet de vente Arvyer. De son côté, l'assemblée, sans hésitation, accueillait leur requête.

La Mère de Bréchard se hâte de mettre à profit cette autorisation si longtemps attendue. Dès le surlendemain (31 octobre 1623), devant M° Desgranges, notaire à Riom, elle règle, avec l'assistance de son conseil, « noble Gilbert Golefer, advocat en Parlement, gendre de Mme Chariel, » l'acquisition du nouveau monastère. « Honorable homme sieur Claude Arvyer vend au vénérable et dévot couvent et monastère de l'Ordre Saincte Marie de la Visitation de nouveau establi en la ville, » représenté par « humble et révérande Mère Charlotte de Bréchard, supérieure dudit monastère, et par humbles et dévotes Sœurs Marie-Catherine Chariel, Marie-Séraphine de Lalande et Marie-Elisabeth Valette, religieuses professes, une maison composée de chambres haultes et basses, greniers, cave, cuvage, grange et jardin, située au quartier Sainct-Amable, rue de l'Asne vert, et confinée jouxte deux rues communes de midy et jour ; la muraille de la ville, un chemin entre deux, de bize ; la maison et grange de M. Jean Gazat aussi de midy ; la maison de Clément Rignoux et une ruelle voizinalle de nuit (1). » La vente a lieu moyennant la somme de 4,200 livres, s'appliquant pour 2,700 livres à la maison et pour 1,500 à la grange et au jardin : elle est versée comptant au vendeur. Et à l'instant, M⁰ Golefer va, au nom du couvent, prendre possession réelle des immeubles acquis, en accomplissant les actes symboliques mis en honneur par le droit romain.

La Mère de Bréchard n'avait pu pourvoir avec ses ressources au paiement de son acquisition. Les 4,000 livres fournies par Mme de Chazeron avaient été employées à l'achat de la maison près du Palais et aux frais énormes nécessités par la poursuite du procès contre la ville. Mais une de ses amies, Mlle de Fouberas, — celle-là même qui avait voulu monter la garde auprès d'elle dans la nuit du 25 juillet, — lui avait prêté semblable somme de 4,000 livres. La supérieure espérait la rembourser avec le prix à provenir de la vente de l'ancien monastère.

Enfin, le 4 novembre, les consuls signaient le fameux acte de cautionnement, autour duquel, pendant près d'une année entière, la lutte s'était circonscrite. Aux termes de cet acte reçu M⁰ Teilhol, notaire, « honorables hommes maîtres Pierre Chabron, assesseur, Pierre Montanier, procureur, Jérôme Léonard, marchand, » consuls de la ville, contractent avec les cautions de M. et de Mme de Chazeron.

Ces cautions s'étaient trouvées sans trop de difficulté. M. Amable de Murat, malgré tout l'attachement de sa famille pour la Visitation, et sans doute à cause de considérations d'ordre intime, avait profité du refus épiscopal du 23 juillet pour se dégager définitivement de l'affaire, et pour libérer par réciprocité de tout recours de sa part Mmes de Dallet et Chariel, et MM. Vallette et Cartier (2). Il ne pouvait consentir à rentrer dans l'entreprise. Les obstacles soulevés par la

---

(1) Lire aux annexes la notice consacrée au monastère de la rue de l'Ane-Vert.

(2) Acte reçu Desgranges, notaire, le 27 juillet 1623.

première promesse de Mme de Dallet devaient également écarter l'idée de s'adresser à elle. Mais il restait MM. Valette, de Lalande et Cartier, puis Mme Chariel, qui persistaient toujours dans leur généreux dévouement.

Ces quatre personnes, « pour le désir qu'elles ont de voir l'établissement des religieuses de la Visitation Saincte-Marie suivant l'intention des sieur et dame de Chazeron qui se veulent rendre fondateurs dudit monastère, et pour décharger la ville de tous frais, incommodités qui lui pourroient survenir à l'occasion dudit établissement, » s'engagent à « fournir, payer, faire valoir la somme de mille livres chacun an, que lesdits sieur et dame de Chazeron ont promis audit monastère pour la nourriture et entretenement des religieuses, — sauf leur recours, et sans que les consuls ou religieuses soient tenus de s'adresser premièrement auxdits sieur et dame de Chazeron. » En outre, ils promettent « de décharger la ville ou de la faire décharger de tous frais, fournitures qu'il conviendra faire pour l'établissement de ladite religion et construction dudit monastère (1). » Les religieuses « dame Charlotte de Bréchard, Marie-Catherine Chariel, Marie-Séraphine de Lalande, Marie-Elisabeth Valette (2) » interviennent et promettent à leur tour, « tant pour elles que pour les autres religieuses qui seront ci-après au couvent, de ne contraindre aucun habitant de leur vendre leurs maisons et héritages, si ce n'est du consentement desdits habitans et de l'avis des sieurs consuls, et n'intenter aucun procès pour la vente desdits maisons et héritages. Aussi promettent de n'acquérir dans ladite ville et banlieue

---

(1) Par contre-lettre du même jour, passée devant le même notaire, M. Cartier stipulait des autres cautions sa décharge personnelle, qui lui était accordée. MM. Valette et de Lalande et Mme Chariel restaient donc, en définitive, les seuls répondants du monastère.

(2) On remarquera que la Mère de Bréchard avait l'habileté, pour ménager les susceptibilités, de ne faire comparaître aux actes publics que celles de ses filles qui étaient originaires de Riom, bien que certaines d'entre elles eussent dû céder le pas à d'autres religieuses, dignitaires de la Communauté.

d'icelle de fonds, rentes et autres immeubles que jusqu'à la somme de mille livres de revenu. Et en conséquence de ce, lesdits sieurs consuls consentent que lesdites dames religieuses soient établies (1). »

Ces dernières clauses étaient insolites : les ennemis des Visitandines les avaient fait insérer comme pour témoigner une dernière fois de leur hostilité, et dans le secret espoir de susciter de nouveaux embarras. — L'évêque ne pouvait les approuver à cause de leur opposition avec les « immunités de l'Eglise et des Religions. » Mais ils avaient compté sans le tact et la prudence de la Mère de Bréchard qui, « entendant dicter le contrat, comprit aussitôt les conséquences de ces clauses, et refusa formellement de le signer, sachant bien qu'il seroit trouvé mauvais par Mgr l'évêque de Clermont et M. son official. Toutefois, ses amis lui dirent qu'elle signât pour prendre au mot les consuls tandis qu'ils étaient dans cette bonne volonté. Et elle, très prudente, ajouta sous sa signature ces paroles : *Sous le bon plaisir et autorité de Mgr le Révérendissime Evêque de Clermont,* — ce qui fut fort à propos, » et lui attira plus tard les éloges du prélat.

Toutes les formalités exigées par la ville étaient enfin remplies ; la victoire restait à la Mère de Bréchard, mais au prix de quelles traverses et de quelles fatigues ! Ce succès enflamme son ardeur ; sans désemparer, elle s'occupe de l'aménagement de la maison Arvyer, afin d'y pouvoir installer au plus tôt sa petite Communauté.

Il lui restait cependant à obtenir l'autorisation définitive de l'évêque, et celui-ci, malgré ses supplications, procédait avec une lenteur désespérante au gré de ses désirs et de son impatience. Elle ne savait comment hâter le dénouement de tant de difficultés, quand Dieu lui envoya, pour la consoler, Mme de Chantal elle-même. La sainte femme était venue à Moulins « pour raison de quelques affaires du monastère de

---

(1) Voir aux annexes : V, procès-verbal de l'assemblée du 29 octobre 1623.

ce lieu. » Elle ne voulut pas quitter cette ville sans aller à Riom. Elle se rendrait un compte personnel des derniers obstacles qui s'opposaient à la fondation définitive, et pourrait adresser à sa chère compagne et à ses filles les encouragements et les exhortations dont elles avaient un si grand besoin. Elle s'achemina donc vers Riom, où elle arriva le 27 novembre.

Quelle joie pour la pieuse Communauté, et surtout pour la Mère de Bréchard !

La sainte s'inquiète avec sollicitude de l'état des affaires. Grâce à cette hauteur de vues qui la guidait en toutes choses, elle sent que la situation est sur le point de se dénouer, et qu'un faible effort suffira pour en amener la conclusion. Elle rassure ses dignes filles, et leur affirme qu'elles sont arrivées au terme de leurs travaux. Et, pour montrer sa confiance, elle propose de procéder elle-même à leur installation, « le jour de la fête de saint André, qui arrivoit le 29ᵉ jour du mois de novembre, à deux jours de là, si le tout pouvoit être en bon état pour ce jour-là. » La chose n'était pas possible, — mais sainte Chantal recommande aux religieuses de se préparer à cette solennité si désirée pour une époque très prochaine, et, après trois heures de séjour à Riom, elle prend la route de Montferrand.

Cette assurance réconforte la Mère de Bréchard et ses compagnes. Elles ne mettent point en doute que leur sainte Mère, par son ascendant et sa vertu irrésistibles, ne lève en un instant les dernières difficultés. En effet, dès son arrivée au monastère de Montferrand, sainte Chantal prie l'évêque et l'official de la venir trouver : en quelques minutes d'entretien, elle obtient les dernières autorisations (1), et d'un commun

---

(1) C'est par erreur que l'historien de la vie de Mᵐᵉ de Chantal attribue à cette sainte le mérite d'avoir triomphé des dernières résistances des consuls riomois. Cet honneur revient à la Mère de Bréchard. Sainte Chantal a, comme on le voit, simplement précipité l'obtention de l'autorisation ecclésiastique. N'étant restée que trois heures à Riom, elle n'eût pas eu, du reste, le temps matériel de faire aux consuls les visites que Mgr Bougaud lui attribue.

accord, les interlocuteurs choisissent le 8 décembre, — fête de l'Immaculée Conception de la Vierge, — pour célébrer la fondation riomoise.

Avec quelle allégresse la Mère de Bréchard et ses amis reçurent cette nouvelle ! Parvenir enfin au but si patiemment poursuivi, — et entrer en clôture sous les yeux de « leur unique Mère, » de la fondatrice de la Visitation, quel bonheur, quelle gloire pour la future maison ! quelle semence grosse de promesses pour la moisson à venir !

En toute hâte, on s'occupe de l'ornementation de la chapelle du couvent. Les dames de la ville rivalisent de zèle pour leur « aumosner » : celle-ci (Mme Chariel), « un tabernacle, façon de la Chine, quatre chandeliers, un bassin, des burettes, quatre grands vases de bois doré avec de beaux grands bouquets de soie ; » celle-là (Mme de Villesarin), « des chandeliers de bois doré avec quelques petits tableaux ; » toutes « des pierreries. » Le monastère de Montferrand ayant envoyé « un très beau et très riche ornement d'autel, » — tout se trouva prêt en peu de jours.

Le 6 décembre, sainte Chantal revenait à Riom en compagnie de Mgr d'Estaing et de l'abbé Pereyret, — et signait avec le prélat, la Mère de Bréchard, MM. Desmonts, curé de Riom, Montanier et Bernard, consuls, et Mme de Dallet, « l'acte de fondation, qui étoit très ample, doux et gratifiant pour le monastère (1). » L'official bénit ensuite l'autel et « donna des reliques très assurées pour les enchâsser dans le marbre. » Puis l'évêque dressa l'inventaire de la chapelle et du mobilier du couvent (2).

Le 8 décembre arriva enfin. L'ordre des cérémonies avait été annoncé publiquement : une foule énorme et sympathique se pressait autour du nouveau monastère, et « donnait des acclamations » à son établissement. A la messe solennelle,

---

(1) Cet acte est aux archives de la Préfecture, fonds du Secrétariat de l'Evêché, liasse XI, cote 13.

(2) Lire cet inventaire aux annexes.

célébrée par M. l'official, toutes les religieuses communièrent. A la suite de l'office, sainte Chantal entonna elle-même le *Te Deum,* « lequel fut poursuivi par les Sœurs avec des sentiments de reconnaissance envers Dieu et une joie intérieure inexplicable. »

Les principales dames de la ville, et au premier rang la marquise de Seneçay, sollicitèrent l'honneur de passer cette journée avec les Visitandines. Mais, dès le lendemain, sur la volonté de sainte Chantal, la clôture fut établie, et les Sœurs purent « faire en liberté publiquement toutes les fonctions religieuses. »

La vénérable fondatrice alors laissa cette nouvelle maison sous la garde de Dieu. Elle bénit ses chères filles, en les priant d'être fidèles aux règles de l'Institut et aux préceptes de leur digne supérieure : « Grâce à cette fidélité, disait-elle, votre monastère sera établi pour le salut de plusieurs âmes qui viendront s'y consacrer à Dieu. » Puis elle les quitta, — consacrant spécialement le couvent à la Sainte Vierge, patronne de l'Institut, en l'honneur de l'Immaculée Conception. Le monastère de Riom devait, à ce double titre, s'appeler de *Sainte-Marie;* et c'est sous ce vocable qu'il fut dès lors connu et désigné dans la ville.

C'était le quinzième de l'Ordre, par rang de date.

CHAPITRE V

Jeanne-Charlotte de Bréchard

Avant d'entreprendre le récit des vicissitudes du nouveau monastère, — arrêtons un instant nos regards sur la noble et vertueuse femme que saint François de Sales lui-même avait désignée pour le diriger à sa naissance, et qui avait montré dans des conjonctures aussi difficiles une si grande fermeté d'âme unie à une si parfaite habileté.

Ce n'est point, en effet, une figure ordinaire que celle de Jeanne-Charlotte de Bréchard. Fille spirituelle privilégiée du grand évêque de Genève, parente et amie chérie entre toutes de sainte Chantal, elle a, dès longtemps, par l'éclat de ses talents et la force de ses vertus, fixé la renommée sur son nom : placée au rang des premières héroïnes de la Visitation, elle est devenue une des gloires les plus pures de l'Ordre, — et la noble cité de Riom, si riche en illustrations de tout genre, est fière d'avoir possédé son tombeau et de conserver ses reliques.

Jeanne-Charlotte de Bréchard, née au château de Vellerot (Côte-d'Or), dans le courant de l'année 1580 (1), appartenait

(1) Il nous a été impossible, malgré nos recherches, de retrouver l'acte de baptême de la Mère de Bréchard. On suppose même que le registre sur lequel cet acte avait été transcrit a dû disparaître durant les guerres de religion qui ont particulièrement ravagé la Bourgogne et le Nivernais, car il est à remarquer qu'aucun historien, même parmi ceux qui ont été presque contemporains de la Mère de Bréchard, comme la Mère de Chaugy, ne donne la date exacte de sa naissance. — Il existe plusieurs villages du nom de Vellerot ; mais celui qui dépend de la commune de Saint-Pierre-en-Vaux, par Arnay-le-Duc (Côte-d'Or), est le seul dont la situation concorde avec les données que nous possédons sur la famille et et sur la jeunesse de notre héroïne.

à une famille d'antique noblesse et d'origine chevaleresque, dont les possessions dans le Nivernais et le Bourbonnais avaient été considérables pendant tout le moyen-âge. Une branche de cette famille s'était établie en Bourgogne, vers 1360, en la personne de Jean de Bréchard, chevalier, qui avait épousé Marie de Beauvoir. De cette tige, était issu Jean de Bréchard, seigneur de Vellerot et de Saint-Pierre-en-Vaux, père de Charlotte. Il avait suivi de bonne heure la carrière des armes, et avait « pour sa valeur reçu le cordon de chevalier de l'Ordre (1). » Marié à une demoiselle de Macheco (2), il en avait eu dix enfants. Jeanne-Charlotte, le dernier-né de cette nombreuse postérité, n'eut pas la joie de connaître sa mère : sept ou huit mois après lui avoir donné le jour, la noble dame descendait dans la tombe.

Laissé seul à la tête d'une aussi lourde maison, M. de Bréchard se sentait peu disposé à pratiquer les vertus qu'eût nécessitées une pareille administration. Il trouva plus simple et plus conforme à ses goûts de se décharger entièrement sur des mercenaires du soin de l'éducation de ses enfants. La jeune Charlotte, notamment, à raison de son âge, lui était plus à charge que tout autre : il la confia à une nourrice et se désintéressa absolument d'elle. La pauvre enfant grandit donc dans un abandon complet, tenue à l'écart de ses frères et

---

(1) Voir les détails biographiques sur la famille de Bréchard dans l'*Armorial général de France*, de d'Hozier (Complément. — Paris, Didot, 1868). — La famille de Bréchard portait d'azur à trois bandes d'argent. Ses membres avaient les titres de comtes de Bréchard, barons de Bressolles et d'Oyé, seigneurs de Lys, Epoisses, Alligny, Chauvenche, Brinay, Pouilly, etc., etc... — Le nom de la famille est écrit dans les actes de diverses manières : Bréchart, Bréchars, Breschart ou Breschard. Nous avons adopté l'orthographe donnée par la Mère de Chaugy et par les historiens postérieurs, *Bréchard*. Avant le xve siècle, le nom pris le plus souvent par la famille paraît avoir été surtout celui de *Bressolles*.

(2) Il existait à Riom, au commencement de ce siècle, une famille de Macheco. Par acte du 17 décembre 1820, dame « Gilberte-Antoinette Dagonnaux de Marcilly, veuve de Jean Chatin de Macheco, » donne diverses rentes perpétuelles à la Fabrique de Saint-Amable. Il serait intéressant de savoir si les membres de cette famille se rattachaient à celle de Jeanne-Charlotte de Bréchard.

de ses sœurs, dont l'âge était sensiblement différent du sien, et même peu aimée par sa gouvernante. Ainsi se trouva-t-elle, dès son berceau, prédestinée, comme par une vocation spéciale, à la souffrance. Sa santé fut, dès l'abord, des plus débiles : à quatre ou cinq ans, elle fut travaillée par une maladie inconnue, que le peu d'affection dont elle était entourée fit prendre pour un « sortilège. » Elle tomba rapidement en une telle extrémité, qu'on la tint pour morte. Déjà on l'avait couverte du linceul et entourée des cierges funèbres, quand, aux prières, aux signes de croix et à l'aspersion de l'eau bénite, sa frêle existence se réveilla et la maladie disparut. « Faut-il s'étonner, s'écrie la Mère de Chaugy, si, toute sa vie, elle a paru morte au monde et ensevelie avec Jésus-Christ, puisqu'elle n'a commencé à vivre que par les appareils de la sépulture, — si, enfin, ayant porté la croix si jeune en qualité de mourante, elle est devenue une si fidèle amante du Calvaire ! »

Charlotte revint à la vie, — mais pour mener désormais une existence languissante : depuis lors, elle ne cessa, comme elle l'écrivait à sainte Chantal quelque temps avant sa mort, de souffrir « du mal corporel d'une façon tout extraordinaire. »

Aussi bien, une épreuve non moins terrible allait encore altérer sa santé déjà bien compromise. En 1589, « l'année des grandes pestes (1), » le fléau atteignit le château de Vellerot : en quelques jours, les deux sœurs aînées de Charlotte furent frappées. M. de Bréchard fut atterré ; il céda à un mouvement incroyable et absolument inexcusable de la part d'un soldat et d'un père, s'enfuit de sa demeure, et laissa ses autres enfants entre les mains d'une gouvernante. Bientôt, Charlotte, alors âgée de neuf ans, ressent les premiers symptômes du mal, et « le charbon lui sort gros comme un œuf de pigeon, quoique sans inflammation ni fièvre. » A l'exemple de son maître, la gouvernante, impitoyable, fait, en toute

(1) Aubineau, Les serviteurs de Dieu, II, 459.

hâte, porter la petite malade « dans une maison du village où tout étoit mort de la peste, à la réserve de deux jeunes garçons qui gagnoient leur vie à enterrer des corps pestiférés. » En cette compagnie, la malheureuse enfant passe d'abord six semaines, dévorée par la maladie, mangée par la vermine, couchant sur le foin, et obligée, pour se nourrir, d'aller dans les champs ramasser quelques mûres ou quelques fruits sauvages, au risque d'être la proie des loups qui infestaient la contrée.

Sur ces entrefaites, on amène du château vers elle une domestique atteinte à son tour par le fléau, et on la force à coucher avec cette nouvelle venue. La domestique meurt. Les jeunes garçons, maîtres de la maison, la couvrent d'un suaire, vont quérir un chariot pour la porter en terre, et préposent Charlotte à la garde de la morte. Un tel office remplit d'épouvante l'âme de la pauvre enfant, qui, à la nuit tombante, se recule vers la fenêtre pour ôter de devant ses yeux l'horreur d'un pareil spectacle, et se met à fondre en larmes. De retour, ses compagnons placent le cadavre sur leur charrette, — et comme Charlotte refuse de rester seule dans la maison, ils la jettent sur la voiture, à côté du corps, et partent, en ce cortège, procéder à l'inhumation !

Enfin, l'épidémie cessa, et l'air se trouvant purifié, M. de Bréchard revint à Vellerot et y rappela sa fille. Ce fut pour lui imposer de nouvelles épreuves. Il la confia « à une maîtresse bizarre, impitoyable et furieuse, qui lui apprit moins à lire qu'à s'accoutumer à souffrir, » et l'accabla de mauvais traitements. Quant à sa formation morale, il la négligea absolument : sans être de la religion, il fréquentait volontiers « des hérétiques captieux et remplis de malice, » et ne jugeait pas utile d'enseigner à ses enfants les principes d'une éducation chrétienne.

C'est au milieu de cet intérieur que Charlotte parvint à sa douzième année. Soit pour se débarrasser d'elle en lui imposant le voile, soit pour lui donner enfin une éducation en rapport avec son rang, son père la plaça dans un couvent du voisinage. Il n'avait pris aucun renseignement sur cette maison. « C'était ce que l'on appelait alors un monastère ouvert, dont les mœurs étaient de celles qui servaient de prétexte aux colères des dissidents (1). » Elle était composée « d'une prieure et de trois jeunes dames engagées dans la vanité et la galanterie du monde, et qui, selon la licence du temps, étaient presque toujours en visite dans les maisons de noblesse voisine. » Ces singulières religieuses trouvèrent fort commode, au lieu de s'occuper de l'éducation de leur pensionnaire, de la réduire au rôle de servante, de l'obliger à apprêter les repas de leurs gens de journée, et de lui imposer les services les plus vils. La situation de Charlotte était restée aussi lamentable qu'auparavant.

Deux ans après, son père qui, « par une inégalité monstrueuse, la tenoit dans le rebut pour avancer ses autres enfants, » fut cruellement frappé par Dieu. Il vit périr tous ses fils durant les luttes de la Ligue, et comme la peste lui avait enlevé deux filles, — il ne lui restait plus que Charlotte et une autre fille plus âgée. Il rappela Charlotte de son couvent, afin qu'elle tînt compagnie à sa sœur. Mais, toujours froid et indifférent pour elle, il la relégua au second plan dans sa maison. La jeune fille acceptait toutes ces humiliations avec une résignation admirable. De même que son corps, habitué à la maladie dès son enfance, semblait s'endurcir sous les coups de la douleur, ainsi son âme se fortifiait à ces rudes épreuves, et sa raison se trouvait déjà mûre. Par l'effet de l'instinct qui pousse à Dieu les natures tourmentées par la souffrance, afin de chercher auprès de Lui refuge et protection, — Charlotte rapporta au divin Consolateur toutes ses pensées et toutes ses aspirations. Bien qu'elle n'eût reçu aucune instruction religieuse, et que le commerce des protestants admis dans la maison paternelle eût dû fausser en elle les notions catholiques qu'elle possédait, — aidée par la grâce de Dieu et par quelques livres de prières qui lui tom-

---

(1) Aubineau, *op. cit.*, II, 460.

bèrent sous la main, elle parvint, sans autre secours humain, à se préparer seule à la première communion, et à accomplir ce grand acte de la vie chrétienne avec des dispositions de foi admirable.

Dès lors, elle se voue au service des pauvres et des malades, jeûne plusieurs fois la semaine, se déchire le corps avec « une laisse de crin de cheval, dont l'on se servoit pour mener les chiens à la chasse... » Déjà, elle se croit préparée pour entrer en religion et prendre le voile de Clarisse. Mais, à sa première ouverture, « on la rebute, la bafoue, la traite de folle, » si bien que, pour quitter au plus tôt une maison où elle est ainsi considérée, elle se décide à accepter l'idée d'un mariage et à agréer « un parti qui lui avoit extrêmement déplu quelque temps auparavant. »

Cependant Dieu la voulait tout entière à lui : il avait pétri son âme au sein de tant de douleurs et de contradictions, pour la mieux proposer en exemple et en admiration au monde entier. Il allait faire d'elle une des colonnes du nouvel édifice que François de Sales rêvait de fonder. Par une de ces communications intimes dont il favorise ses âmes d'élite, — il lui révèle qu'il réclame le service de sa vie : sous la force de cette impulsion de la grâce, Charlotte tombe sur le pavé de sa chambre, le baigne de ses larmes et s'écrie : « Seigneur, je vous veux suivre partout où vous avez passé. Venez, abjections ; venez, douleurs extrêmes ; je vous veux, puisque mon Dieu vous a voulues, et que par ses souffrances vous êtes maintenant sanctifiées. Vous n'êtes plus le supplice des méchants, ni le partage des criminels, mais la plus riche portion des aimés de Dieu ! » Par ce cri d'amour et d'aspiration à la souffrance d'une âme déjà labourée par tant de douleurs, la vocation de Charlotte se trouva définitivement fixée : elle appartiendrait à Dieu, et à Dieu seul !...

Mais dans quel Ordre entrer ? Ses hésitations étaient grandes : un songe qu'elle eut, et où elle pensa voir une manifestation de la volonté du Ciel, ne fit qu'augmenter ses incertitudes ; les détails et le sujet de cette vision ne se rapportaient à aucune des Communautés de femmes alors établies. Elle résolut de s'en remettre à la Providence pour ce choix. Un religieux de Saint-François, d'une grande réputation, prêchait le carême dans une ville voisine ; elle obtint à grand'peine de son père la permission de l'aller entendre : c'était le premier sermon auquel elle eût assisté de sa vie ! Elle avait vingt-cinq ans ! Elle fut si impressionnée des paroles de l'homme de Dieu, qu'elle alla sans retard le trouver et lui soumettre l'état de son âme et ses perplexités. Devant une foi aussi ardente et une âme aussi vigoureusement trempée, le prédicateur crut voir en Charlotte une recrue pour le Carmel, que le Père de Bérulle venait de réformer en France. Il lui promit de faire les démarches nécessaires pour son admission au monastère de Dijon. Il tint, en effet, sa promesse : mais, au moment décisif, M. de Bréchard refusa encore son autorisation, traitant sa fille « d'extravagante, » et permettant même à ses domestiques de faire d'elle « le sujet de leur divertissement » (1607).

Dieu estima la mesure comble ; il avait fait acheter assez chèrement à cette fille magnanime la grâce et le secret de sa vocation : il mit sur son chemin sainte Chantal. Avec elle, les obstacles allaient se briser, et les incertitudes disparaître.

La famille de Chantal était alliée à la maison de Bréchard. Depuis longtemps, Mme de Chantal, cette jeune femme dont l'éclat des vertus illuminait déjà toute la Bourgogne, connaissait Charlotte : en un instant, son œil exercé et son esprit clairvoyant avaient découvert tous les trésors de dévouement et de foi que recélait un tel cœur. Tant par pitié pour les souffrances que par admiration pour la générosité de la sublime enfant, elle lui avait voué une tendresse vraiment maternelle. A la naissance de sa dernière fille, Mme de Chantal avait même voulu donner à Charlotte une marque publique de son affection et de son estime : elle lui avait demandé de tenir son nouveau-né sur les fonts baptismaux. L'intimité n'avait pas tardé à devenir étroite entre les deux saintes femmes : la conformité de leurs goûts, depuis le veuvage de Mme de Chantal, ne pouvait que la resserrer.

A la nouvelle de tous les déboires qui abreuvaient sa parente à l'occasion de son entrée en religion, Mme de Chantal résolut d'y porter remède. Sous prétexte que Charlotte n'a pas vu sa filleule depuis quatre ans, elle l'envoie chercher à Vellerot et la garde près d'elle pendant trois mois. Là, elle étudie de plus près l'âme et le cœur de la jeune fille, là réconforte, la console, complète son éducation religieuse, et prend sur elle d'obtenir l'autorisation de son entrée au Carmel. En effet, elle arrache, à force d'instances, le consentement de M. de Bréchard. Mais, dès son admission comme postulante au monastère de Dijon, Charlotte est prise d'une fièvre, « qui de trois jours ne lui en laissoit qu'un de libre. » Elle voulut résister : la maladie la terrassa. Les austérités des Carmélites, comme celles des Ursulines, vers lesquelles elle jeta les yeux, étaient au-dessus de ce que Mlle de Bréchard pouvait supporter.

Elle ne se découragea point, toutefois, convaincue que Dieu lui ferait enfin connaître sa voie. Son père la croyait religieuse : il avait marié sa sœur, et l'avait instituée héritière universelle. A la rentrée de Charlotte dans le monde, il craint qu'elle n'attaque ces dispositions : Charlotte s'empresse de le rassurer et de ratifier le contrat, *trop heureuse de rompre irrévocablement tout lien avec les vanités de la terre.*

Cependant, saint François de Sales était venu à Monthelon, chez M. le président Frémiot, à l'occasion du mariage de M. de Thorens, son frère, avec une des filles de Mme de Chantal (1608). Déjà il songeait à la formation d'un Ordre spécial de religieuses, qui tiendrait le milieu entre les rigueurs et les mortifications effrayantes du Carmel et les facilités dangereuses de certaines règles monastiques. Il s'entretenait fréquemment de ce grand œuvre avec Mme de Chantal, et cherchait instinctivement autour de lui les sujets en qui il déposerait les premiers germes de sa pensée. Charlotte était alors aux côtés de la sainte veuve : bientôt le grand évêque l'eut reconnue capable des plus grands desseins. « Ma fille, lui dit-il un jour que la jeune fille, tourmentée par le désir de connaître sa vocation, l'interrogeait avec instance sur la nature de l'Ordre où il la croyait appelée, ma fille, vous contenterez-vous de courir le même prix que Mme de Chantal? — Mon Père, c'est un bonheur que je n'ose espérer. — Or sus, ma fille, demeurez donc en paix, et ne pensez plus qu'à bien aimer Celui qui vous veut tout sienne. » Et quelques jours après, il lui donnait l'assurance qu'elle était choisie de Dieu pour commencer, avec Mme de Chantal et Mlle Marie-Jacqueline Favre, fille du premier président du Parlement de Savoie et future fondatrice de Montferrand, le genre de vie que Dieu lui inspirait, — et il la nommait sa troisième fille de la Visitation !

Le 6 juin 1610, sonnait l'heure marquée par l'évêque de Genève pour poser les premiers fondements de son Ordre. Charlotte de Bréchard suivit Mme de Chantal et Mlle Favre dans la petite maison d'Annecy, berceau de l'Institut.

De ces trois héroïques femmes, — Charlotte, bien qu'elle fût la plus délicate de santé, était la plus ardente et la plus emportée vers les austérités de la pénitence. Le soir de la fondation, entraînée par son enthousiasme, elle avait enlevé avec vivacité « son maule et sa houppe, qui étoient certains articles que les demoiselles portoient alors, » les avait jetés à terre et foulés aux pieds. Et elle se sacrifiait tout entière à Dieu pour obtenir que son père, « engagé dans la conversation du monde et la fréquentation des hérétiques, » mourût en bon chrétien. Son âme s'enflammait à la vue d'un crucifix. Elle ne pouvait entrer en prière sans tomber « en une extrême faiblesse par la véhémence des assauts d'amour que son cœur soutenoit. Il lui étoit alors bien difficile de dire une seule parole, ses sens extérieurs demeurant interdits. » De même, « après la sainte communion, son corps étoit dans une défaillance presque entière, à cause de la forte application de son esprit. » Souvent, pendant la messe, elle était ravie en extase. « La première fois que ce bonheur lui arriva, raconte Mgr Bougaud, elle ne voulut pas laisser paraître l'état où l'amour l'avait réduite ; elle fit un violent effort pour se lever, mais elle ne put se soutenir. Une autre fois, elle quitte le chœur, ne se possédant plus et criant : « Je ne suis rien, je ne puis rien, je ne vaux rien ! » — Et elle s'en va, dans ce transport, sonner le quart d'heure de souper à la grande cloche, au lieu de le faire avec celle des exercices.

Saint François de Sales et sainte Chantal avaient plutôt à réprimer les emportements de sa foi qu'à exciter son zèle. Elle s'attachait à écouter humblement leurs leçons et à les observer avec la plus complète obéissance. Dès ses premiers pas dans la vie religieuse, elle avait ainsi atteint les sommets de la divine perfection. C'est ce qui la fit désigner pour remplacer, lors de ses absences, Mme de Chantal dans la direction des religieuses venues en foule se plier à sa règle. Effrayée de sa responsabilité, la sainte religieuse se multipliait pour suppléer de son mieux à l'absence de la digne Mère. En la voyant ainsi affairée, François de Sales souriait et modérait son ardeur : « Ma fille, lui disait-il, il faudra prendre du repos et du repos suffisamment, laisser amoureusement du travail aux autres, et ne vouloir pas avoir toutes les couronnes. »

Peu après, elle avait été envoyée à Moulins pour la troisième fondation de l'Ordre. De là, on l'avait appelée à Riom.

Elle y arriva, précédée d'une véritable réputation de sainteté. Les ennemis de la fondation riomoise n'entreprirent qu'avec effroi de lutter contre elle. Dès qu'ils se virent en face de cette femme de quarante-trois ans, à la figure expressive et intelligente, aux yeux pénétrants, aux traits amaigris par la souffrance, mais empreints de douceur et de fermeté tout ensemble, à la physionomie illuminée comme d'un rayon céleste, ils comprirent aussitôt l'inanité de leurs efforts. Leur opposition, au reste, se dirigea contre l'entreprise elle-même, et non contre la personne de la vénérable Mère. Après leur défaite, ils se consolèrent facilement d'avoir été vaincus par une femme d'un tel mérite et d'une telle vertu : et s'il était encore resté dans leurs esprits quelques préventions contre l'Ordre de la Visitation, « la douce maturité, qui éclatoit en son visage, en ses actions et en son port, » allait les en chasser à jamais pour n'y plus laisser place qu'à une affection et à une vénération sans bornes. Et, d'eux-mêmes, ils venaient se joindre à ses amis de la première heure, et porter leur pierre au nouvel édifice : ainsi, par l'ascendant de la Mère de Bréchard, le nouveau monastère allait-il s'affermir insensiblement dans la cité et faire bientôt partie intégrante du corps d'institutions de tout genre dont elle s'enorgueillissait. Sa fondation avait été lente et pénible : elle devait être durable. N'est-ce pas le caractère saillant de toutes les constructions riomoises ? et n'était-ce point un trait de ressemblance entre le génie de l'Institut et le génie de la ville ?

CHAPITRE VI

Premier gouvernement de la Mère de Bréchard. — La Mère Chariel (1624-1632)

A peine sainte Chantal avait-elle quitté Riom, au lendemain de la fondation, que de nombreuses novices sollicitèrent l'honneur d'entrer en religion sous les auspices de la Mère de Bréchard.

Un certain nombre d'actes d'*ingrès*, dont nous avons retrouvé les expéditions aux archives de la Préfecture (1), nous révèlent quelques-uns des noms de ces premières disciples : noms des meilleures familles de la bourgeoisie de la cité, — Perrette Bernard, Claude-Françoise Blanc, Charlotte Valette, — et, enfin, d'une riche veuve de Thiers, Jacqueline Bouchon. Le mari de celle-ci, Pierre Fayet, avait acquis dans le négoce une importante fortune ; elle profita de cette aisance pour combler la Communauté de ses libéralités. A ces recrues, il faudrait ajouter, d'après la chronique, « la veuve de M. le grand-prévôt d'Auvergne et ses deux filles. »

La vénérable supérieure accueillit avec joie ces abeilles qui venaient grossir l'essaim de sa nouvelle ruche. Mais elle s'aperçut bientôt qu'elle allait se trouver à l'étroit dans son monastère de la rue de l'Anc-Vert : il fallait, de toute nécessité, l'agrandir.

L'entreprise était difficile ; l'argent manquait et les voisins refusaient de vendre. Avec sa diplomatie et son habileté

(1) Actes des 26 septembre 1624, 24 avril 1625, 11 février 1627, 9 janvier 1629.

ordinaires, la Mère de Bréchard vainquit rapidement ce double obstacle. En peu de temps, par neuf contrats d'acquisition ou d'échange (1), elle incorpore au petit couvent les maisons, granges et jardins limitrophes. Bientôt, le monastère se transforme et présente à ses hôtes, sinon les commodités, au moins les aménagements indispensables au libre exercice de la vie religieuse.

Ces acquisitions n'avaient été obtenues, pour la plupart, qu'à « des prix tout à fait excessifs. » Leur valeur totale dépassait 4,250 livres. Pour payer cette somme, comme aussi pour solder les travaux d'appropriation (2), — la Communauté avait puisé dans sa propre caisse. Sa fortune se composait alors des dots apportées par les novices ; elle était grossie par les libéralités annuelles de Mme de Chazeron et par les largesses de quelques religieuses, ou même de laïques bienfaisants. Ainsi, Mme veuve Fayet, jugeant peu d'avoir promis, au moment de son entrée en religion, de servir au monastère une pension de six vingts livres, avait donné un ameublement important et une somme de 2,888 livres. De même, Isabeau de Rochefort-Dally, dame de Ronchette, veuve de messire Raphaël de Gosam, avait gratifié le couvent d'un don de 4,000 livres, à la condition d'y pouvoir entrer trois ou quatre fois l'an pour satisfaire sa dévotion (3).

Mais ces ressources n'arrivèrent que quelque temps après la fondation. Dès le principe, la Mère de Bréchard, guidée par son esprit entreprenant et par sa foi aveugle au succès de l'œuvre, avait dépensé au delà de ce que la prudence humaine autorisait. Pour faire honneur à ses engagements, elle versa tous ses fonds disponibles. Elle resta sans ressources, et dut recourir, pour les besoins matériels de l'exis-

---

(1) Annexes, IX.

(2) Nous avons trouvé, à la date du 10 février 1624, une quittance de 50 livres tournois donnée à la Mère de Bréchard par Nicolas Chanoys, marchand charpentier, et, à celle du 12 décembre de la même année, une autre quittance de 600 livres, fournie par Nicolas François, architecte.

(3) Donation du 22 février 1628.

tence de la Communauté, à la charité publique. Pendant les premiers mois, elle vécut aux dépens d'une somme de 72 livres que lui donnèrent trois dames de la ville.

Elle avait songé, à la vérité, à vendre sa première maison, voisine du Palais. Mais, dans le tumulte des passions excitées contre les Visitandines avant leur établissement, la malignité publique avait fait courir le bruit que cette maison était hantée « par un esprit lutin, tellement qu'on ne pouvoit trouver personne qui la voulût habiter ou prendre à louage. » Pourtant, le 31 janvier 1628, elle parvint à s'en défaire en faveur de « François Boudet, hoste et pasticier à Riom, » — mais il lui fallut convertir le prix de vente en une rente annuelle et perpétuelle de « huit vingt-huit livres 15 sols, » payables en deux termes, à la Noël et à la Saint-Jean (1).

Pour comble de malheur, il survint, « en ce temps-là, en la province d'Auvergne, une grande cherté qui se termina en une extrême famine. On y vendoit le blé jusqu'à 24 livres le septier. » La Communauté dut se rationner et, n'ayant pas de fonds pour s'approvisionner, se résoudre à acheter le grain à la livre, si bien, « qu'elle rouloit de semaine en semaine selon le cours du marché, et se trouvoit quelquefois en tel état que la bonne Mère en avoit les larmes aux yeux, n'ayant rien à donner à ses filles. »

Devant cette détresse, Mme de Chazeron s'empresse de venir au secours de ses protégées. Elle leur achète 27 livres une écuelle d'argent qu'avait apportée une novice (2). Mais une somme aussi minime ne pouvait leur être d'une grande utilité. Il s'agissait de faire une avance sur les sommes promises par le contrat de fondation. Mme de Chazeron n'hésite pas : elle donne généreusement aux Visitandines « une

---

(1) Contrat du 31 janvier 1628, Me Desgranges, notaire à Riom.

(2) Cette novice, nommée Claude Fayet, quitta plus tard l'habit et le couvent. Il fallut lui rendre son écuelle et la retirer des mains de Mme de Chazeron. La quittance de Claude Fayet à la Mère de Bréchard est du 10 août 1626. Voir aussi pièce du 22 juillet 1629 (F. V, l. III-2, II-2).

chaîne de perles, deux pendants d'oreilles, une croix et une petite enseigne de diamants. » De la vente de ces divers objets, la Mère de Bréchard retira la somme de 3,250 livres, et sortit ainsi d'inquiétude (1).

D'ailleurs, la sainte femme n'avait jamais perdu sa confiance inaltérable en Dieu. Elle s'était, dès l'abord, reposée sur la Providence du soin de pourvoir à ses nécessités. N'avait-elle pas enduré les mêmes épreuves, lors des premiers mois passés dans la maison d'Annecy avec les Mères de Chantal et Favre? Ne se rappelait-elle point qu'alors la petite Communauté n'avait pas toujours à manger? Un jour, sa fortune s'était trouvée de trois sous, et, une autre fois, le repas s'était composé d'une poire pour huit personnes.

La disette, cependant, augmentait d'intensité, et l'on disait en ville que les greniers étaient épuisés et que l'on ne trouverait bientôt plus de blé à acheter. Les amis de la Mère de Bréchard, plus effrayés qu'elle de l'avenir de la maison, la conjurèrent de faire aussitôt une petite provision de blé, pour ne pas être prise au dépourvu. La supérieure se laisse tenter, et achète dix à douze septiers qu'elle paie un prix fort élevé. Mais, trois semaines plus tard, le blé baisse, — et les Visitandines, pour avoir voulu être trop prudentes, en furent pour une perte de « cinq à six livres pour chaque septier. » Quoique, pendant cette famine, leur nombre fût assez restreint, « il leur fallut pour près de treize à quatorze cents livres de blé pour chacun des trois ans qu'elle dura, sans le vin et toutes les autres denrées qui étoient chères à proportion. »

Les préoccupations matérielles ne distrayaient pas la Mère de Bréchard de la direction des âmes confiées à son gouvernement : et, sur ce point, elle n'éprouvait que de la joie et de

---

(1) Pièce du 22 juillet 1629 (f. V, l. III-2). Il est indiqué que « Mme la maréchale de Saint-Luc » donna ces objets « en l'année de l'établissement, au mois de mars. »

la satisfaction. Ses chères filles répondaient avec ardeur à ses désirs, et marchaient toutes d'un pas alerte dans cette voie de la perfection, si brillamment inaugurée par les premières Sœurs de la Visitation. Elle était aidée admirablement dans cette tâche par « le vertueux ecclésiastique » qui servait d'aumônier au monastère.

Ce vénérable prêtre, raconte la chronique riomoise, « étoit dans le dessein de se faire chartreux. Mais, avant de se déterminer, il voulut prendre conseil du supérieur de l'Oratoire de Riom. Il le vint donc trouver dans le même temps de l'arrivée de nos Sœurs dans cette ville. Une nuit, la sainte Vierge s'apparut à lui durant son sommeil, et lui dit qu'elle vouloit qu'il se dédiât au service des religieuses, ses filles, qui disent le *Confiteor* tout haut à la messe. S'étant éveillé, il prit le songe pour une rêverie. En ayant parlé au supérieur, il en jugea de même, ajoutant qu'il ne savoit pas de religieuses qui fussent en cette pratique. Cependant nos Sœurs, n'étant pas établies, n'avoient pas encore chez elles de lieu disposé pour servir de chapelle et y entendre la messe. Elles furent donc obligées de l'aller entendre dans l'église la plus voisine, qui étoit celle de l'Oratoire. Elles assistèrent à la messe que ce même ecclésiastique célébra. Or, quelqu'unes d'elles désirant communier, une de nos Sœurs récita le *Confiteor* à haute voix, suivant nos coutumes. Cet ecclésiastique, surpris de ce qu'il voyoit et entendoit, fut persuadé que Notre-Seigneur et sa sainte Mère vouloient qu'il offrît ses services à ces religieuses, qui jusqu'alors lui avoient été inconnues. Il en conféra avec le Père Supérieur qui se trouva de même avis. Dès ce jour, ils vinrent de compagnie parler à notre Mère de Bréchard, qui reçut leur offre avec actions de grâces. Il fut, dès ce moment, arrêté, et servit notre Communauté jusqu'à la mort, l'espace de vingt-sept ans, avec une charité et assiduité constantes et utilité non pareille, ayant parfaitement rempli tous les devoirs de son ministère. »

Sous de telles influences, la Visitation devint rapidement

l'exemple et le modèle de toutes les Communautés de la cité. La Mère de Bréchard surtout attirait les regards sur le couvent. Les jours de fête, « les principaux de la ville s'assembloient pour l'entendre une heure au parloir, disant que cela leur étoit plus utile que des sermons. » Ils restaient suspendus à ses lèvres, et l'écoutaient, avec une respectueuse admiration, disserter des choses divines, « dont elle parloit comme un ange. » De toutes parts, on la tenait en merveilleuse estime, et on la regardait « comme une personne rare et une âme choisie de Dieu et singulière en dons de nature et de grâce. »

Malheureusement, sa santé s'altérait de jour en jour. La vénérable supérieure était scrupuleuse à l'excès : elle craint que ses « infirmités corporelles extrêmes » ne l'empêchent de remplir exactement ses devoirs de supérieure, et que ses filles ne souffrent de cet affaiblissement de ses forces. Elle conjure donc en grâce sainte Chantal de lui envoyer des Sœurs du monastère d'Annecy pour l'aider dans la formation de ses religieuses, et les tremper dans les véritables sources de l'esprit salésien. Sainte Chantal accède à ce désir pour calmer ses inquiétudes : la Mère de Bréchard est transportée de joie à cette nouvelle, et, quand les Sœurs d'Annecy sont arrivées, elle les comble d'honneurs et de témoignages de vénération (1).

---

(1) Les Sœurs d'Annecy, qui vinrent ainsi compléter la Communauté riomoise, sont peut-être celles dont les noms suivent : Anne-Marie Baurier, Anne-Françoise de Chardon, Claire-Françoise de Montaignat, Marie-Marguerite Potier, Françoise-Emmanuelle de Nourry et Marie-Suzanne Postel. Les noms de ces religieuses figurent dans les contrats passés au nom du monastère dans les premières années de son existence. Elles occupaient donc déjà des charges dans la Communauté : dès lors, elles n'avaient pas pris l'habit au couvent riomois, car, dans ce cas, elles ne seraient pas arrivées aussi vite aux dignités de la maison. D'autre part, nous n'avons trouvé à la Préfecture les actes d'ingrès d'aucune d'elles, et le fait serait assez surprenant, lorsqu'on songe que nous avons mis la main sur la plupart de ceux des religieuses riomoises. Nous devons donc conclure que ces religieuses étaient étrangères originairement au couvent de Riom, et qu'elles n'y ont été envoyées que dans la suite.

Elle n'avait pourtant pas besoin d'être rappelée à l'observance de la règle. Qui donc en possédait mieux tous les détails et tous les secrets ? N'avait-elle point participé aux premiers colloques de saint François de Sales et de sainte Chantal ? N'avait-elle pas été prise souvent pour le sujet des expériences de telle ou telle pratique que voulaient tenter les vénérables fondateurs ? Et quand, après la mort de l'évêque de Genève, Mme de Chantal désira consigner par écrit les maximes et les recommandations du Bienheureux, ne s'adressa-t-elle pas en première ligne à la Mère de Bréchard pour l'aider dans ce grand travail ? Avait-on un conseil à demander pour la direction des novices ou le règlement de quelque difficulté, — de tous les monastères de l'Ordre, on recourait à elle : ses avis étaient reçus avec le respect qu'on attachait à ceux des fondateurs eux-mêmes. Aujourd'hui encore, les lettres de la vénérable supérieure à la Mère de Châtel sont citées dans l'Institut à l'égal des pages les plus célèbres de saint François de Sales et de sainte Chantal (1). Nul, en effet, n'était plus imbu de cet esprit de douceur, de modération, de support mutuel, de cordialité, d'humilité, de simplicité et à la fois de bon sens pratique, qui, d'après le grand évêque, devait être avant tout celui de son Ordre.

Aussi, Mme de Chantal, passant pour la troisième fois en Auvergne, en 1628, pour se rendre à Bourges, où elle allait fonder une maison, ne voulut pas traverser la province sans s'arrêter auprès de sa chère Sœur et sans contempler les merveilles qu'elle opérait autour d'elle. La sainte fut émerveillée de ce spectacle : en quittant la maison, elle s'écria qu'elle en sortait « avec un cœur tout plein de suavité. »

D'après la règle, « le samedi après l'Ascension, les supérieures qui exercent le pouvoir depuis trois ans doivent solennellement le déposer, et se mettre au dernier rang afin

---

(1) Consulter, à ce sujet, au fonds des Visitandines, l. 1-1, une lettre longue de neuf pages, adressée du monastère de Chambéry, le 2 mars 1631, par la Mère de Châtel à la Mère de Bréchard.

de réapprendre et de pratiquer l'obéissance. » Rééligibles et ordinairement réélues pour trois nouvelles années, elles ne peuvent rester plus de six ans consécutifs en charge. La Mère de Bréchard avait été réélue le 22 mai 1627, elle devait donc quitter sa charge en 1630. Malgré toutes les instances, elle exigea qu'on obéît scrupuleusement à la règle, et qu'on choisît une nouvelle supérieure.

Il fallut se soumettre, — et, le 16 mai 1630, la Communauté, réunie capitulairement, désigna, pour lui succéder, la Sœur Marie-Catherine Chariel.

Choix des plus heureux !

Fille de Mme Chariel (née de Murat), alliée aux principales familles de la cité, la nouvelle supérieure était une véritable enfant de la ville. De plus, venue de Moulins avec la Mère de Bréchard pour la fondation, témoin des difficultés qu'avait rencontrées l'œuvre, elle connaissait à merveille tous les périls de la situation et les meilleurs moyens de les prévenir ou d'y remédier. Enfin, elle était une religieuse accomplie. Elle avait prononcé ses vœux, à l'âge de vingt-deux ans, au monastère de Moulins, en 1619, après plusieurs entrevues avec saint François de Sales et une confession générale au pieux évêque. Celui-ci fut tellement édifié de sa foi, qu'il la désigna comme apte à remplir aussitôt des charges dans la Communauté. Fidèle à cette indication, la supérieure nomma la jeune religieuse directrice des novices le lendemain même de sa profession (1).

La tâche de la nouvelle Mère était d'ailleurs des plus faciles. Outre que Mme de Bréchard était à ses côtés pour l'aider de ses conseils, elle recevait de celle-ci « une maison aussi bien accommodée qu'on avoit pu. Les offices étoient garnis de tout ce qui étoit nécessaire ; mais, particulièrement, la Communauté étoit remplie de bons sujets, fort disposés à marcher dans les voies de la plus haute sainteté, suivant les saintes instructions et encore plus les admirables

(1) *Année sainte*, août, p. 715.

exemples que cette vertueuse Mère lui avoit donnés et qu'elle continua de donner dans le temps de sa déposition. »

La Mère Chariel se montra digne en tous points de la confiance de ses compagnes, et bientôt eut conquis les sympathies générales. La Mère de Bréchard, « par la parfaite soumission et le profond respect qu'elle lui rendoit, » ne contribua pas peu à ce résultat. Le gouvernement de la nouvelle supérieure s'annonçait donc comme devant être des plus tranquilles. La fondation riomoise était définitive : l'attachement de la ville pour la nouvelle Communauté s'accentuait de jour en jour, — et, comme pour y donner le sceau, le Roi, par lettres patentes du 24 octobre 1630, qui approuvaient l'établissement en France de divers monastères de l'Ordre de la Visitation, consacrait en particulier celui du couvent riomois (1). Mais soudain, la peste terrible, qui désola la France, la Savoie et le Piémont, de 1628 à 1631, et éclata en Auvergne pendant cette dernière année, vint jeter le trouble et l'effroi dans la ville de Riom.

En quelques jours, le fléau fit d'affreux ravages dans la cité, et sema dans tous les quartiers la mort et l'épouvante. Les consuls avaient d'abord interdit aux habitants de quitter la ville, mais ensuite, sur l'avis du médecin La Framboisière, venu de Lyon, ils avaient engagé au départ tous ceux qui le pourraient, afin d'éviter les dangers présentés par une agglomération de personnes dans un espace étroit et resserré (2).

Les Visitandines désiraient vivement rester dans la ville, pour lui donner sur place le secours de leurs prières, et contribuer, dans les limites de leurs règles, au soulagement des pestiférés. Mais presque partout les monastères de l'Ordre avaient été fort éprouvés, et ses supérieurs, afin d'éviter de plus grands désastres, durent prescrire aux religieuses des contrées infestées de se retirer dans des régions

---

(1) Le pape Urbain VIII, par bref du 27 juin 1626, avait approuvé l'Institut de la Visitation.

(2) H. Gomot, *La peste noire*, p. 44 (Riom, U. Jouvet, 1874).

plus salubres. Sur cet avis, les Visitandines de Montferrand s'étaient retirées au monastère de Saint-Flour, où leur supérieure, Mᵐᵉ de Dallet, avait pris l'habit de novice. Les Sœurs de Riom ne pouvaient se dispenser d'obéir à leur tour à une injonction qui se trouvait conforme au vœu des consuls.

Mᵐᵉ la comtesse de Montmorin, née de Beaufort-Canillac, leur offrit asile dans son château. Elle avait placé, depuis 1629, au couvent riomois, en qualité de pensionnaire, sa fille Françoise, — et celle-ci venait d'y prendre le voile (1). Les religieuses acceptèrent cette hospitalité (2). Elles vécurent chez Mᵐᵉ de Montmorin avec une régularité qui excita l'admiration universelle. Mais elles soupiraient après leur retour dans leur monastère, et à peine eut-on levé les mesures coërcitives, prises contre les personnes qui avaient quitté Riom et voulaient y rentrer, qu'elles s'empressèrent d'y accourir.

Elles y furent bientôt rejointes par de nouvelles novices, attirées par le parfum de leurs vertus et la réputation sans cesse croissante de François de Sales, de Jeanne de Chantal et de Charlotte de Bréchard. A la suite de Françoise de Montmorin, Jeanne de la Chapelle et Jeanne Dorgniat venaient notamment demander à la Mère Chariel de les former à la vie religieuse (3). La digne supérieure s'y appliquait de tout son pouvoir, quand elle reçut subitement l'ordre de se rendre à Metz pour y fonder une maison.

Le 27 novembre 1632, elle partait de Riom pour sa nouvelle destination. Le même jour, par des acclamations unanimes, la Mère de Bréchard était replacée à la tête de la Communauté.

(1) L'acte d'ingrès de Françoise de Montmorin est daté du 19 juin 1630. Elle apporta une dot de 2,000 livres (F. V, l. II, 2, c. 3).

(2) Ces détails, tirés du manuscrit inédit de la fondation de Riom, démontrent que certains érudits ont à tort pensé que les Visitandines riomoises ne quittèrent pas leur ville lors de l'épidémie. (Cibaud, *Histoire de la Visitation Sainte-Marie de Montferrand*. Clermont, Bellet, 1876, p. 73.)

(3) Actes d'ingrès des 9 août et 23 novembre 1631.

CHAPITRE VII

Second gouvernement de la Mère de Bréchard. — La Mère Chahu (1632-1636)

Il fallut livrer un véritable combat pour amener la Mère de Bréchard à reprendre cette charge. Ses souffrances devenaient de jour en jour plus grandes : leur violence lui avait « fort gâté la taille, » au point de la rendre presque bossue (1), et l'empêchait souvent « d'assister aux exercices. » En vain s'efforçait-elle de dompter la douleur : ses forces trahissaient son courage. — Ces luttes augmentaient même ses défaillances : « on avoit ensuite peine à la faire revenir. » Mais ses filles employèrent tant d'instances qu'elle se laissa toucher.

Jours bénis pour la Communauté ! Chacun s'empressait de profiter « d'un temps si précieux, que les grandes et pressantes infirmités de la vénérable Mère présageoient ne pouvoir pas désormais être fort long. » On « l'honoroit comme un ange ; » — et tel était l'ascendant de sa vertu, que « ses absences des communautés durant le cours de ses maladies n'altéroient en rien l'exactitude des observances. »

Un événement douloureux marqua le début de cette seconde direction de la sainte supérieure. Mme de Chazeron, la fondatrice et bienfaitrice du monastère, vint à mourir : son mari l'avait précédée de plus de six années dans la tombe (2). Quel coup cruel pour la Mère de Bréchard ! Elle entourait d'une

---

(1) Procès-verbal médical du 17 octobre 1708. Voir aux annexes, X-4.
(2) Le testament de M. de Chazeron porte la date du 15 août 1626.

affection particulière la généreuse femme, — et cette dernière, en retour, lui avait voué un véritable culte.

Depuis dix ans, tous les projets pour l'avenir et la prospérité de la Visitation riomoise leur étaient communs : aucun dessein, aucune entreprise, dont l'une ne souhaitât la réalisation, que l'autre n'en fût immédiatement avertie. Par cette mutuelle confiance et cette estime réciproque, tous les obstacles avaient été renversés ; et il semblait que les entraves de toute sorte qui, dans les premières années, avaient paru s'accumuler à l'envi sous les pas de la Communauté naissante, eussent comme excité l'ardeur de Mme de Chazeron et augmenté son intérêt pour la fondation.

Elle avait, non contente d'ouvrir largement sa bourse au profit de son couvent de prédilection, décidé son mari, lors du contrat primitif, à la seconder dans ses pieuses intentions. Puis, elle avait obtenu de lui que, dans son testament, il laissât un souvenir de 300 livres à la maison. Après sa mort, et malgré un second mariage avec M. « Timoléon d'Espinay, seigneur de Saint-Luc, chevalier des ordres du Roy et maréchal de France (1), » elle avait paru s'affectionner davantage encore à son œuvre.

Elle multiplie ses libéralités sous toutes les formes. Tantôt, elle donne au couvent 300 livres pour qu'on y prenne sa filleule, Gabrielle de la Roque, en qualité de Sœur domestique. Tantôt, elle gratifie la nièce de son mari, Gabrielle de Chabannes, de 3,000 livres, afin qu'elle y fasse profession, et, au cas où elle n'aurait pas la vocation religieuse, pour qu'on y reçoive gratuitement à sa place une jeune fille pauvre désirant devenir professe (2). Tantôt, elle fonde des rentes au

---

(1) Acte du 3 novembre 1637, reçu Rollet, notaire à Riom (étude de Me de Brun). Timoléon d'Espinay de Saint-Luc, né vers 1580, mort en 1644, gouverneur de Brouage, accompagna Sully dans son ambassade en Angleterre, entra ensuite dans la marine, se signala pendant la guerre contre la Rochelle, fut nommé vice-amiral, lieutenant-général en Guyenne, et maréchal de France en 1628.

(2) Testament du 31 décembre 1630. Une partie seulement de l'acte se trouve aux archives départementales (I, II-1).

profit des Visitandines (1). Elle recommande à son intendant Dugué de régler avec soin tout ce qu'elle a promis au couvent : le 22 juillet 1629, les religieuses, sur les sommes portées au contrat de fondation, ont déjà reçu 5,307 livres ; il leur en reste encore dû 2,053. Enfin, par testament (2), elle leur lègue une somme principale de 9,000 livres. Et, comme dernier témoignage d'attachement, elle exprime la volonté que son corps soit inhumé dans le caveau de leur monastère (3).

Comment la Mère de Bréchard n'eût-elle pas été frappée au cœur par la disparition d'une amie si persévérante, si dévouée, d'une bienfaitrice si bienveillante, si libérale ? Elle est émue jusqu'aux larmes d'une perte aussi cruelle, et veille à ce que les volontés de sa tendre protectrice soient religieusement observées. Elle réclame ses restes, et leur rend les suprêmes devoirs avec toutes les marques de la reconnaissance la plus vive et de la douleur la plus sincère.

Le mariage de Mlle de la Guiche avec M. de Chazeron, — de même, au reste, que sa seconde union avec M. de Saint-Luc, — avait été stérile. Les successions de M. et de Mme de Chazeron échurent à des collatéraux. Celle de M. de Chazeron, en particulier, advint à ses quatre sœurs : l'une, Claude, avait épousé en secondes noces Gilbert de Monestay, chevalier, seigneur et baron des Forges. Cette dernière, en partage, reçut dans son lot les terres de Chazeron et de Roche-

---

(1) Acte du 24 juillet 1629, reçu Grenet, notaire à Riom.

(2) Il est à croire que Mme de Chazeron fit plusieurs testaments. Une pièce des archives déjà citée, qui semble être la copie de son testament, porte la date du 31 décembre 1630 ; un acte notarié du 3 novembre 1637, auquel nous avons déjà eu plusieurs fois recours, lui donne celle du 17 décembre 1630 ; enfin, un autre document parle du 12 mai 1632 (l. I-1).

(3) Mme de Chazeron avait cependant demandé que son cœur « fût inhumé et enterré au couvent des Révérends Pères Minimes de l'Ordre de Saint-François de Paule de Moulins. » — Son testament (du moins celui que nous avons eu entre les mains) n'indique rien au sujet de son corps. C'est le manuscrit de la fondation riomoise qui donne le renseignement. — Dans son testament, Mme de Chazeron léguait en outre 2,000 livres « aux pauvres les plus nécessiteux de Moulins et de Riom. »

d'Agoux, et donna à son mari le droit d'ajouter au nom de Monestay celui de Chazeron.

Mais elle n'avait accepté la succession de son frère que sous bénéfice d'inventaire. Cette circonstance, jointe à l'éloignement de M. le maréchal de Saint-Luc et des héritiers de sa femme, retarda d'abord le paiement des sommes restées dues à la Visitation sur le contrat de fondation, et de celles depuis lors données ou léguées par M. et Mme de Chazeron. Plus tard, les héritiers en profitèrent pour éluder les engagements pris par leurs auteurs. En vain les religieuses avaient-elles présenté à maintes reprises, et notamment en septembre 1634 (1), le bordereau de leur créance, les débiteurs avaient refusé de l'acquitter. Il fallut plaider pendant de longues années.

Ce procès ne laissa pas que d'être douloureux pour l'âme noble et fière de la Mère de Bréchard. Elle était attristée de se voir contrainte de disputer misérablement les derniers restes de cette magnifique série de libéralités dont l'avaient gratifiée ses bien-aimés protecteurs. Les ennuis qu'elle en ressentit aggravèrent son état, et lui interdirent de plus en plus de satisfaire dans leur entier aux devoirs de son office.

Dès lors, elle considéra comme un crime de porter un titre dont elle ne pouvait plus remplir les obligations. Les marques de respect dont on ne cessait de la combler effrayaient aussi son humilité, et lui faisaient ardemment souhaiter d'abandonner un poste où elle était exposée à recevoir fréquemment des éloges. La louange la mettait, en effet, hors d'elle-même. « Un jour, une Sœur s'épanchant à la louer beaucoup, après qu'elle eut rougi deux ou trois fois, ne pouvant plus enfin contenir sa modestie : Tout beau ! ma Sœur, lui dit-elle, cessez, s'il vous plaît, je ne veux pas être l'idole de vos flatteries. »

A la fin de son triennat, elle exigea qu'on ne lui laissât plus d'autre charge « que celle de ses souffrances. » La

(1) F. V., l. 1-1.

Communauté dut s'y résoudre, mais à la condition que la Mère de Bréchard lui donnerait une supérieure de son choix. Les professes de Riom ne remplissaient pas alors les conditions requises pour la supériorité (il fallait 40 ans d'âge et 8 de profession). — La sainte femme recourut à Mme de Chantal, qui lui désigna un des premiers sujets de l'Ordre, « la très honorée Mère Jeanne-Marguerite Chahu, professe du premier monastère de Paris, » et supérieure de la Visitation de Caen qu'elle avait gouvernée de 1629 à 1635.

Cette nomination témoignait du désir de sainte Chantal de maintenir le couvent riomois dans les traditions qu'y avait établies sa chère Jeanne-Charlotte. Les Visitandines s'empressèrent de la ratifier, — et, le 16 mai 1636, la Mère Chahu était élue supérieure du monastère Sainte-Marie.

Avant de quitter la supériorité, la Mère de Bréchard avait laissé à la Communauté un nouveau gage de l'habileté de son administration. Par son influence, Mme Gabrielle Ponchon, femme de cet Amable de Murat qui avait favorisé l'établissement des Visitandines, fit une donation importante au couvent, sous la charge d'y pouvoir entrer plusieurs fois par an pour ses exercices de piété. Cette donation, datée de janvier 1636, fut approuvée par « M. Charles de Craffort, prêtre de l'Oratoire et vicaire général de Monseigneur au régime des moniales (1). » Une somme de 4,000 livres avait déjà été remise au monastère sous la même condition par Mme Chabre, femme du lieutenant-criminel de la Sénéchaussée, et approuvée le 14 mai 1633 (2) ; — le même jour, la fille de la donatrice, Jacqueline Chabre, avait pris l'habit de novice.

La Mère de Bréchard ressentit une vive joie d'être déchargée du poids du gouvernement. « Je le dis tout de bon, écrit-elle aussitôt, avec sa vivacité accoutumée, à Mme de Chantal, il me semble de n'avoir plus rien à faire en ce monde qu'à souffrir et à me préparer d'en sortir. Notre Mère fait mer-

---

(1) F. V., l. III-1.
(2) Acte du 12 mai 1633, reçu Rollet, notaire à Riom.

veille, et il eût été bien dommage que, par ma mauvaise conduite, j'eusse retardé plus longtemps la perfection de nos Sœurs. » Et alors, dans un élan admirable, elle s'anéantit devant Dieu, se réprimande « de ses négligences et infidélités, et des lâchetés de son cœur, » espérant toutefois en la divine Miséricorde, « si sa très unique Mère (1) daigne la prier pour sa pauvre vieille et misérable Jeanne-Charlotte. »

La Mère Chahu était touchée de l'accablement d'infirmités où elle la voyait réduite ; elle l'entourait de toute la tendresse et de tous les soins désirables, lui épargnant toute fatigue et tout souci. Mais l'ardeur de la Mère de Bréchard ne pouvait s'accommoder de ces tempéraments : elle voulut reprendre la tâche des religieuses ordinaires. Des troubles assez graves survenus à son ancien monastère de Moulins vinrent à point pour alimenter les derniers restes de son zèle dévorant pour la gloire de Dieu et la perfection religieuse des Visitandines.

La supérieure de cette maison, étant atteinte d'hydropisie, avait inutilement employé à sa guérison tous les remèdes indiqués par la médecine. En désespoir de cause, il lui fut déclaré que le seul moyen d'obtenir du soulagement était d'aller prendre les eaux de Bourbon. Or, l'une des principales règles de l'Ordre de Sainte-Marie déclare qu'on ne doit « jamais sortir du monastère pour le recouvrement de sa santé. » La supérieure, fidèle observatrice de la loi, « répondit généreusement qu'elle aimoit mieux mourir » que de la violer en ce point. Mais elle appartenait à l'une des meilleures familles du Bourbonnais. Lorsque ses frères apprirent qu'une saison à Bourbon pourrait leur rendre l'espoir de la conserver, ils voulurent exiger d'elle ce voyage. La digne religieuse résista avec courage à leurs instances. Ses frères se tournèrent alors vers l'évêque d'Autun, sous l'obédience de qui se trouvait le monastère de Moulins, et le conjurèrent d'imposer comme un devoir à leur sœur « d'aller prendre les eaux, que les médecins

---

(1) Nom de vénération donné à sainte Chantal par ses filles, avant et depuis sa mort.

jugeoient être le remède unique qui pût la délivrer du danger imminent de perdre la vie. » L'évêque fit comme ils le désiraient.

Ne se croyant pas en droit de désobéir à une si haute autorité, la supérieure se résigna au départ, et, accompagnée de quelques religieuses de sa Communauté, elle se rendit à Bourbon. Les eaux lui furent salutaires, et elle s'en trouva extrêmement fortifiée. Comme elle passait, à son retour, près des propriétés de ses frères, ceux-ci la retinrent quelques jours, après lesquels les religieuses réintégrèrent leur couvent. Pendant toute leur absence, elles avaient vécu avec une parfaite régularité, observé les mêmes exercices qu'au monastère, et imposé partout le respect et la vénération.

« Cependant, on glosa beaucoup sur cette sortie. » Les protestants de la province, toujours à la recherche des moindres détails leur permettant de tonner contre le relâchement des couvents, exploitèrent avec furie ce petit incident, et le dénaturèrent complètement. Les envieux et les médisants achevèrent le reste, — si bien que le bruit de l'aventure ne tarda pas à arriver aux oreilles de la Mère de Chantal.

La sainte fondatrice était inflexible toutes les fois qu'il s'agissait d'un manquement à la règle. Elle jugeait que la scrupuleuse fidélité à ses prescriptions est seule capable de maintenir un Ordre dans son esprit primitif et dans ses véritables traditions. Aussi, quelles que dussent être les conséquences de sa conduite, elle réprimanda vivement la supérieure de Moulins; — et, indépendamment de cette correction particulière, exigea que cette religieuse fût déposée et remplacée immédiatement.

En vain les Sœurs de la maison intercédèrent pour leur Mère; Mme de Chantal demeura inébranlable : il fallut procéder à une nouvelle élection. La fondatrice avait simplement recommandé que tout se fît dans le plus grand secret, afin que rien ne transpirât au dehors.

Malheureusement, les mesures furent mal prises, car bientôt tout fut connu. La sévérité de sainte Chantal fut un argument formidable dans la bouche des ennemis de la Visitation de Moulins, et en un instant les religieuses de ce monastère « devinrent la fable » de la province. Des prédicateurs fameux allèrent même jusqu'à déclamer en chaire contre leur prétendu relâchement, — et le scandale rejaillit sur l'Ordre tout entier.

Ces événements avaient jeté le plus grand trouble dans la maison de Moulins, et il était urgent de prendre des mesures énergiques pour y rétablir la paix, et tout ensemble rendre l'estime et la confiance de la ville et de la province au malheureux monastère. La tâche était délicate et la mission difficile. Sainte Chantal ne balança pas : elle pria sa chère amie, la Mère de Bréchard, de s'en charger et d'aller entreprendre, elle, la créatrice du couvent, comme une nouvelle fondation à Moulins. « Comment ne seriez-vous pas plus utile que moi à ces chères Sœurs, lui écrivait-elle d'une façon charmante, ma vraie très chère Fille ? Vous êtes leur bonne première Mère ; elles seront toutes restaurées de vous voir, et je proteste que je vous croie avoir plus d'esprit pour les servir que je n'en ai, pourvu que vous agissiez librement ; et c'est de quoy je vous conjure. »

La Mère de Bréchard eût-elle pu résister à une prière aussi gracieuse, que l'obéissance lui eût fait un devoir de s'y rendre. Sans retard elle partit pour Moulins. Son arrivée fut saluée par de véritables transports de joie, non seulement au monastère, mais aussi dans la ville et dans tout le Bourbonnais, où le souvenir de ses talents et de ses vertus était resté ineffaçable. En peu de jours, la vénérable femme eut aplani les difficultés, confondu les ennemis de l'Ordre, découvert les pièges : son tact, sa prudence, sa douceur, sa fermeté et sa justice eurent raison de tous les obstacles et augmentèrent, s'il était possible, l'admiration qu'on professait pour son caractère.

Pendant son séjour à Moulins, la Mère de Bréchard fit de nombreuses conquêtes à la Visitation. La plus illustre fut sans contredit celle de Mme la duchesse de Montmorency, la veuve de l'infortuné et célèbre ennemi de Richelieu. Depuis la mort de son mari, la duchesse s'était retirée au monastère de la Visitation de Moulins ; mais les derniers incidents avaient ébranlé ou tout au moins alarmé sa bienveillance pour la maison. La Mère de Bréchard eut bientôt dissipé ses inquiétudes. Elle détermina la duchesse à continuer la protection de son nom et de sa fortune au couvent, et même la porta à y prendre le voile et à en devenir, par ses vertus, la gloire et l'ornement.

La duchesse s'était, en effet, dès l'abord, éprise d'une affection singulière pour la sainte religieuse. Les souffrances inouïes de son enfance, les persécutions de sa jeunesse, les austérités de son âge mûr avaient imprimé dans l'âme de la Mère de Bréchard comme le sceau de la prédestination divine, et attiraient irrésistiblement vers elle tous ceux qui avaient aussi trempé leurs lèvres à la large coupe de l'infortune. Son commerce et sa conversation avaient surtout un attrait particulier : pendant tout son séjour à Moulins, Mme de Montmorency les rechercha avec un plaisir infini. Lorsque la sainte Mère ne pouvait, en raison de son état de santé, se rendre dans la salle de Communauté pour présider aux exercices religieux, — elle avait coutume de rassembler les Sœurs dans sa cellule : la duchesse « étoit si passionnée de l'entendre, qu'elle se glissoit secrètement dans la chambre parmi les religieuses pour profiter de ses avis, et sans que la Mère ni la plupart des Sœurs de la Communauté s'en aperçussent. » Elle sortait de ces entretiens toute ravie et comme parfumée des paroles de l'incomparable servante de Dieu.

L'ordre était complétement rétabli à Moulins : la Mère de Bréchard songea au retour. La nouvelle fut accueillie avec un profond chagrin par toute la Communauté. Elle tenta, mais en vain, de retenir plus longtemps la vénérable supérieure.

Les Sœurs, se voyant impuissantes à vaincre sa résistance, voulurent au moins lui témoigner qu'elles ne perdraient jamais la mémoire de ses nouveaux bienfaits, — non plus qu'elles n'avaient oublié celle de ses anciens services. Quelques jours avant la date fixée pour son départ, « elles lui montrèrent deux de ses portraits qu'elles gardoient chèrement, et que la fondatrice avoit fait tirer contre son agrément. » Elles espéraient que la Mère de Bréchard serait touchée de cette marque d'affection.

La sainte femme fut, en effet, vivement émue de ces témoignages de sympathie ; — mais, tout à coup, offusquée et confuse qu'on attachât un tel prix à son souvenir, — elle se jette sur les deux portraits, crève la toile de l'un d'un coup de poing, et va faire subir le même sort à l'autre. On se hâte de le soustraire à ses mains et de le cacher en un endroit retiré, pour qu'elle ne puisse plus le voir. Cependant, Mme de Bréchard se met à sa recherche. Après beaucoup de peine, elle finit par le trouver. Elle coupe alors « un crucifix qui était peint au-dessus et le conserve avec un profond respect ; » mais, « pour son image, elle la jette dans le lieu le plus vil de la maison. » Et comme, plus tard, après son retour à Riom, les Sœurs de Moulins étaient « en une extrême peine de cette image, » elle leur manda, pour les rassurer, « qu'elle conservoit le crucifix en son oratoire, mais que, quant à l'image de sa personne, elle l'avoit mise dans le lieu où méritoit d'être son indigne original (1). »

---

(1) Tous les détails qui précèdent sur le séjour de la Mère de Bréchard à Moulins sont tirés des *Vies des cinq premières et principales Mères de l'Ordre de la Visitation de Sainte-Marie*, par Paul Bois, curé de Noyers. Paris, Hérissaut, 1755. — Ouvrage communiqué par le monastère de la Visitation de Riom.

CHAPITRE VIII

Mort de la Mère de Bréchard (18 novembre 1637)

Mme de Bréchard, rentrée à Riom, sentait ses forces diminuer de jour en jour et annoncer une fin prochaine. Elle était sans illusions sur son état : « Il ne me semble pas, écrivait-elle à la Mère de Châtel, que je doive faire cette vie longue : le catarrhe me presse si fort que je finirai bientôt. » Cette perspective de la mort lui inspire même le désir ardent de terminer sa vie au monastère d'Annecy, entre les bras de sainte Chantal. « Mais ses infirmités ne lui permirent pas de quitter le lit, » et, d'autre part, sur les instantes prières des Sœurs de Riom, Mme de Chantal lui refusa l'autorisation demandée.

Comme toujours, la Mère de Bréchard se résigna humblement à la volonté de sa supérieure. Elle voulut, toutefois, avant de quitter cette terre, lui écrire une dernière fois. Cette lettre peut être considérée comme son testament ; elle est admirable et par la sincérité du ton qui l'anime, et par la beauté des sentiments qu'elle renferme : « Voilà donc qui est arrêté, ma tout uniquement chère Mère ? s'écrie-t-elle. Notre-Seigneur ne veut pas que j'aie jamais plus l'honneur et cette consolation si uniquement désirée de vous voir, sinon en paradis... Il ne me reste plus que trois choses à faire, dont je me connais fort incapable : l'une est rendre mille grâces à votre Charité de tant de bonté et de miséricorde qu'il vous a plu d'exercer à l'endroit d'une misérable qui s'en est rendue indigne ; la seconde, c'est de prier incessamment la divine

Majesté d'en être votre récompense ; et, la troisième, de me préparer à la mort. »

Ce devoir rempli, elle n'attendit plus que le moment de la délivrance. Elle le vit arriver d'abord avec douleur pour deux de ses amies les plus chères, ses compagnes des premiers jours, les Mères Favre et de Châtel... L'heure ardemment souhaitée allait à son tour sonner pour elle.

Vers la fin d'octobre (1637), elle fut prise « d'une fièvre quarte, qui se changea en double tierce, ce qui fit juger au médecin que son corps, usé de tant d'infirmités, ne laissoit aucune espérance de guérison. » Dans les premiers jours de novembre, cependant, elle parut plus forte, si bien que la Mère Chahu la crut hors de péril pour quelque temps. Elle en profita pour lui demander des conseils au sujet de la transaction qu'elle était sur le point de faire avec Mme de Monestay, à l'occasion de la créance de Chazeron. Toujours dévouée à sa chère Communauté, la Mère de Bréchard surmonte ses souffrances pour mener à bien une affaire aussi délicate, et signe elle-même, le 3 novembre, le traité qui clôturait en partie ce pénible débat (1).

Aussi bien, ne s'inquiétait-elle pas de sa santé : elle ne songeait qu'à son âme, et « ne se mêloit d'aucune chose qui la concernât, en sorte que si on l'eût laissée sans soulagement ni nourriture, elle n'y eût pas pensé, tant elle étoit occupée en Dieu. » Mais ce mieux ne fut que de courte durée. Le médecin avertit la supérieure que « la bonne Mère » s'en allait tout doucement.

La Mère Chahu ne savait comment lui annoncer la fatale nouvelle. « Comment vous trouvez-vous ? lui demanda-t-elle en s'approchant de son lit. — Fort bien, Dieu merci, je ne sens point de mal. — Oui, mais les médecins craignent pour vous l'assoupissement où vous tombez. — Comment, reprend

---

(1) Ce fut sans doute la dernière signature que donna la Mère de Bréchard. L'acte, qui porte cette signature, est aux minutes de Me de Brun, notaire à Riom.

avec vivacité la malade, comment, ma chère Mère ! c'est peut-être qu'il faut mourir ? — Ne redoutez rien, ma vénérable Mère, Dieu est par-dessus le jugement des hommes, répond avec embarras la Mère Chahu. » Mais la malade se jette amoureusement au cou de son interlocutrice : « Ne craignez point, ma bonne Mère, que cette nouvelle m'afflige, au contraire, je ne puis recevoir une plus douce consolation. Ô la douce parole que la chère Mère m'a apportée ! Il faut déloger du bannissement ! » Et l'embrassant derechef, elle la conjure de lui faire donner les secours de la Religion. La Mère Chahu s'étant retirée : « Mes très chères Sœurs, dit Mme de Bréchard aux religieuses qui avaient assisté à cette scène émouvante, que dites-vous de cette aimable Mère, qui m'est venue annoncer une si bonne nouvelle, que je dois bientôt aller voir mon Dieu ! Eh ! que de joie et de contentement mon âme reçoit dans cette espérance ! » Et elle continuait, répétant sans cesse ces paroles : « Quoi ! moi, misérable ! j'irai voir mon Dieu ! »

Ce fut dans ces sentiments admirables qu'elle reçut les derniers sacrements, et que, le 18, à huit heures du matin, elle rendit sa grande âme à Dieu, « après avoir souffert, trois jours de suite, de violentes douleurs. »

Sa mort fut un véritable deuil pour la Communauté et pour l'Institut entier de la Visitation. Pour la Communauté, elle perdait, avec sa fondatrice, la noble et sainte femme qui l'avait tout imprégnée de l'esprit de saint François de Sales et de sainte Chantal, et initiée aux mystères de la perfection religieuse. Pour l'Institut, il voyait disparaître, une à une, ces héroïques religieuses qui avaient jeté avec tant d'éclat, sur les terres de Savoie et de France, les fondements de l'Ordre, attestant par la sublimité de leurs vertus en faveur de la nécessité et de la vitalité de son établissement. Mais nul ne ressentit plus cruellement la douleur de sa mort que Mme de Chantal, qui avait véritablement enfanté à l'Ordre de Sainte-Marie cette chère Jeanne-Charlotte, sa jeune parente, la marraine d'une de ses filles, une de ses premières disciples, celle dont le cœur battait le mieux à l'unisson du sien !...

La ville de Riom entière s'associa à ce deuil. « Embaumée des rares vertus » de la sainte religieuse, elle se précipita au couvent pour contempler une dernière fois les traits de celle que, depuis longtemps déjà, dans le langage populaire, on n'appelait que « la bonne dame, la bienheureuse Mère. » Il fallut satisfaire à cette pieuse curiosité, et exposer sa dépouille dans la chapelle. Son visage, doux et serein, ne présentait aucune trace d'altération, — et l'on eût dit que son corps était encore animé du souffle de la vie, tellement il avait conservé sa fraîcheur et sa souplesse !

Enfin, le lendemain même de son décès, 19 novembre, la Mère de Bréchard, à la suite d'un office chanté en présence de toutes les personnes considérables de la cité, était inhumée dans le caveau du monastère de la rue de l'Ane-Vert.

CHAPITRE IX

Le monastère du faubourg de Mozat (1638-1644)

L'influence des vertus de la Mère de Bréchard sur la Communauté persista vivace après la disparition de cette sainte religieuse. A voir les Visitandines riomoises remplir scrupuleusement les devoirs de leur état et observer leur règle avec une fidélité inviolable, on eût dit que la vénérable Mère était toujours au milieu d'elles pour les animer par ses discours et par ses exemples.

La Mère Chahu mettait, au reste, tout son zèle à guider ses Sœurs dans la voie ouverte par son illustre devancière. Attirées par la régularité de leur vie, de nombreuses novices venaient prendre l'habit au monastère de Sainte-Marie. Leur nombre devint bientôt si important qu'il fallut songer à l'agrandir encore.

La chose était difficile dans le quartier où la Visitation s'était fixée, quartier populeux et situé presque à l'intérieur de la ville, où les acquisitions devenaient fort onéreuses. En outre, les religieuses trouvaient qu'elles « estoient en meschant air, » ce qui, disaient-elles, leur occasionnait « de fréquentes maladies (1). »

La supérieure prit alors un grand parti : elle résolut de transporter dans une autre portion de la ville le siège du couvent.

Dès avant la mort de la Mère de Bréchard, elle avait conçu

(1) F. V., l. II-1.

ce projet, et celle-ci, dont l'esprit avait toujours, malgré les rigueurs de la maladie et de la souffrance, conservé son caractère ardent et quelque peu téméraire, l'y avait vivement encouragée. La prospérité de la Communauté pendant les premières années qui venaient de s'écouler n'était-elle pas un gage assuré du succès de l'œuvre nouvelle ? L'extension donnée au monastère ne pouvait avoir d'autre résultat que d'exciter un plus grand nombre encore de jeunes filles à se ranger sous la bannière de saint François de Sales.

Cette grande détermination prise, il fallait songer à la mettre à exécution dans les conditions les plus avantageuses. Le choix de l'emplacement du nouveau monastère méritait surtout d'être fixé avec prudence et maturité. Après de longues méditations, la Mère Chahu, la Sœur Bouchon, son assistante, et les Sœurs de Bréchard, Bernard et de Luchat, ses conseillères, jetèrent leur dévolu sur un jardin possédé par M. Christophe de Murat, « au faulxbourg de la porte de Mozat, dans lequel il y avoit une maison au milieu, » et confiné « de bize, jouxte la grand'rue de faulxbourg allant de la porte de Mozat aux Capucins, et, à l'ouest, par le vergier de feu noble Amable de Murat, sieur de Montaclier, le rif ou agaige entre deux. »

Ce jardin avait été, suivant acte reçu Rollet, notaire, le 31 octobre 1637, aliéné, moyennant 7,000 livres, au profit de « noble Geraud de Brion, conseiller, notaire et secrétaire du Roy, maison et couronne de France, receveur des consignations en la Sénéchaussée d'Auvergne et siège présidial de Riom (1). » La vente avait été consentie par « noble Pierre de Murat, sieur de la Val des Clefs, et Claude de Murat, sieur de la Taille, conseillers du Roy et receveurs généraux de ses finances en la généralité d'Auvergne, agissant tant en leurs noms privés qu'au nom et comme mandataires de leur père, noble Christophe de Murat, conseiller

---

(1) La fille de M. de Brion épousa, en 1639, Antoine de Murat, seigneur de Saint-Genès.

notaire et secrétaire du Roy, maison et couronne de France, en vertu d'une procuration notariée, donnée par celui-ci à Paris, le 10 septembre dernier. »

Or, M. de Brion, sollicité par les religieuses, consentait à leur céder ce jardin. Il avait, au reste, fait cette acquisition moins par convenance personnelle que pour se payer d'une créance, au principal de 6,300 livres, sur M. Christophe de Murat (1).

A la prière de la Mère Chahu, en considération surtout de la Mère de Bréchard, le gentilhomme transmit donc presque aussitôt sa nouvelle propriété au monastère de la Visitation « à fort bon compte, » se contentant d'un bénéfice de 400 livres (2). La bienveillance qu'il témoigna en cette occasion à la Communauté lui valut même le titre de « père temporel du couvent (3). »

Une amie des religieuses, Mlle Antoinette Blich, sœur d'un officier de la Sénéchaussée, — qui devait bientôt prendre le voile dans leur Communauté (4), — voulut faire les frais de l'acquisition, tout en refusant, par humilité, le titre de bienfaitrice. Cette subvention permit à la Mère Chahu de jeter les fondements du monastère.

Dans sa construction, elle suivit avec exactitude le plan dressé par saint François de Sales lui-même pour l'aménagement des couvents de son Ordre.

Il fallut, on le pense sans peine, plusieurs années pour mener à terme cette vaste entreprise. La Mère Chahu, qui

---

(1) Il lui avait prêté cette somme, le 3 janvier 1634, pour lui permettre de se rendre adjudicataire des biens, vendus judiciairement, de « feue damoiselle Catherine de Murat, sa sœur, veuve de feu noble Amable de Basmaison. » (Acte reçu Desgranges, notaire.)

(2) Une pièce du fonds des Visitandines, l. II-1, c. 1, indique, en effet, que l'achat « de la place » du couvent coûta 7,400 livres à la communauté. Le droit de lod dû au fisc, à l'occasion de cette vente, fut payé le 11 janvier 1638. (L. III, 1.)

(3) Cette qualification est donnée à M. de Brion dans un acte du 29 avril 1661. (L. II-1, c. 5.)

(4) Sur le registre des vêtures du couvent, elle est portée, à la date du 2 mai 1668, au sixième rang parmi les professes, sous le nom de « Marie-Séraphine Blich. »

avait été réélue supérieure le 8 juin 1639, y avait « apporté tous les soins imaginables. » — Cependant, lorsqu'elle déposa le pouvoir pour aller diriger le monastère de Dijon (1), — l'œuvre était loin d'être terminée. Ce fut son successeur, la Mère Marie-Philiberte Aisément, professe de Lyon, élue le 5 juin 1642, qui l'acheva.

Dans les premiers mois de l'année 1644, le monastère se trouva enfin aménagé. Le 22 juillet, jour anniversaire de celui où la Mère de Bréchard était partie de Montferrand pour venir à Riom affronter les orages de l'opposition consulaire, la Communauté s'y installait définitivement. — Elle quittait, non sans regrets, le petit cloître de la rue de l'Ane-Vert, témoin des vertus de la Mère de Bréchard, et théâtre des premiers essais de la Congrégation riomoise dans la vie religieuse (2).

---

(1) En quittant la supériorité du monastère de Riom, la Mère Chahu fut, en effet, envoyée comme supérieure à Dijon. De cette ville, elle fut ensuite dirigée sur Meaux, puis sur Caen, où elle mourut, en 1660, après avoir laissé dans l'Ordre la réputation d'une religieuse d'une grande vertu et d'une haute intelligence. (*Année sainte*, février, p. 796.)

(2) Lire aux annexes (IX) les vicissitudes du monastère de la rue de l'Ane-Vert, depuis 1644 à nos jours.

CHAPITRE X

L'incorruptibilité du corps de la Mère de Bréchard (1645)

Ces regrets étaient augmentés par la douleur de ne pouvoir transporter dans le nouveau monastère les corps de la Mère de Bréchard, de Mme de Chazeron et de quatre religieuses mortes au premier couvent. Mais le caveau de la nouvelle fondation n'était point encore approprié, et force était d'ajourner l'époque du transfert des précieuses dépouilles.

Au milieu des embarras multiples de son installation, la Mère Aisément ne put remplir aussitôt ce pieux devoir; M. Maximilien de Chazeron, tout en proie à la fièvre de son procès contre la Communauté, prit texte de ce retard pour menacer les religieuses de refuser le paiement qu'il avait été condamné à leur faire par sentence du 10 août 1644, si elles n'inhumaient immédiatement, au faubourg de Mozat, les restes de leur fondatrice. Mme de Bouillet, sœur de Mme de Chazeron, joignait ses plaintes aux siennes.

Ces menaces contraignirent la supérieure à renoncer à son dessein d'opérer ce transfert avec pompe et solennité. Elle se hâta d'assainir, autant que possible, le lieu, encore rempli d'eau, destiné à la sépulture des religieuses. Et, sur le conseil du vicaire général du diocèse, — directeur spirituel de la maison, — elle résolut, pour éviter tout bruit, de procéder au transfert en secret.

A cet effet, dans la soirée du 18 novembre (1644), — jour anniversaire de la mort de Mme de Bréchard, — elle envoie à la rue de l'Ane-Vert une Sœur tourière accompagnée d'un chariot et de quelques ouvriers. Ceux-ci, sur les indications de la Sœur, exhument les corps, et retirent de terre, l'une après l'autre, les six bières. La plupart étaient en bon état : seule, celle de la Mère de Bréchard avait souffert des outrages du temps. « Les ais de dessus et de dessous étaient assez bons, mais ceux des deux côtés étaient pourris. » Un coup de pioche les éventra même, et atteignit la morte au côté gauche de la figure. Pour la sortir du caveau, il fallut lier le cercueil sur une planche. Mais l'ouverture se trouva trop étroite ; on laissa « choir le corps de deux toises. » Il fut enfin placé sur la charrette en compagnie des autres bières. On recouvrit le tout « de paillasses et autres meubles, afin qu'on ne l'aperçût pas, étant presque nuit. »

Le lugubre convoi se dirige vers le faubourg de Mozat en cet appareil presque irrévérencieux. Mais, plus le transfert du corps de la Mère de Bréchard s'opérait dans des conditions étranges de simplicité, plus Dieu allait faire éclater la gloire de sa servante. Le cortège commençait à s'ébranler, lorsqu'un petit enfant, « qui à peine savoit parler et marcher, » jette les yeux sur le char et s'écrie, en s'adressant à la tourière : « Vous emportez la sainte ! vous emportez la sainte ! » Aussitôt, toutes les personnes qui se trouvaient dans la rue de se jeter à genoux, puis, se relevant, d'accompagner le convoi avec les marques de la plus profonde vénération. Emue de ces manifestations et désireuse d'y soustraire son précieux dépôt, la Sœur fait presser l'allure de la voiture. Bientôt elle heurte au monastère du faubourg de Mozat, et la lourde porte du couvent se referme sur le char funèbre.

Il était six heures, le moment de l'oraison du soir. Toutes les religieuses se trouvaient réunies au chœur. Aucune d'elles n'avait été prévenue du transfert : par une étrange coïncidence, — le caveau du nouveau couvent étant placé sous le chœur, — elles allaient assister à l'inhumation que la supérieure voulait tenir secrète ! Si la Mère Aisément en conçut quelque dépit, la Communauté, elle, en ressentit une joie ineffable. Tous ses membres, sauf la supérieure, avaient vécu sous la Mère de Bréchard, et subi l'ascendant de cette femme incomparable ; tous avaient constamment présent à l'esprit le souvenir de sa bonté et de ses vertus. Quelle faveur que de pouvoir contempler à nouveau ses traits, même outragés par la mort ! Et comme chaque Sœur assiste anxieuse à la réception des bières, souhaitant être la première à reconnaître celle de la bien-aimée Mère, et à retrouver l'expression de son visage !

.Les cercueils sont enfin déposés dans le chœur : on les ouvre respectueusement, et, dans tous, on ne trouve que des ossements. Mais déjà, par les ouvertures de celui « qui était lié et pourri, » et dont le voyage avait aggravé l'état (car on l'avait placé, par mégarde, sous le cercueil en plomb de Mme de Chazeron), les Sœurs ont reconnu leur Mère, et un cri d'admiration s'est échappé de leurs poitrines. Le corps de Mme de Bréchard semble entier et préservé de toute décomposition ! On se hâte de le découvrir : aussitôt une odeur suave et extraordinaire emplit le chœur, et la vénérable supérieure apparaît admirablement conservée ! On eût dit qu'elle sommeillait : ses traits n'étaient en rien altérés ; l'air « grave et majestueux » qui l'animait en sa vie dominait encore sur son visage ; ses pieds, « fort blancs, » paraissaient n'avoir pas subi l'atteinte de la mort... Bref, si les doigts de ses mains n'eussent été « tout séparés, parce que ces grossiers ouvriers avaient mis les pieds dessus en montant et descendant les bières dessus le chariot, » le corps eût conservé son absolue intégrité.

A ce spectacle, les religieuses s'émeuvent et versent des torrents de larmes. Elles s'écrient que cette préservation extraordinaire de leur Mère contre la corruption est un signe manifeste de la sainteté de sa vie : il faut, ajoutent-elles, la laisser exposée dans la salle du Chapitre.

Mais Mme Aisément ne partageait point l'enthousiasme de ses filles pour Mme de Bréchard. Elle résiste à leurs supplications, et ordonne la descente de tous les corps dans le caveau. Les fossoyeurs se mettent en devoir de lier à nouveau le cercueil de la Mère de Bréchard, et de « le traîner au long de la montée. Apparemment, disent les manuscrits, ce fut en cette occasion que, par mégarde, l'un d'eux marcha sur le visage de la bonne Mère et lui écrasa le nez, » car ensuite le visage de la morte fut trouvé défiguré. La sépulture fermée, les religieuses restent en prière jusqu'à neuf heures du soir. Le respect de la règle les arrache à grand'peine à un lieu où elles ont éprouvé de si douces émotions et assisté à de si étonnantes merveilles !

En quelques heures, le récit de ces scènes se répandit dans la ville, et excita la curiosité publique. De tout temps, « la bonne dame » avait été regardée comme une sainte par la population riomoise ; et, depuis sa mort, les fidèles avaient eu souvent recours à son intercession pour obtenir les grâces qu'ils sollicitaient. Plusieurs malades, disait-on, avaient été délivrés de leurs maux par son entremise. Et, dans les derniers temps, ces guérisons semblaient être devenues plus nombreuses. On racontait qu'au mois d'avril précédent (1644), M. Etienne Cartier, receveur grénetier du Roy, — fils, sans doute, de ce M. Louis Cartier, qui s'était porté caution pour le couvent, en 1623, — était tombé gravement malade. Comme il ne trouvait aucun remède à ses souffrances, il s'était fait appliquer sur le corps la croix que la Mère de Bréchard portait en son vivant. « L'ayant baisée, et ayant invoqué la digne Mère, il avoit aussitôt ressenti un grand soulagement en son mal et avoit été guéri quelques jours après. » De même, le jour du transport des restes de la vénérable Visitandine, une religieuse du monastère, la Sœur Jeanne-Gabrielle de la Roque, cette filleule de Mme de Chazeron entrée au couvent sous les auspices de la pieuse dame, était entre la vie et la mort depuis le 29 septembre. Elle avait demandé des reliques de Mme de Bréchard : dès le second jour, elle s'était levée, avait pu aller à la messe et communier : le lendemain, elle avait repris toutes ses forces. A son tour, M. Jean du Floquet, conseiller à la Sénéchaussée, « atteint d'une grave et périlleuse maladie, suivie d'un grand délire, » s'était mis

« au col » la croix de la Mère de Bréchard. Au bout de peu d'instants, son mal avait diminué, et, en quelques jours, complètement disparu.

Ces récits, dont l'exactitude était facile à contrôler, portaient à son paroxysme l'exaltation populaire. La foule réclamait à grands cris une enquête « sur les vertus de la chère Mère. » L'émotion n'était pas moins grande au monastère.

Depuis la descente du corps de Mme de Bréchard dans le caveau, la Communauté entendait « de grands bruits » dans le chœur, comme si du sépulcre on eût frappé contre la pierre. Le 16 janvier (1645) notamment, à l'heure de l'oraison du soir, il retentit un coup d'une violence si extraordinaire, que toutes les religieuses en demeurèrent épouvantées. D'autre part, des Sœurs affirmaient que, la nuit, la Mère de Bréchard se promenait dans le couloir situé au-dessus de la cellule de la supérieure. Elles l'avaient entendue « marcher du même pas qu'elles l'avaient connue en sa vie. » Deux d'entre elles, malgré leur effroi, avaient eu le courage de sortir de leurs cellules à l'heure de ces promenades, et elles juraient avoir « connu fort bien sa mine, son port majestueux, son marcher grave : » cependant, elles n'avaient pu « discerner son visage. » Une autre religieuse qui, s'étant trouvée malade du temps de Mme de Bréchard, lui avait répondu avec humeur, dans un moment de souffrance, — « ce dont elle se repentoit bien, » — voulut la voir pour implorer son pardon. Elle ouvre la porte de sa cellule, proche de celle de la supérieure, et reste assise sur son lit. Bientôt, elle aperçoit la Mère se promenant. Elle la considérait, quand, tout à coup, la morte entre dans sa cellule et se dirige vers elle. La Sœur « ne peut soutenir sa présence. » Éperdue, elle tombe à la renverse sur son lit : quand elle revient à elle, tout a disparu. Enfin, une autre Visitandine, Sœur Anne-Gabrielle Laville, « qui étoit bien courageuse, dit un autre manuscrit, entreprit une nuit de voir jusqu'au bout où passeroit notre bonne Mère de Bréchard, lorsqu'elle se promenoit dans nos dortoirs. S'étant assise à l'entrée, près de la chambre de la supérieure, sur un degré, elle vit venir à elle cette bonne Mère. Malgré sa hardiesse, elle frémissoit à mesure qu'elle s'approchoit, mais se rassuroit tout du mieux qu'elle pouvoit. Cette bonne Mère, étant près d'elle, lui donna un soufflet qui la sortit hors d'elle-même, en sorte qu'elle ne sut plus ce qu'elle devint. »

Ces faits, réels ou imaginaires, confirmaient les Visitandines dans l'opinion, désormais inébranlable en elles, de la prédestination glorieuse de leur ancienne supérieure. De là, de nouvelles et plus fortes instances de leur part auprès de la Mère Aisément pour qu'elle plaçât le corps de la sainte dans un lieu « plus distingué. » Au grand désespoir de la Communauté, la Mère s'y refusa : elle craignait de donner témérairement un aliment à la dévotion publique.

Or, dans la nuit du 22 janvier, « il lui arriva quelque chose d'extraordinaire, dans sa chambre, qu'on n'a jamais pu savoir. Seulement, elle dit à toute la Communauté qu'elle fit lever dès les quatre heures du matin, que, si notre vénérable Mère avoit remis le bras d'une de nos Sœurs manchotte, qui ne pouvoit ni s'habiller ni porter les mains à la bouche (1), le miracle ne seroit pas si grand que celui qu'elle avoit fait en elle, et qu'elle étoit obligée de faire sortir ce saint dépôt ; ce qu'elle fit, à la grande consolation de toute la Communauté. »

Le corps fut donc retiré de la fosse commune. On le revêtit d'une robe neuve, « la sienne étant pourrie, » et on le mit sur ses pieds pour l'habiller. Puis, on le déposa dans la salle du Chapitre, en attendant que l'autorité ecclésiastique eût tracé la ligne de conduite à suivre en aussi grave occurrence.

A cette époque-là même, deux nouvelles guérisons venaient augmenter la gloire de Mme de Bréchard.

---

(1) Cette religieuse était la Sœur Marie-Louise Michelarne, que les pièces de l'enquête faite sur les miracles de la Mère de Bréchard nous représentent comme « manchotte des deux bras » (voir aux annexes, XII). Son acte d'ingrès porte la date du 12 juillet 1636. Par testament, son père lui légua une rente semestrielle de 25 livres « pour le soulagement de ses infirmités. »

Mme de Murat, la veuve du lieutenant-général, était travaillée « d'une si forte douleur dans une épaule, qu'elle étoit sans mouvement, et cette douleur lui répondoit au creux de l'estomac, ce qui lui ôtoit la respiration. » Elle avait appliqué un petit morceau de la robe de la Visitandine « sur la partie offensée, » et en moins d'un *Pater,* elle s'était vue guérie.

La Sœur Marie-Françoise de Montmorin, — une des élèves préférées de la Mère de Bréchard, — était à toute extrémité : les médecins l'avaient abandonnée, et on l'avait munie des Sacrements. Une compagne lui porte une relique de la robe de la sainte Mère, la fait tremper dans de l'eau, et lui dit d'avaler le liquide. Aussitôt, la malade entre en convalescence ; quelques jours après, elle est absolument remise. Cette guérison émeut tellement la Communauté, qu'une procession est organisée en signe d'actions de grâces. La Sœur de Montmorin « y porta le portrait de la Mère de Bréchard avec bien de la joie, provenant plus de ce que Notre-Seigneur avoit manifesté la gloire de cette vénérable Mère que du retour de sa santé, aimant bien mieux mourir que de vivre. »

Ces cures, qualifiées de miraculeuses, échauffèrent encore davantage les esprits. L'évêque de Clermont se vit contraint de sortir de la réserve qu'à la première annonce des événements il avait cru devoir garder (1). Ne pouvant se rendre lui-même à Riom, — car il était devenu aveugle, — Mgr d'Estaing prie « Mgr Henry de Maupas du Tour, évêque du Puy, comte du Velay, suffragant spécial et immédiat du Saint-Siège, abbé de Saint-Denis de Reims, conseiller du Roy en ses conseils d'Etat et privé, et premier aumônier de la Reine-régente, mère du Roy, » — alors de passage en son diocèse, — de procéder à la visite du corps de la Mère de Bréchard, et à une enquête sommaire des faits qui se racontaient de toutes

(1) Il avait, en effet, dès l'abord, ordonné « de ne point toucher au corps, et de ne point faire savoir à personne son incorruptibilité, jusqu'à ce qu'on en fût parfaitement assuré, réservant d'en faire les informations à la visite canonique. » (Mss. de 1699, aux archives de la Visitation.)

parts. Mgr de Maupas était un admirateur fervent de François de Sales et de ses filles : il accepta l'offre avec empressement, et, le lundi des Rogations, 23 mai (1645), il se rendait au monastère de Sainte-Marie de Riom en compagnie du « R. P. Charles de Craffort, prêtre de l'Oratoire, vicaire-général et directeur des religieuses du diocèse de Clermont, spécialement délégué par l'évêque, du R. P. Nicolas Bouvier, supérieur de l'Oratoire de Riom, de M. François Amheillon, chanoine de la Sainte-Chapelle et confesseur de la Communauté, » et se faisait assister de « Messieurs Dumas, docteur en médecine, et Germain Coquery, chirurgien, qui, pendant quatorze ans, avaient servi la Mère de Bréchard. »

Après l'audition de la sainte messe, toute la Communauté se rassemble dans le chœur et, en sa présence, l'évêque du Puy s'approche du corps. Ayant senti la « très-bonne odeur » qu'il exhalait, il s'enquiert si on l'a embaumé. Tous les assistants témoignent qu'on n'a usé « d'aucuns parfums, herbes, aromates ou autres artifices qui puissent causer cette bonne senteur (1), et que, d'ailleurs, lorsqu'on levoit et remuoit le corps pour lui changer de posture et le mieux visiter, cette odeur augmentoit au lieu de diminuer. » Le cercueil est brisé, et le corps reconnu « succulent, et par ainsi pesant et massif, comme n'ayant rien perdu de la due disposition de toutes ses parties. » La chair, fraîche et vermeille, n'avait pas changé ; les yeux avaient l'éclat de la vie ; de l'extrémité des doigts, souples et flexibles, « sortoit du sang qui teignoit les linges. »

Sur l'ordre du prélat, les médecins ouvrent le corps, et en retirent le cœur, qui est « trouvé entier avec rougeur et la

---

(1) Un manuscrit contemporain, conservé à la Visitation de Riom, ajoute même que, craignant les inconvénients d'une autopsie, l'évêque, avant de commencer son examen, avait demandé qu'on brûlât du parfum dans la salle. Mais « la Sœur sacristaine ne sut trouver aucune bluette de feu en toute la maison, » de telle sorte qu'il fut impossible d'accéder au désir du prélat, — « ce que Dieu permit, ajoute le manuscrit, afin que tout le monde fût témoin de la suave odeur qui sortoit de ce saint corps. »

couleur fort approchante du naturel. » Cette précieuse relique est aussitôt placée dans la boîte d'argent envoyée autrefois à la Mère de Bréchard par les Sœurs de Lyon en échange d'un cœur de vermeil ; cette boîte avait servi elle-même de demeure au cœur de saint François de Sales (1).

L'examen des autres parties du corps confirma ces premières preuves de son incorruptibilité. Il y avait même une si grande quantité de sang, dit le manuscrit de 1699, que « le chirurgien en remplit trois mouchoirs. »

Procès-verbal de cette visite fut dressé par l'évêque du Puy, et le docteur Dumas, dans une pièce rédigée en latin, certifia ces faits étonnants, mais très véritables, et en attesta la vérité devant le monde entier : « *mirandum sane, sed verissimum, testatur Claudius Dumas, medicus, et fidem facit toti mundo* (2). »

En face de ces constatations, l'autorité ecclésiastique se garda de porter un jugement hâtif, et réserva même son opinion : mais elle permit aux Visitandines de placer sous la grille du chœur la précieuse dépouille, revêtue de ses habits religieux, dans une châsse « couverte avec des vitres incrustées dans du plomb (3). » Comme le visage était défiguré depuis qu'il avait reçu un coup de pioche et qu'on lui avait écrasé le nez, on le recouvrit d'un voile ; — et, dans cet état, le corps fut exposé à la vue des religieuses et des fidèles.

A ce moment-là, le nombre des guérisons obtenues par l'intermédiaire de la Mère de Bréchard sembla s'accroître. Les archives départementales contiennent une liasse de dépositions, se référant aux dates de mai, juin, juillet, août 1645, et faites par les personnes mêmes qui se disaient avoir été

---

(1) Ce cœur, encore très bien conservé en 1708, est aujourd'hui perdu. C'est sans doute pendant la Révolution qu'il a été soustrait.

(2) Voir aux annexes, X.

(3) Lettre circulaire de la Mère Celeyron, supérieure du monastère de Riom, du 5 septembre 1823.

délivrées de leurs maux par son intercession (1). Ces pièces paraissent indiquer que, dès cette date, une première enquête, faite sans doute par le clergé de Saint-Amable, avait été ordonnée par l'évêché dans le but de contrôler les récits du peuple. Avec la sage lenteur qui caractérise ses décisions, l'Eglise ne s'était pas prononcée, et n'avait point voulu autoriser aussi vite la publicité d'un culte envers la Mère de Bréchard.

La population de Riom fut moins réservée dans son sentiment. Elle ne douta point de la sainteté de Jeanne-Charlotte, et se vanta de posséder le corps d'une Bienheureuse. Avec une vénération profonde, elle venait sans cesse s'agenouiller à ses pieds, et environner son tombeau de prières et de lumières. L'Institut de la Visitation partageait tout entier cette joie et cet honneur : il mettait « la troisième fille » de l'Ordre à la suite de François de Sales et de Jeanne de Chantal sur la liste des saintes illustrations qu'il avait produites et dont il se pouvait enorgueillir ; et déjà, la Mère de Chaugy, en son style imagé, s'apprêtait à chanter les merveilles accomplies en cette grande servante de Dieu. Mais, nulle part, on ne se glorifiait autant de cette incorruptibilité étrange du corps de la Mère de Bréchard que dans son humble monastère Sainte-Marie de Riom.

(1) Voir aux annexes, X.

CHAPITRE XI

La Visitation de Riom pendant la seconde moitié du XVII° siècle
(1645-1700)

Cette gloire valut à notre Communauté l'entrée en religion de nombreuses novices : de Françoise Faydit, Marguerite Azan, Claude Dujouhannel, Gilberte Aymart..., et, entre toutes, de Catherine de Bréchard, fille de Jean, écuyer, sieur de Lamothe, parente de la Mère de Bréchard. En souvenir de l'illustre dame, on la nomma Sœur Jeanne-Charlotte !

Les directrices du monastère se réjouissaient de telles vocations. L'arrivée d'une nouvelle recrue, de Mlle Marie de Monestay de Chazeron, mit le comble à leur joie.

C'était l'enfant de ce Maximilien de Monestay de Chazeron qui avait refusé de régler à l'amiable les difficultés nées entre le couvent et les successeurs de M. et de Mme Gabriel de Chazeron. Or, l'envoi de sa fille chez les Visitandines marquait son intention de cesser enfin les hostilités, de payer sa dette et de terminer ce triste débat.

L'acte d'ingrès de la jeune religieuse consacra cette réconciliation. Il atteste que le débiteur s'est libéré. Après la constitution de 3,000 livres, faite par son père à la novice, — les parties se tiennent respectivement « quittes de toutes actions et prétentions qu'elles pourroient avoir et prétendre » l'une contre l'autre. Et pour témoigner leur contentement de l'heureuse issue de ce procès, — les Sœurs conviennent que « d'autant que, par contract du 22 septembre 1622, les successeurs de Gabriel de Chazeron sont reconnus pour fondateurs du présent monastère, — ledit seigneur Maximilian de Monesteix de Chazeron et ses successeurs jouiront en ceste qualité des honneurs, droits, prérogatives et prééminences dus aux fondateurs. Ce faisant, pourra ledit seigneur de Chazeron faire mestre toutes fois et quantes que bon luy semblera ses armes, partie avec celles de la maison de la Guiche, gravées sur une pierre de taille sur le portail de la cour, sur celluy de l'église, et y faire peindre au milieu du lambris d'icelle, comme aussy avoir un banc dans le chœur de ladite église pour y avoir place (et la dame, sa femme), qui sera placé à main droite en tirant de la grille à la porte du balustre, et le long d'icelluy, sans néantmoins qu'il soit incommodé pour le service divin, le tout aux frais dudict seigneur Maximilian de Chazeron. Accordent encore lesdites dames religieuses sous le bon plaisir de Mgr que la dame de la Mure, femme du seigneur de Chazeron, puisse avoir entrée quatre fois de l'année dans le monastère avec une de ses damoiselles. Suivant ce que, le seigneur de Chazeron a promis et promet de garantir ladite qualité de droits et privilège de fondateurs envers et contre tous les cohéritiers et successeurs dudit seigneur Gabriel de Chazeron comme subrogé à tous les droits que lesdits cohéritiers pourroient prétendre pour ce fait par divers traités passés entre feu messire Gilbert de Monesteix, son père, et les autres cohéritiers dudit seigneur Gabriel de Chazeron (1). »

L'heureuse conclusion de cette affaire rendit à la Communauté la tranquillité d'esprit nécessaire pour coopérer, dans la mesure de ses forces, à l'accomplissement du dessein poursuivi avec ardeur, depuis plusieurs années déjà, par l'Ordre entier. Nous voulons parler de l'obtention des brefs de béatification et de canonisation du glorieux fondateur de l'Institut, de François de Sales.

---

(1) Cet acte (F. V., l. II-1, c. 5) porte la date du 29 avril 1661. Il fut passé en présence de M. de Brion, père temporel de la Communauté, de noble Jean Aimart et Jean Faydit, conseillers à la Sénéchaussée, et de Me Jean Bravard, avocat; qui avaient été les conseils de la Visitation dans toute cette affaire.

Le temps prescrit par les règles de l'Eglise n'était pas encore expiré, que déjà il s'était formé entre toutes les maisons de la Visitation comme une pieuse ligue pour faire décerner les honneurs suprêmes au grand évêque de Genève (1). Le clergé de France secondait puissamment ce mouvement. Mgr de Maupas se distinguait au premier rang des zélateurs de la cause de François de Sales. Il aimait à correspondre avec les supérieures des divers monastères de son diocèse et des contrées voisines, et à rechercher avec elles les moyens d'arriver promptement au but désiré. Comme il avait été délégué à la Cour de Rome par l'Assemblée du Clergé pour hâter l'issue du procès, il leur communiquait avec empressement les nouvelles intéressantes. La supérieure du couvent riomois figurait naturellement au nombre de ces correspondantes du prélat, qui associait dans sa vénération la figure de Charlotte de Bréchard à celle de François de Sales.(2).

L'évêque de Genève fut enfin placé sur les autels en 1665. La joie de la Visitation retentit alors en acclamations enthousiastes. De tous côtés, on la manifesta par des solennités grandioses, auxquelles prit part la France entière. Pour faire durer le plus longtemps possible les réjouissances de l'Institut à l'occasion de ce triomphe, on espaça par des intervalles marqués d'avance les cérémonies qui devaient être célébrées, dans chaque province, par les cent trente-

---

(1) Saint François de Sales fut béatifié le 28 décembre 1661, treize ans avant l'expiration des cinquante années qu'exige d'ordinaire l'Eglise. Il fut canonisé le 19 avril 1665.

(2) Voir notamment aux archives de la Préfecture de Clermont une lettre de Mgr de Maupas à la supérieure de Riom, datée au Puy du 25 avril 1659. Lire encore des lettres des 22 janvier 1646 et 23 juillet 1646, la première de Mgr de Maupas à la supérieure du premier monastère de Paris ; la seconde, de Mgr Charles-Auguste de Sales, évêque de Genève, à la supérieure du Puy. Dans toutes ces lettres, il est question de la part considérable prise par l'évêque du Puy au procès de canonisation de saint François de Sales. Ces documents, conservés avec un soin jaloux par les Visitandines riomoises, témoignent aussi du vif intérêt que portait le monastère de Riom au succès de la cause.

huit maisons de l'Ordre. L'époque assignée à l'Auvergne fut la fin de l'année 1667. Chaque couvent de la région devait donner successivement une série de fêtes d'une durée de huit jours, en commençant par le plus ancien en fondation. L'honneur d'ouvrir la période de ces fêtes revint au monastère de Montferrand (1). Celui de Riom continua, — puis suivirent les couvents de Clermont, de Billom et de Thiers.

A Riom, la supérieure, la Mère Marie-Angélique de Luchat, avait déjà solennisé, quelques années auparavant, la béatification du fondateur : la Mère Marie-Aimée de la Lande d'Aubigny, qui lui avait succédé, résolut d'apporter une plus grande magnificence encore à la fête de canonisation. Parente, sans doute, de la Mère Marie-Séraphine de la Lande, qui était venue de Moulins avec la Mère de Bréchard et qui avait gouverné la Communauté de 1654 à 1657, — elle exerçait, à raison de ce souvenir et de ses relations de famille, une influence réelle sur la cité.

Plus que tout autre, elle pouvait donner à la cérémonie l'éclat et la pompe désirables. Elle ne négligea rien pour y parvenir. Elle convia, pendant huit jours consécutifs (du 28 août au 4 septembre), à l'église de son couvent, les autorités de la province et le peuple de la ville. L'évêque de Clermont vint officier pontificalement le premier jour de l'Octave. Une procession générale fut organisée dans la cité, et, par une faveur spéciale de la marguillerie, on y porta solennellement la châsse du patron de la ville, de saint Amable (2). Une aumône générale fut faite aux pauvres, conduits processionnellement à la chapelle par le curé (3).

(1) La Mère de Chaugy, nièce de sainte Chantal, était alors supérieure à Montferrand ; ce fut elle qui organisa en Auvergne le cérémonial des fêtes de la canonisation de saint François de Sales, et qui fut l'âme du mouvement religieux suscité dans la province pour la glorification de ce saint.

(2) Registre des délibérations de la marguillerie de Saint-Amable, 1401-1703.

(3) A Monferrand, l'aumône fut donnée le 27 août 1667, « à huit ou neuf cents pauvres, qui furent conduits en procession par M. le Curé, accompagné de Messieurs les directeurs de l'Hôtel-Dieu, où se trouvèrent Messieurs du clergé et les magistrats. »

La ville elle-même participa, par des fêtes brillantes, à l'allégresse des Visitandines. Toutefois, les consuls, en autorisant le tir du canon et l'érection d'un feu de joie, demandèrent que les religieuses en payassent la dépense (1). Enfin, chaque jour, des prédicateurs firent entendre de « beaux éloges qui rendirent l'Octave célèbre et triomphante. »

Le 4 septembre 1667, l'Octave fut close « en présence du clergé, des magistrats en robe et d'une foule innombrable de peuple, » accourus pour écouter la parole de « M. Nicolas de Hauteville, docteur en théologie et chanoine de la cathédrale de Saint-Pierre de Genève. » Ce prêtre s'était consacré à la propagation du culte de saint François de Sales, et prêchait dans toute la France les vertus et les gloires du nouveau saint. « M'étant rencontré, dit-il, par un bonheur particulier, dans le diocèse de Clermont, où les octaves de saint François de Sales se célébraient solennellement, par les ordres de Mgr l'évêque de Clermont et par la piété des Dames de la Visitation de Sainte-Marie, je n'ai pu me défendre ni du commandement de ce digne prélat ni de l'inclination de ces saintes filles de m'employer dans les cérémonies de ce triomphe. » Il accepta donc de prononcer des panégyriques du saint dans les divers monastères diocésains de la Visitation. Ces « éloges, » au nombre de neuf, obtinrent, au dire de l'auteur, un vif succès ; il fut ainsi encouragé à les réunir en un volume (2), qu'il dédia pompeusement à M. Loisel, « docteur en Sorbonne, chancelier de l'Eglise et

---

(1) Délibération de la ville, 28 août 1667.

(2) « *Octave de saint François de Sales, évesque et prince de Genève, où les plus beaux traits de la vie et des actions de ce saint évesque sont ordonnez en forme de panégyriques, avec plusieurs remarques tirées des manuscrits du Saint et des mémoires de sa canonization qui jusques icy n'ont point vû le jour,* » par Nicolas de Hauteville, prêtre, docteur en théologie et chanoine de la cathédrale de Saint-Pierre de Genève (Paris, Frédéric Léonard, 1668). — Nous devons la connaissance de ce curieux ouvrage à la communication obligeante de M. François Boyer, membre de l'Académie de Clermont.

université de Paris, curé de Saint-Jean-en-Grève, et zélé promoteur de la gloire de saint François de Sales. »

Il faut avouer que le « mérite » de l'ouvrage justifierait bien mal de nos jours l'empressement du public et cette complaisance de l'orateur. Il serait difficile de rêver un assemblage plus complet des défauts caractéristiques de l'éloquence en honneur au xvi° siècle, et encore de mode à la fin du xvii°. « Etalage d'une érudition pédantesque, confusion du profane et du sacré, luxe des fausses couleurs, incohérence d'images disparates, bizarres ou triviales, en un mot, recherche du bel esprit qui compromettait par des jeux puérils le sérieux du ministère évangélique, » on retrouve tout cela dans ces harangues qui soulèvent aujourd'hui nos sourires, et qui autrefois auraient, paraît-il, excité de frénétiques applaudissements.

Le sermon donné par M. de Hauteville à la chapelle de la Visitation de Riom était destiné à célébrer en saint François de Sales « *l'amour extrême.* » L'orateur débutait par un « prélude, » où il donnait à ses auditeurs un avant-goût des beautés littéraires dont il les allait saturer durant tout son discours. Nous ne pouvons résister à la tentation de transcrire ici ce morceau. Cette citation permettra de se faire une idée d'un sermon que toute l'assemblée en général, et les Mères de la Visitation en particulier, trouvèrent admirable, — et cela deux ans à peine avant que Bossuet prononçât l'éloge funèbre d'Henriette d'Angleterre !

« L'histoire, s'écrie l'orateur, l'histoire d'un poisson miraculeux, que les Grecs ont nommé Echæneïs et les Latins *Remore,* est si commune, et nostre grand François de Sales en a tiré de si belles comparaisons dans ses ouvrages, qu'il souffrira luy mesme que je m'en serve pour ouvrir le discours de son éloge. Cet animal est long d'un demi-pied, il a la forme extérieure d'une limace, il porte sous son ventre deux écailles dorées qui s'ouvrent et se serrent à la manière des ciseaux ; il a deux aisles ou deux nageoires sur le dos ; c'est ce qu'on en peut dire. Voilà une chétive bestiole en apparence ;

néanmoins, ce petit néant produit des choses si surprenantes qu'il réduit à l'extrémité le jugement des philosophes ; et, en effet, qui croiroit que ce petit nain pût arrester, luy seul, un superbe vaisseau qui vogue sur la mer à pleines voiles, qui porte trente millions de pesanteur, qui est chargé de son artillerie et de son équipage, qui est poussé de la fureur des vents, de la violence des flots et du courant des eaux ? Mais quelle est l'industrie de ce petit corsaire pour en venir à bout ? il accroche les deux tenailles au timon du navire ; il laisse voltiger ses deux nageoires, et voilà tout. Les historiens demeurent d'accord de ces effets, car ils nous disent qu'il arrêta tout court le grand admiral de l'armée de Périandre, la galère prétorienne de Marc-Antoine, celle de l'empereur Caligula, et un gros vaisseau à trois bancs, où le cardinal de Touraine s'étoit embarqué pour aller à Rome : mais de dire où est la vertu qui produit ce miracle dans ce petit poisson, c'est ce qui met à la torture tous les plus grands esprits ; car, je vous prie, est-ce une qualité occulte et magnétique qui naist de la nature de l'animal, pareille à celle de l'ambre mâle qui attire la paille ? Est-ce une qualité céleste comme celle du pôle qui fixe l'aiguille aimantée ? Est-ce une qualité stupéfiante, semblable à celle de la torpille qui endort la main du pêcheur ? Enfin, est-ce que, toute chose étant sensible et animée, selon l'opinion de Cardan et de Campanelle, il se trouve entre le Remore et le vaisseau une secrète sympathie qui les attache par inclination et par amour ?

» Admirable François de Sales ! je quitte aux philosophes le soin d'examiner le Remore de la nature ; il me suffit de vous considérer comme un Remore dans la grâce et dans l'amour. Nous vous allons voir arrêter six superbes vaisseaux, dont la charge et la pesanteur sont infinies, et qui voguent à pleines voiles sur le courant des passions humaines. Vous allez fixer la *nature* par la grâce, la fougue du *sang* par l'esprit, la mutabilité des *sens* par la raison, la violence des *appétits* par la douceur, la *haine* de pécheurs par la dilection, et tous les flots de la vie *séculière* par un zèle invincible de la gloire de Dieu... Sacré Remore, arrestez mon pauvre vaisseau qui se pourroit briser contre un écueil, ou qui pourroit voguer à la traverse, si vous ne luy servez d'heureuse étoile. »

Après cette savante dissertation d'histoire naturelle, le prédicateur arrive à son *exorde,* car jusque-là il n'a fait que *préluder.* Il veut louer en son saint l'amour extrême, et choisit pour texte de son sujet ces paroles d'Isaïe : « *Laus ejus ab extremis,* sa gloire sera établie dans les extrémités. » Il définit, d'après Aristote et Raymond Lulle, l'*extrémité* et les diverses sortes d'extrémités, et commence par avancer que « la figure et la forme de son discours auroit l'extrémité du mérite, s'il avoit l'art de plaire et de bien dire, » mais il « suffit que la matière de son éloge soit extrême par excellence, c'est-à-dire qu'elle soit toute digne et toute parfaite, quoyque son peu d'adresse et d'éloquence la traite indignement et imparfaitement. » Et alors, à grands renforts de citations de Pline et de saint Augustin, de Cassiodore et de saint Bernard, — et de comparaisons entre « le petit berceau de soye et de coton » où saint François, à sa naissance, fut enfermé « comme un ver à soye dans son peloton, » et le berceau « où le petit Moyse fut exposé sur le courant du Nil, » ou bien entre l'évêque de Genève et le crocodile, « qui croist toujours et cesse de vivre au moment qu'il est arrivé à son poinct de perfection, » — il entreprend de démontrer, en trois thèses, que saint François de Sales a été le sujet privilégié de toutes les espèces d'extrémités, — qu'il a poussé la nature sensible et raisonnable aux extrémités de privation, — le zèle d'amour pour le salut des âmes, jusqu'à l'extrémité des termes, — et les langueurs de son amour pour Dieu, à l'extrémité de perfection. Cette démonstration, il la puisera dans « les preuves qu'il a tirées des actes de la canonisation du saint qui surprendroient des cœurs de bronze et qui donneroient mesme de l'admiration aux infidelles. » Mais il oublie bientôt sa promesse dans ses pédantesques digressions. Et, enfin, trouvant qu'après « tant d'excellents hommes qui ont disserté sur les vertus du saint pendant cette célèbre octave, il ne peut faire que glaner après tant de riches moissons et jeter ses petites gouttes dans l'océan de ces belles idées, il s'arrête avec déplaisir dans une si belle carrière, » et arrive à sa conclusion après trente-six pages de texte imprimé !

Des fêtes aussi solennelles marquèrent une date importante dans les annales de notre Communauté, qui en envoya la relation à toutes les maisons de l'Institut (1). Elles avaient entraîné des dépenses assez considérables. Nous en voulons pour preuve la lettre de change de 1,000 livres tirée de Lyon sur le monastère, le 20 septembre 1662, à raison du « coût qu'il veut faire pour les frais, apareils et poursuites de la canonisation de notre Bienheureux Père (2). » Cet éclat avait, au reste, répondu à la vitalité du couvent, qui était alors dans toute la splendeur de sa floraison. Le registre des « actes de vêture, noviciat et profession, » commencé précisément à cette époque en vertu d'une ordonnance de Louis XIV, et portant à sa première page les signatures de toutes les Visitandines, nous apprend, en effet, qu'il comprenait trente-huit religieuses professes (3). Le nombre fixé par les constitutions à trente-trois personnes (vingt choristes, neuf associées et quatre Sœurs domestiques) se trouvait ainsi dépassé, et attestait la force d'expansion de la maison.

Une telle situation permit, en 1681, à la Mère Azan, supérieure, d'acquérir de divers propriétaires, et notamment de Pierre-Julien Boyer, écuyer, seigneur de Paigniat, capitaine de dragons, moyennant la somme de 15,750 livres, le domaine

---

(1) Nous n'avons pu ni retrouver ni nous procurer un exemplaire de cette circulaire, qui eût été à plus d'un titre intéressante à consulter.

(2) F. V., liasse II, 2, c. 3.

(3) Archives départementales, Fonds de la Visitation de Riom. Voir annexe II.

d'Oranche, sis près de la Moutade, en la collecte de Saunat, paroisse de Cellule (1).

Cet excès de prospérité devait, suivant la marche ordinaire des choses, amener une réaction. Quelques années plus tard, la décadence arrivait. De 1668 à 1689, quatorze novices seulement entraient au monastère, et le voile n'était pris que par treize. Le nombre des religieuses avait décru rapidement.

Enfin, des dissensions intestines surgissaient, qui nuisaient à l'observance de la règle et à la facilité de la vie commune. C'est que les motifs déterminant les vocations n'étaient pas toujours purs. « On se fait religieuse, écrivait, vers 1688, une Visitandine de Riom, parce qu'on ne pourroit être grande dame dans Paris, parce qu'on prétend à quelque abbaye, que les religieuses de tel ordre ont de l'esprit, et l'esprit du monde, et qu'elles sont toutes filles de qualité, qu'on n'y a ni assujettissement, ni austérité, ni communauté régulière, excepté l'office (2). » Sans doute, les jeunes filles ne pouvaient entrer à la Visitation sous l'empire de pareilles considérations : elles n'en eussent trouvé nulle part l'application. Mais l'esprit de relâchement qui s'était glissé dans une foule de couvents avait pu gagner quelques monastères de l'Ordre : en tout cas, celui de Riom paraît avoir été infesté par la contagion.

En vain les Mères Marie-Colombe Varennes, Jeanne-Marguerite Arnoux, Marguerite-Angélique Azan et Marie-Emmanuelle de la Salle s'étaient successivement efforcées de maintenir leurs compagnes dans les vieilles traditions d'obéissance et de charité, honneur de la maison. Leurs tentatives étaient demeurées stériles. L'impuissance de leur direction les décida, pour remettre un peu d'ordre et de vie dans le monastère, à demander comme supérieure, aux chefs de l'Institut, un sujet

---

(1) Les actes de vente ont été reçus, le 28 février 1681, par M⁰ Verdezun, notaire à Riom, et, le 29 août 1681, par M⁰ Lemoyne, notaire à la même ville. (Fonds des Visitandines, I, 1.)

(2) Lettre de la Mère d'Albon à M. Favier, du 9 juillet (sans indication d'année).

étranger. La justesse de leur requête était évidente : on se hâta de leur envoyer comme directrice la Mère Louise-Henriette d'Albon (1686).

La nouvelle supérieure était fille cadette du comte Gilbert-Antoine d'Albon et de Mme Catherine Le Bouthillier, sœur du célèbre abbé de la Trappe, M. de Rancé. Elle appartenait ainsi à l'une des meilleures familles du Forez, et pouvait, par sa situation personnelle, imposer son autorité d'une façon ferme et vigoureuse. Sœur de Mme de la Barge fondatrice de la Visitation de Thiers, elle tenait à l'Ordre par des liens étroits et était rangée au nombre de ses bienfaiteurs. Enfin, sa haute piété, qui l'avait poussée, malgré une santé des plus délicates, à prendre l'habit de Visitandine, inspirait la plus entière vénération. On disait que l'exemple de sa retraite n'avait pas été sans influence sur la résolution de s'enfermer à son tour dans un cloître, prise par son oncle, le mondain et brillant abbé de Rancé. En tout cas, l'on savait de source certaine que, depuis le jour de ses adieux à la Cour, l'abbé de la Trappe entretenait la correspondance la plus suivie avec sa nièce et qu'il professait pour elle la plus singulière estime. De son côté, l'austère religieuse, éprise des maximes du réformateur, s'était vouée à leur diffusion dans les monastères de son Ordre. « Vous ne sauriez croire, mandait-elle à l'abbé Favier, chanoine de Saint-Genès de Thiers et ancien précepteur de M. de Rancé, vous ne sauriez croire les impressions que fait dans mon cœur tout ce qui vient de mon saint oncle, et combien cela est capable de m'affermir dans la voie de Dieu. » Elle ne doutait point que ses compagnes ne ressentissent les mêmes effets de la même cause. Elle les conjurait donc de mettre en pratique les recommandations de l'illustre moine, — et devenait ainsi elle-même une véritable réformatrice de l'Institut.

Les Sœurs riomoises, — celles qu'animait réellement l'esprit religieux (et c'était le grand nombre), — la virent arriver avec joie dans leur monastère.

En un clin d'œil, la Mère d'Albon eut jugé des difficultés de la situation : elle se mit courageusement à l'œuvre. Dès le début, elle obtint des résultats satisfaisants. « Priez, écrit-elle à M. Favier, priez pour m'obtenir de Dieu la force et le courage dont j'ai besoin pour surmonter les difficultés qui se trouvent dans la conduite d'une maison comme celle-ci. Notre-Seigneur a donné quelques bénédictions au commencement, mais je ne scay encore quelle en sera la fin. Il est difficile de détruire et de ruiner des habitudes prises depuis longtemps, et il faut un grand secours de Dieu pour en venir à bout. »

Cependant, les divisions subsistaient toujours et se réveillaient par intervalles. « Les divisions longues et mortelles, écrivait-elle encore, sont, dans les maisons religieuses, comme ces playes qu'on referme par quelques remèdes et qui se rouvrent de temps en temps. A la moindre occasion, on voit des soulèvements qui renouvellent les choses passées, et presque tout mon temps se passe à pacifier les différends ou à en empêcher les mauvaises suites. »

Ces ennuis ne décourageaient pas la vaillante supérieure, que ses filles, d'ailleurs, entouraient de touchantes marques d'affection. « Toutes les Sœurs me témoignent tant d'agrément et tant de satisfaction, disait-elle, que je ne peux me repentir d'être venue ici, et je peux dire avec vérité que, si le mal n'est pas entièrement guéri, il y a néanmoins un très grand changement. »

Deux années après, elle jugeait ce changement assez grand pour engager Mlle de Bellime, une de ses parentes qui voulait entrer en religion, à se retirer au monastère riomois de préférence à « presque toutes les maisons de l'Auvergne, parce qu'il est à présent dans un état qui donne tout lieu d'en parfaitement bien espérer (1). »

Pendant que cette œuvre de rénovation s'accomplissait à

---

(1) Lettre à M. Favier, du 27 juin 1688. — Tous ces détails sur la Mère d'Albon sont tirés des lettres et des pages qu'a publiées sur elle M. Elie Jaloustre dans une brochure intitulée : *Un précepteur auvergnat de l'abbé de Rancé* (Clermont-Ferrand, Mont-Louis, 1887).

Riom, le monastère de Montferrand passait lui-même par des épreuves beaucoup plus terribles. La Mère de Chaugy, qui le gouvernait depuis 1666, avait été réélue supérieure en 1669. Mais quatre ou cinq religieuses, mécontentes de sa direction, avaient soulevé contre elle une cabale effroyable, dont il ne saurait entrer dans notre plan de raconter les péripéties. Il suffira de rappeler que l'évêque de Clermont, prévenu tout d'abord contre l'éminente Visitandine, annula sa réélection, et lui enjoignit de se retirer au monastère de Clermont, pour l'interner bientôt à Seyssel jusqu'au jour prochain de sa réhabilitation absolue et de la proclamation de son innocence. On conçoit quel désordre ces événements amenèrent dans le couvent. Pour en réparer les fâcheux effets, l'évêque conjura la Mère Marie-Aimée de la Lande d'Aubigny, qui venait de terminer ses six ans de supériorité à Riom, de se vouer au rétablissement de la paix dans le monastère, et d'accepter le fardeau de cette lourde entreprise. La Mère d'Aubigny cède à ses instances, et, par sa direction aussi ferme que prudente, rappelle le calme dans les esprits. Mais elle n'oublie pas ses chères filles de Riom, et, à l'expiration de son temps de gouvernement, retourne avec empressement dans son monastère du faubourg de Mozat.

La réforme était déjà opérée à Riom. Aussi, la Mère d'Albon, à l'exemple de la Mère d'Aubigny, refusa de rester plus longtemps dans un monastère où elle n'avait pas d'attaches. Désireuse d'exercer son zèle d'apôtre sur un autre théâtre, elle ne voulut pas, à la fin de son premier triennat, être renommée supérieure, et abandonna le monastère Sainte-Marie, non toutefois sans s'être assurée qu'elle laisserait à de dignes mains le soin de continuer son œuvre.

La Mère Marie-Françoise de Montmorin, ancienne supérieure de la Visitation de Bourbon-Lancy, avait dans toute la région une réputation justifiée de mérite et de sainteté. Elle était entrée, dès 1629, à la Visitation de Riom (1), et avait été

---

(1) *Supra*, ch. VI, p. 70.

formée avec amour par la Mère de Bréchard, dont l'intercession l'avait guérie miraculeusement (1). Elle était demeurée au monastère riomois jusqu'en 1648, époque où elle avait été envoyée comme assistante pour fonder la maison de Bourbon-Lancy. Depuis lors, elle n'avait plus quitté cette ville, et s'y était distinguée par son talent et sa piété. Après avoir été supérieure, elle venait d'être déposée, quand la Mère d'Albon porta ses vues sur elle pour la remplacer. Cette proposition tempéra pour les filles de la Mère d'Albon l'amertume des regrets causés par son départ. De peur que la Mère de Montmorin ne prétextât son âge et sa santé pour refuser cette charge, on députa vers elle la mère Azan et la Sœur Marie-Françoise de Chazeron : les messagères vainquirent les résistances de la vénérable religieuse. En 1689, elle prit la direction de la Communauté.

Elle la trouva dans des dispositions parfaites de régularité ; mais la pénurie de sujets dont souffrait la maison (depuis quatre ans aucune novice ne s'était présentée) l'émut au point qu'elle fit vœu de recevoir sans dot une jeune fille désireuse de prendre le voile. Cette promesse, la réputation de la supérieure, et aussi le bon renom qui s'était attaché à nouveau au monastère eurent bientôt pour résultat de permettre de compter neuf Sœurs au noviciat (2).

Bien qu'âgée de soixante-quinze ans lors de son retour à Riom, la Mère de Montmorin resta pendant six ans à la tête du couvent riomois. Au terme de ses deux triennats, elle fut remplacée par la Mère Marie-Françoise de Monestay de Chazeron, professe de la maison depuis le 27 septembre 1671. C'était probablement la petite-fille de M. Maximilien de Monestay et la nièce de cette Marie de Chazeron dont nous avons déjà signalé l'entrée en religion. Un tel nom à la tête du monastère était gros de promesses. La nouvelle supérieure montra qu'elle était digne de le porter. Sous

---

(1) *Supra*, ch. X, p. 95.
(2) *Vie de la Mère de Montmorin*. Année Sainte, janvier, p. 183.

le rapport spirituel, elle maintint la Communauté dans l'état de prospérité où on l'avait relevée, et donna l'habit à de nombreuses novices. Au point de vue matériel, elle agrandit le patrimoine de la maison, et acquit, moyennant 2,800 livres, par adjudication poursuivie sur Ignace Chabron, le bien de Bardon, voisin de l'enclos du couvent (1). Deux demoiselles de Bardon, Catherine-Angélique et Françoise-Henriette, avaient fait profession dans le monastère, sous ses yeux, — et leur père leur avait constitué une petite rente qui augmentait d'autant les ressources de la Communauté (2).

(1) L'adjudication est du 1er décembre 1700 (F. V., l. IV-1).
(2) Acte du 1er novembre 1695 (F. V., l. J-2, c. 3).

CHAPITRE XII

Le monastère Sainte-Marie pendant le XVIIIe siècle
(1701-1788)

Le besoin d'une direction sage et vigoureuse se faisait toujours sentir pour éviter le retour des anciens abus.

Les Visitandines résolurent, à la déposition de la Mère de Chazeron, d'élire supérieure une religieuse étrangère à leur Communauté. Leur choix tomba sur la Mère Françoise-Dorothée d'Allègre, professe du monastère de Brioude, que sa sœur, la Mère Marie-Agnès d'Allègre, avait gouverné pendant six années.

La nouvelle élue accepta cette mission, à la condition d'être suivie par sa sœur, qui l'aiderait de ses conseils et prendrait en mains la direction des novices. Les deux Mères d'Allègre vinrent ensemble au monastère Sainte-Marie et l'administrèrent avec prudence et sagesse.

Elles avaient, d'ailleurs, dans les circonstances difficiles, le soin de s'entourer des avis de la Mère de Montmorin. La vénérable religieuse vivait encore à l'arrivée de la Mère d'Allègre (1701). Agée de quatre-vingt-sept ans, elle avait conservé intactes toutes ses facultés ; « son esprit et son jugement étoient plus sains que jamais. » Elle était consultée comme un oracle par ses compagnes, et aimait à leur rappeler, en toute occasion, les maximes et les exemples de la Mère de Bréchard. Les traits qu'elle citait, les paroles qu'elle rappelait étaient recueillis avec avidité par la Communauté, qui se croyait ainsi toujours sous la direction de la grande et héroïque religieuse. La Mère d'Allègre surtout était heureuse de recevoir l'écho de ce passé déjà lointain, et de profiter pour elle et pour ses filles des leçons tombant des lèvres de la vieille servante de Dieu. « Tout embaumée des vertus de cette sainte religieuse, elle conserva toute sa vie les sages conseils qu'elle en avait reçus pour la direction des âmes (1). »

Malheureusement, elle ne put longtemps se former à cette haute école de perfection : un an après son arrivée, elle conduisait à sa dernière demeure la Mère de Montmorin, morte à quatre-vingt-huit ans chargée d'œuvres et de vertus (1702, 6 janvier).

L'année suivante, sa sœur quitta Riom pour reprendre la supériorité à Brioude. La Mère Françoise-Dorothée ne voulut pas garder plus longtemps la direction du monastère : à l'expiration de son triennat, elle demanda de n'être point réélue, et retourna à Brioude se placer sous l'autorité de sa sœur bien-aimée.

Elle fut remplacée par la Mère de Chazeron, élue pour la troisième fois supérieure.

Grâce aux femmes éminentes qui, depuis la Mère d'Albon, s'étaient succédé à la tête de la Communauté, celle-ci était alors dans la situation la plus prospère. Le registre des vêtures indique que les vocations étaient nombreuses, et la maison abondamment pourvue de sujets. De même, une pièce officielle, délivrée au bureau de la généralité de Riom en 1727, constate qu'à cette date le couvent comprenait quarante-neuf personnes, — dont quarante-une professes, deux novices et six converses (2).

Cette fécondité était nécessaire au monastère pour ne pas

---

(1) Année sainte, mars, p. 714, *Vie de la Mère d'Allègre*.

(2) Cette pièce nous indique que les dix « Sœurs les plus anciennes » étaient alors les Sœurs de Chazeron, âgée de soixante-dix-sept ans ; Rollet, soixante-quinze ans ; Redon, soixante-douze ans ; Maigne, soixante-douze ans ; de Macenon, soixante-dix ans ; de Mongon, soixante-sept ans ; Forest, soixante-six ans ; de Pontmort, soixante-quatre ans ; de la Roche-Aymont, soixante-trois ans ; de Brujas, soixante-deux ans (F. V., 1. I-2).

être dépeuplé par les coups de la mort. Parfois, en effet, la maladie s'abattait sur lui et le décimait d'une façon cruelle. En la seule année 1709, neuf religieuses descendaient dans la tombe. Cet acharnement de la mort frappa tellement les esprits que, par une circulaire adressée à toutes les maisons de l'Institut, les Visitandines riomoises relatèrent avec une piété fraternelle et d'une façon particulière les événements qui les avaient privées de leurs « chères Sœurs. » Cet opuscule, intitulé : « *Abrégé des vertus de nos chères Sœurs défuntes* (1), » ne contient, en dehors des faits intimes de la vie religieuse, rien qui mérite une mention spéciale. Il témoigne cependant de la place importante que la grande figure de la Mère de Bréchard tenait encore dans la Communauté. A sa lecture, on sent que l'âme de l'illustre Visitandine planait au-dessus du monastère, et que sa mémoire vivait au milieu des religieuses pour en inspirer tous les actes et en raviver l'esprit de sacrifice. Dans toutes ces biographies, on retrouve la trace manifeste de cet empire exercé sur les cœurs et les esprits par la compagne de sainte Chantal.

Ici, c'est la Sœur Anne-Françoise Milanges, issue d'une des familles de robe les plus anciennes et les plus considérables de Riom, qui s'est sentie appelée à la vie monastique par la Mère de Bréchard. Elle était encore enfant : une tumeur « maligne » l'empêchait de marcher, lui donnait la fièvre et l'abattait au point que les médecins la croyaient atteinte de la peste ou du charbon. Voici qu'une nuit, au plus fort de ses souffrances, la jeune malade voit en songe saint François de Sales et la Mère de Bréchard : « Ma fille, dit l'évêque à la religieuse, ma fille, guérissez cette enfant qui sera votre fille. » Au même instant, la Visitandine met la main sur la tumeur de Françoise ; le lendemain, à son réveil,

---

(1) Archives de la Visitation de Riom. — Le monastère ne possède malheureusement aucune des circulaires envoyées par la maison avant 1789. L'opuscule dont il est ici question lui a été adressé par le couvent de Paray-le-Monial.

la malade se trouva guérie. En reconnaissance, à quatorze ans, elle prenait l'habit de novice.

Là, Gilberte-Marie de Fériolle, fille d'un trésorier général au Bureau des finances de Riom, comblée des dons de la naissance et de la fortune, est, dès l'âge de sept ans, entraînée à la Visitation par son admiration pour la Mère de Bréchard.

Ailleurs, Amable-Angélique Brunicard, — la doyenne de la maison après la Sœur Milanges, — quoique restée maîtresse d'elle-même et d'une opulente aisance à l'âge de quinze ans, — renonce à son tour au monde pour vivre auprès des reliques de la « bonne Mère. » Guérie par elle des suites d'une chute terrible, « qui auroit dû la laisser estropiée pour la vie, » elle veut se consacrer entièrement à Dieu, à l'exemple de sa bienfaitrice (1).

Ainsi la fondatrice du monastère Sainte-Marie veillait-elle toujours sur son œuvre.

Les années qui suivent n'ont laissé dans les annales du couvent aucune page saillante. On n'y relève pas de fait vraiment digne de remarque. Tantôt, c'est la visite d'une religieuse, célèbre dans l'Ordre : telle, la Mère Marie-Alexis de la Barre, professe du deuxième monastère de Rouen ; nommée supérieure à Montferrand, elle réside quelques jours à Riom. Tantôt, c'est la mort d'une Sœur ancienne qui s'éteint doucement après une longue vie d'édification. Tantôt encore, c'est un désastre qui s'abat sur un monastère voisin, et dont les Visitandines riomoises offrent de réparer les suites dans la

(1) Voici les noms des neuf religieuses mortes en 1709, et les dates de leurs décès :
Anne-Françoise Milanges 14 janvier 1709 (soixante-quinze ans).
Marie-Aimée Forest, 5 juin (soixante-six ans).
Gilberte-Marie de Fériolle, 27 août (quarante-neuf ans).
Anne-Joseph de Châteauvert d'Ussel, 30 septembre (quarante-sept ans).
Marie-Anne du Bois, 30 septembre (cinquante-quatre ans).
Gilberte-Madeleine de la Roche-Aymont (quarante-sept ans).
Madeleine-Antoinette de Reclesne de Lyonne, 28 novembre (vingt-cinq ans).
Amable-Angélique Brunicard, 24 décembre.

mesure de leurs forces. En 1770, par exemple, une épidémie terrible désole Montferrand, et enlève neuf filles à la Visitation de cette ville ; les Sœurs de Riom, dans un généreux élan de fraternelle affection, offrent au monastère éprouvé le concours de leurs services. Mais de pareils faits sont surtout destinés à servir d'aliment à la piété des habitants du cloître, étrangers aux bruits du monde : ils ne sauraient trouver une place plus détaillée dans ce récit.

Nous devons cependant nous garder d'oublier la mention des fêtes superbes, — assez analogues à celles qui avaient eu lieu un siècle plus tôt en l'honneur de saint François de Sales, — par lesquelles le couvent riomois célébra, en 1769, la canonisation de sainte Jeanne de Chantal. Une pièce nous révèle un des incidents qui avaient, quelques années auparavant, en 1752, marqué les fêtes de sa béatification.

Comme pour saint François de Sales, une procession dans la ville avait été organisée, à la requête des Visitandines. Elles demandèrent encore qu'on leur renouvelât la faveur dont elles avaient profité en 1667, — de rehausser l'éclat de la cérémonie par le transport de la châsse de saint Amable dans leur chapelle. Aussitôt, les Dames Carmélites, désireuses de vénérer à leur tour dans leur monastère les reliques du glorieux patron de la cité, supplièrent qu'on leur fît la grâce de déposer également la châsse dans leur maison. Sur cette double requête, toute à l'honneur du saint, les marguilliers de la paroisse s'assemblent, et, après délibération solennelle, accueillent le vœu des religieuses (1). Leur procès-verbal décrit la cérémonie en ces termes :

« Le 19° du mois d'août 1752, en conséquence du délibé-

---

(1) Pour comprendre l'importance attachée par les deux Communautés à l'honneur de vénérer dans leurs cloîtres les reliques de saint Amable, — il est nécessaire de se rappeler l'amour et le respect vraiment filial dont les Riomois entourent la mémoire de leur patron. L'éclat donné encore de nos jours à la célébration de ses fêtes (11 juin, 19 octobre) témoigne assez de la vivacité et de l'antiquité de ces sentiments. Consulter à ce sujet le livre récent de M. Bernet-Rollande, *Saint Amable, son église, son culte* (Clermont, Bellet, 1891).

ratoire du   , nous, marguillers soussignés, nous nous sommes rendus en l'église de Saint-Amable, pour assister à la procession qui doit être faite pour la béatification de la B. mère de Chantal ; et après avoir été priés de la part des Dames Religieuses de Sainte-Marie de vouloir bien faire sonner les grosses cloches le samedi, jour de l'ouverture qui devait être faite par Messieurs de Saint-Amable, avec le port de la relique, Nous nous sommes rendus le dit jour à l'église de Saint-Amable, et après avoir entendu la messe de paroisse, nous avons fait sortir la châsse de saint Amable, qui a été portée par quatre ecclésiastiques et soutenue par les paysans ordinaires revêtus de leur robe ; marchant, nous marguillers, après le clergé et placés aux quatre coins du dais, tenant nos flambeaux à la main, avons accompagné la procession qui s'est rendue le dit jour, en l'Eglise des Dames Religieuses de la Visitation.

» La châsse de saint Amable a été mise sur une table devant la grille des dites Religieuses, où, nous marguillers, avions nos places à chaque côté. La cérémonie finie, nous avons suivi la procession avec nos flambeaux aux quatre coins du dais de la châsse. Les Dames Religieuses Carmélites ayant fait demander à MM. les marguillers de vouloir bien faire porter la châsse de saint Amable dans leur église, pour rendre leur hommage au patron de cette ville, l'ayant communiqué à MM. du Chapitre avant la procession, la châsse a été portée et mise devant la grille, où chacune des dites Dames ont donné à MM. les marguillers et à MM. les chanoines de Saint-Amable des rubans et des escapulaires (*sic*) pour toucher la relique ; après y avoir demeuré un quart d'heure la procession est sortie. Nous l'avons accompagnée, et après être rentrés à Saint-Amable, nous avons fait fermer la relique, et nous nous sommes rendus à nos places au banc de l'œuvre, et après quoi nous nous sommes retirés (1). »

---

(1) Archives de la marguillerie de Saint-Amable (*Extraits généraux*, p. 342). Mss.

Le registre des professions nous montre, durant cette période, la Communauté toujours vivace et prospère. Il nous livre le nom des supérieures qui se succèdent au gouvernement : Mesdames de la Roche-Aymont, de Montgon, de Bardon, de Brujas, Dufraisse du Cheix, Chauvigny de Blot (1)... Des religieuses, issues de telles souches, devaient avoir de la fermeté à l'âme, de la générosité au cœur, et marcher brillamment sur les traces des premières héroïnes fournies par l'aristocratie française à la Visitation, des Mères de Chantal, de Châtel, de Chaugy, de Blonay, de Montmorency...

Cependant, à mesure qu'on approche de 1789, — des temps nouveaux, — la Communauté décroît visiblement. Pendant les trente années précédentes, on ne compte que dix-sept professes ; à partir du 6 février 1786, on ne voit pas de novice prendre le voile. Dans les trente premières années du siècle, au contraire, on avait célébré jusqu'à quarante professions. C'est que, dans l'atmosphère ambiante, on sentait comme les présages précurseurs d'une tempête violente, où tous les éléments allaient être déchaînés, et où les murs mêmes des monastères ne seraient plus un rempart suffisant contre la fureur de l'ouragan. La paix du cloître ne paraissait plus devoir être assurée : — à quoi bon quitter le monde pour la chercher et ne la point trouver ?

A cette heure solennelle, la Communauté était présidée par la Mère Dufraisse du Cheix, de la famille du lieutenant général de la Sénéchaussée et futur député aux Etats-Généraux.

---

(1) Voir aux annexes la liste des supérieures du monastère, I.

CHAPITRE XIII

Les restes de la Mère de Bréchard pendant les XVIIe et XVIIIe siècles (1646-1788). — Incorruptibilité du corps de la Mère de Bréchard (suite) (1646-1788).

Aussi bien, le fait le plus saillant des annales de la Visitation, celui qui mérite surtout une place à part dans leur récit, c'est l'histoire de la conservation des reliques de la Mère de Bréchard. De cette vénérable Mère, le monastère Sainte-Marie de Riom avait tiré son éclat pendant sa vie, — d'elle encore il empruntait tout son lustre après sa mort.

Placé sous la grille du chœur, en 1645, le corps de Mme de Bréchard y demeura exposé sans interruption jusqu'à la Révolution. Le phénomène de son incorruptibilité persistait avec autant de force qu'au premier jour.

Sa réalité et sa constatation excitaient au plus haut point la pieuse curiosité de Mgr de Maupas : en sa double qualité d'évêque et de protecteur de l'Institut, il avait à cœur de connaître la suite des événements auxquels il lui avait été donné d'assister. Chaque fois qu'il passait en Auvergne, il n'avait garde d'oublier de s'arrêter quelque temps au couvent Sainte-Marie de Riom, pour constater *de visu* l'état des restes de la sainte religieuse, — et, chaque fois, son examen avait confirmé l'exactitude de ses premières déclarations.

En septembre 1654, il revoit « le corps dans un état d'autant plus admirable, qu'après l'application du rasoir et plusieurs incisions faites par ses ordres, dès l'année 1645, il ne devait pas espérer le trouver si entier et si sain, comme il l'a remarqué. » Quelques mois plus tard, en avril 1655, « et suivant le pouvoir que lui confère l'évêque de Clermont, » il visite à nouveau les précieuses dépouilles. Il se fait assister du Père Gardien des Capucins de Riom. Tous les deux se mettent à genoux et baisent les pieds de la religieuse. Aussitôt, ils sont « saisis d'admiration et de joie, ayant ressenti que les pieds de ce corps, mort depuis tant d'années, exhalaient un parfum très agréable, » et ils constatent qu'il est « à peu près en même état que Mgr du Puy l'avait laissé en plusieurs voyages qu'il avait faits à Riom. » Cet événement paraît si extraordinaire au prélat, qu'il en consigne le souvenir dans un procès-verbal, daté du 29 mai 1655. Ce nouveau document était bientôt répandu dans toutes les maisons de l'Ordre ; et, quatre années plus tard, la Mère de Chaugy l'insérait, en entier, à la suite de celui de 1645, dans sa vie de la Mère de Bréchard.

Cette pièce est conçue dans le goût du temps. Elle renferme de nombreuses comparaisons ou citations tirées des antiquités profane et sacrée, et s'étend surtout avec complaisance sur l'odeur merveilleuse répandue par la dépouille mortelle de la fille de saint François de Sales. L'évêque n'hésite pas à y attribuer un caractère surnaturel, et il conclut en disant : « Nous espérons qu'un jour Notre Saint Père le Pape, à qui seul il appartient de prononcer des oracles et sur les matières de la foi et sur la sainteté des serviteurs de Dieu, après les informations requises sur une matière de telle importance, fera honorer de tous les fidèles cette grande servante de Dieu, à laquelle je paye de tout mon cœur ce faible tribut de louanges. »

Combien ce jugement, partant d'une plume aussi autorisée, était flatteur pour l'Ordre de la Visitation, qui poursuivait déjà la canonisation de son fondateur, et nourrissait l'espoir de mettre Mme de Chantal à ses côtés sur les autels ! Quelle joie, si la Mère de Bréchard obtenait à son tour et en même temps les honneurs suprêmes ! Cette pensée fait tressaillir d'allégresse les monastères de l'Institut, et surtout celui de Riom. Poursuivre la béatification de la Mère de Bréchard, tel est le dessein qui est formé de toutes parts, et à la réussite duquel les religieuses riomoises se consacrent sur-le-champ.

A leur requête, M. Pereyret, official et grand-vicaire de Mgr d'Estaing, commet « M. François Taveron, prêtre et vicaire de la ville de Riom, à l'effet de recevoir les déclarations de ceux qui auront reçu quelque soulagement dans leurs maladies ou incommodités, ou qui auront vu ou su que d'autres personnes en aient reçu par les intercessions de défunte Jeanne-Charlotte de Bréchard, en son vivant supérieure du monastère de la Visitation Sainte-Marie de Riom. » Les archives de la Préfecture conservent un procès-verbal d'enquête dressé par cet ecclésiastique le 10 septembre 1655, c'est-à-dire postérieur de quelques mois seulement au second document, émané de Mgr de Maupas. Cette enquête, qui faisait suite à celle de 1645, se continuait encore le 18 avril 1661. Mais, à partir de cette date, il semble qu'elle ait été interrompue.

Les démarches de l'Ordre pour obtenir avant le temps réglementaire la canonisation de saint François de Sales, proclamée en 1665, absorbaient toute son attention et toutes ses ressources. Elles furent, sans doute, la cause de cet abandon momentané du procès de la Mère de Bréchard. Vint ensuite pour le monastère riomois l'époque de décadence, ou tout au moins de difficultés de diverse nature, que nous avons signalée. Le projet continua de rester en suspens.

Mais, en 1708, il est repris avec une ardeur nouvelle. Depuis deux ans, la maison d'Annecy faisait les recherches nécessaires au procès préparatoire sur les vertus et les miracles de Mme de Chantal. Les religieuses de ce monastère estimaient qu'il fallait poursuivre en même temps la consécration de la gloire de Mme de Bréchard. Convenait-il de séparer dans le triomphe deux âmes qui avaient été si étroitement unies lors du combat et qui l'avaient livré avec un héroïsme semblable ? Elles invitent leurs compagnes de Riom à faire pour leur supérieure ce qu'elles tentent pour la leur.

La Mère de Chazeron dirigeait alors le couvent riomois.

Trop de souvenirs personnels la rattachaient aux origines de la maison pour qu'elle ne répondît pas avec empressement à cet appel. Elle pensa que le plus heureux commencement à donner à l'entreprise serait de faire constater encore une fois officiellement la merveille de l'incorruptibilité du corps de la Mère de Bréchard. — Elle soumit à Mgr Bochart de Saron, évêque de Clermont, une requête à l'effet d'obtenir la permission d'introduire dans leur monastère « tels médecins et chirurgiens des plus experts qu'elle trouvera dans la ville de Riom. » Ces médecins vérifieront l'état des restes de l'ancienne supérieure, et dresseront procès-verbal de leurs constatations. Ainsi pourra-t-on se servir, en temps opportun, de cette pièce « pour la gloire de Dieu et l'honneur de son Eglise, s'il plaît un jour au Saint-Siège, après avoir examiné ses vertus et bonne vie, de l'asseoir au nombre des Saints. » L'évêque autorise cette visite, à la condition qu'elle ait lieu « en présence de M. Bonnet, confesseur des religieuses » (10 octobre 1708).

Le 17 octobre, la clôture cède devant Messieurs « Amable Bourlin, conseiller, médecin ordinaire du Roi, Antoine-Amable Bourlin, docteur en médecine, Gilbert Gravier et Pierre Delonguert, maîtres chirurgiens, jurés royaux de la ville de Riom et ressort d'icelle, » qui procèdent à leur mission en présence de M. Bonnet, de la Mère de Chazeron et de toute la Communauté.

Leurs déclarations sont unanimes : « la peau encore souple et obéissant sous le doigt, » les cheveux en partie conservés, la tête tenant ferme au cou, la poitrine « grasse et onctueuse, » les ongles solidement attachés aux doigts, le cœur ayant « presque toute sa figure et sa couleur naturelles, » — tout démontre que le corps a toujours « une pesanteur sensible, » et est demeuré incorruptible. A quoi attribuer ce phénomène ? Ce n'est, disent les médecins, ni à « des aromates ou autre mixture, » car ils n'en ont pas trouvé trace, ni « à une qualité particulière de l'endroit où ce saint corps fut enseveli, puisque les autres qu'on avait inhumés dans le même lieu sont tombés en poudre. » Ce ne peut donc être qu'à une cause surnaturelle : et cela leur persuade que « cette Révérende Mère est ornée dans le ciel de la couronne incorruptible de gloire que le Seigneur donne libéralement à ceux qui ont vécu sans tache devant lui. Tous les fidèles qui ont été témoins de l'exacte visite que nous avons faite de son corps, ajoutent-ils, attendent avec impatience la décision de notre Saint Père le Pape pour rendre à ce dépôt les honneurs dus aux Saints, s'il juge à propos qu'on le révère comme tel. Nous nous estimons fort heureux d'y contribuer en quelque manière par ce présent rapport que nous affirmons contenir vérité. »

Ces conclusions formelles éveillent les espérances des Visitandines riomoises. Elles se hâtent d'envoyer à leurs Sœurs d'Annecy ce rapport et les pièces des enquêtes précédentes. Dans leur ignorance des règles de procédure usitées en pareille circonstance, elles n'avaient point revêtu ces documents de la « force probante » exigée pour leur production en cour de Rome. La Mère Alexis Costa de Massangy, assistante d'Annecy, — chargée spécialement de la cause de Mme de Chantal, et fort versée dans la matière, — les leur retourne, en leur adressant le modèle de la nouvelle rédaction (1). La régularisation de ces pièces exigea, sans doute, un temps assez considérable. Il paraissait trop long à l'ardeur de la Mère de Massangy. Par lettre du 29 mars 1710, elle gourmande doucement la Mère de Chazeron de sa paresse à lui répondre, et lui donne à la fois d'utiles conseils pour la réussite du projet commun. « Si vous avez, lui dit-elle, si vous avez des anciennes qui aient appris quelque chose des vertus héroïques de la Sœur de Bréchard par celles qui ont eu la grâce d'en être les témoins et de la fréquenter, il faudra les faire déposer, comme vous verrez par les réponses ci-jointes. Envoyez-nous une simple copie de

---

(1) Nous avons trouvé cette pièce aux archives de la Préfecture (liasse I, 1).

l'abrégé de sa vie qu'on aura écrit sur le livre des vœux. Si vous avez quelques écritures de sa main qui puissent servir, il faudra les faire reconnaître. Pressez-vous, je vous en conjure, à faire déposer les témoins que vous aurez à produire... Mandez-nous au plus tôt, je vous supplie, de vos nouvelles. »

Les religieuses riomoises, stimulées par cette lettre, prient, tant en leur nom qu'en celui de leurs compagnes d'Annecy, l'évêque de Clermont de commettre « des gradués en théologie et en droit canon » pour recevoir « provisionnellement et préparatoirement les dépositions des personnes instruites des vertus, miracles et réputation de sainteté de la vénérable servante de Dieu, Jeanne-Charlotte de Bréchard, troisième religieuse de l'Ordre de la Visitation de Sainte-Marie. » Le 5 janvier 1711, le prélat commet à cet effet M. Rochette, docteur en Sorbonne, son vicaire général.

Que produisit cette enquête ? Nous l'ignorons. Le dépôt départemental ne renferme sur ce point aucune pièce, et nos recherches aux archives du Vatican n'ont abouti à aucun résultat. Cependant, il est indéniable que M. Rochette dut dresser des procès-verbaux des dépositions par lui recueillies. L'autorité ecclésiastique dut agir de même en Bourgogne, en Savoie et en Bourbonnais, diverses contrées que la Mère de Bréchard avait successivement habitées, et où elle avait signalé sa présence par ses éclatantes vertus. Car, d'après les annales de l'Ordre de la Visitation, le 25 août 1713, les religieuses d'Annecy expédièrent à leurs compagnes de Rome, en même temps que le dossier du procès de Mme de Chantal, les pièces de la cause de Mme de Bréchard.

Ces dossiers, suivant l'accusé de réception, donné près d'un an après, — le 7 juillet 1714, — par le Père Piart, procureur général des chanoines réguliers de la Congrégation de Saint-Sauveur, postulateur de la cause du vénérable Pierre Fourrier, et chargé par l'Institut de celles des deux Mères, — ces dossiers étaient intitulés : « Procès préparatoire des vertus et miracles des vénérables Mères de Chantal et de Bréchard, avec son inventaire marqué par ordre alphabétique. » Ils avaient été déposés avec soin « dans un coffre, couvert au dehors de cuir noir et embelli de petits clous blancs qui formaient sur le couvercle, en manière de chiffre, le nom de Jésus et de Marie, et garni au dedans d'un cuir rouge, attaché de même avec de petits clous, le tout fort proprement et sous les auspices de saint François de Sales et des vénérables Mères de Chantal et de Bréchard, dont les images se trouvaient attachées au dedans du couvercle. » Ils étaient accompagnés des notices des vies des deux Mères et de huit reliquaires de saint François de Sales, adressés à Sa Sainteté, aux cardinaux Ferrari et Albani, à Nos Seigneurs Lambertini et San Felix, aux Visitandines de Rome et aux Pères Costa et Piart (1). Il fallait, en effet, intéresser de nombreux protecteurs et amis au succès de l'œuvre.

Les envois remis aux destinataires, les causes étaient lancées ; restait à les poursuivre. Le P. Piart s'en occupe sans délai. Il a d'abord, avec Mgr Lambertini, promoteur de la Foi, et devenu, depuis, Pape sous le nom de Benoît XIV, un entretien sur les moyens à prendre pour « conduire prudemment les desseins de béatifications » médités par les religieuses d'Annecy. Sur le conseil de l'éminent prélat et sur celui du cardinal Ferrari, protecteur de l'Ordre de la Visitation, il commence par « examiner exactement tous les papiers, et par rédiger une écriture, en forme de consultation, où il expose tous les motifs pour et contre l'affaire. » Son travail fait, il le communique à Mgr Lambertini, en donne des copies « aux personnes de Rome les plus entendues sur ces matières, » et leur demande leur avis, afin qu'ensuite « toutes fassent une congrégation particulière pour raisonner ensemble et former une conclusion sur laquelle on agira. »

Le 9 septembre (1714), Mgr Lambertini réunit en congrès dans son palais les personnes consultées par le P. Piart. A l'unanimité, « après mûre délibération, » il est décidé que

---

(1) Ces détails sont tirés d'une circulaire du monastère d'Annecy, du 12 septembre 1717, communiquée par la Visitation de Riom.

les Visitandines « peuvent prudemment et avec fondement légitime et raisonnable, espérance d'heureux succès, entreprendre et poursuivre par-devant le Saint-Siège la béatification et canonisation de la vénérable Mère de Chantal, et cependant, jusqu'à ce qu'elles l'aient obtenu, suspendre les poursuites de celle de la vénérable Mère de Bréchard, qui, pour lors, pourra plus sûrement et plus heureusement réussir. » Ainsi, disjonction des deux causes, poursuite de celle de Mme de Chantal, ajournement de celle de Mme de Bréchard, — telles étaient les résolutions du congrès des conseils et amis de la Visitation.

Cette décision était sage. Si l'on concentrait les forces et les ressources sur un même point, le succès ne couronnerait-il pas plus facilement les efforts que si on les divisait sur deux causes distinctes ? Il n'y avait qu'à s'incliner : — l'Institut le comprit. Mais le sursis imposé au procès de la Mère de Bréchard devait être indéfini.

En effet, tant que la cause de Mme de Chantal ne fut pas entendue, celle de sa compagne ne pouvait être appelée. Or, l'Ordre n'atteignit le but si ardemment souhaité que sous les pontificats de Benoît XIV et de Clément XIII, — et aux dates des 21 novembre 1751 et 16 juillet 1767, l'époque du congrès de 1714 était éloignée. L'Institut, épuisé par les fatigues et les dépenses de toute nature que lui avait imposées la réussite de son œuvre, — ne pouvait songer à s'occuper immédiatement d'une autre cause de canonisation. Puis, en 1767, vingt années à peine séparaient de la Révolution, où tous les monastères français de la Visitation allaient, comme les autres maisons religieuses, disparaître sous les coups de leurs ennemis. Enfin, en consentant à la suspension des poursuites à l'égard de la Mère de Bréchard, le couvent d'Annecy se promettait de les reprendre et d'y adjoindre la cause de la Sœur Marguerite-Marie Alacoque, « du monastère de Paray, en Charolais, dont Dieu semblait déjà vouloir manifester la sainteté par des miracles. » Le procès de la Sœur Alacoque a été introduit, — celui de la Mère de Bréchard est resté abandonné ! Commencé en 1715, le premier avait dû céder le pas, comme l'autre, à celui de Mme de Chantal, puis, comme l'autre encore, était tombé dans l'oubli. Mais, relevé en 1819, lancé définitivement en 1824, il a, le 18 septembre 1864, abouti à la béatification de la glorieuse amante du Cœur de Jésus. Qui sait si la cause de la Mère de Bréchard ne se conclurait pas à son tour par un semblable succès ? Peut-être suffirait-il que des admirateurs dévoués et persévérants de ses vertus se consacrassent à sa poursuite ! Est-ce trop souhaiter d'espérer que le monastère Sainte-Marie, la ville de Riom, le diocèse de Clermont, tous intéressés d'une façon directe à l'obtention d'un pareil triomphe, finiront un jour par sortir de leur torpeur et par rendre ce solennel hommage à l'une des figures les plus pures de l'Ordre de la Visitation !

Quoi qu'il en soit, de 1708 à 1789, le corps de la Mère de Bréchard subsista dans l'état constaté à trois reprises différentes d'une façon solennelle et authentique. Il était toujours « entier; » sa chair demeurait souple, ses organes intacts. On lui changeait de temps en temps, disent les manuscrits, « la petite coiffe de toile qu'on lui mettait sur le visage, et on l'en retirait toute grasse et humide. »

De même, d'après le récit de la Sœur Fayolle, qui vécut au couvent de 1774 à 1789, on la revêtait parfois d'une nouvelle robe, « soit pour satisfaire à notre dévotion, ou à celle du public. Nous n'avons jamais aperçu sur elle aucun signe de corruption ; ses hardes étaient pourries, mais son corps exhalait toujours une odeur très suave qui embaumait le chœur (1). »

L'Auvergne et les contrées voisines continuaient à être remplies du bruit de ces merveilles, et à envoyer de nombreux pèlerins s'agenouiller aux pieds de l'humble fille de

---

(1) Le phénomène de l'incorruptibilité du corps de la Mère de Bréchard a toujours passé pour constant à Riom. Au xviiie siècle, personne ne le révoquait en doute. Aussi, le grave auteur de la *Coutume* affirme-t-il sans hésitation, en parlant du couvent de la Visitation, que « *le corps* de Jeanne-Charlotte de Bréchard *y est conservé entier* (IV, 461). » Les Visitandines

saint François de Sales et de sainte Chantal. Sa réputation s'étendait même bien au delà, et les chroniques de l'Ordre parlent de grâces et de guérisons obtenues par son intercession dans les régions les plus lointaines. Les maux d'yeux surtout étaient rapidement soulagés par son intermédiaire. Parfois, ces guérisons étaient instantanées, et pour ainsi dire inespérées. Vers 1780, une Carmélite de Riom était dangereusement malade : déjà on sonnait son agonie, quand une de ses compagnes, sœur d'une Visitandine, eut la pensée de la revêtir d'une chemise qui avait reposé sur le corps de la Mère de Bréchard. A peine la malade l'eut-elle prise, qu'elle entrait en convalescence : bientôt après, elle était parfaitement rétablie. Le médecin de la Communauté, M. Jean-Baptiste Tixier, étonné par une guérison aussi soudaine, ne put que joindre ses actions de grâces à celles des religieuses (1). Aussi, le tombeau de la bienheureuse était-il sans cesse environné de cierges offerts par les pèlerins, et ses reliques convoitées avec une sainte ardeur. Les princes de l'Eglise donnaient eux-mêmes l'exemple d'une dévotion profonde envers la vénérable Mère : les évêques de Clermont, du Puy et d'Autun étant venus vénérer ses restes, l'un lui coupa un doigt, l'autre lui arracha un œil. Personne, enfin, ne doutait de la réalité d'une vision que disait avoir eue une Visitandine de Rennes, et où celle-ci avait reçu « une assurance certaine de la gloire dont cette sainte âme jouissait dans le ciel (2). »

actuelles détiennent des documents où sont relatées des déclarations de personnes, mortes dans la seconde moitié de ce siècle, qui affirment avoir, dans leur jeunesse, constaté et vérifié le phénomène. Aussi bien, après les attestations nombreuses que nous avons citées, serait-il puéril de contester le fait. Pour nous, nous nous bornons à en proclamer l'exactitude, — laissant à l'autorité infaillible de l'Eglise le soin de décider s'il doit être attribué à une cause naturelle ou surnaturelle.

(1) Récit manuscrit de Sœur Fayolle, morte en 1822, et sœur de la Carmélite qui eut la pensée de s'adresser à la Mère de Bréchard.
(2) Année Sainte, X. *Vie de Sœur Renée-Antoinette Morel*, morte le 7 octobre 1695.

CHAPITRE XIV

Mouvement religieux et littéraire du monastère de la Visitation de Riom

De tout temps, le couvent Sainte-Marie de Riom eut une importance réelle dans l'Ordre de la Visitation. Il était un des plus anciens en fondation, avait été gouverné à son origine par une des premières disciples de l'évêque de Genève, et passait pour être animé du véritable esprit salésien, grâce à la direction primitive qui lui avait été imprimée (1). Les maisons nouvelles recherchaient donc avec empressement les religieuses formées à l'ombre de ses cloîtres, pour être imprégnées à leur tour des vertus et des traditions conservées comme un précieux héritage dans le vieux monastère.

Ainsi s'expliquent les trois fondations opérées par les Visitandines riomoises.

La Mère de Bréchard vivait encore, quand on jugea sa

---

(1) « O mes chères sœurs, avait coutume de répéter la Mère de Bréchard à ses filles, je voudrais vous montrer combien notre cher fondateur désirait que nous eussions cet esprit, lequel, quand il manquera, la Congrégation décherra, et vous verrez que tout ira par terre, car il est le fondement de cet édifice. Jamais on ne vit tant de candeur qu'au commencement de l'Institut : il n'y avait pas un seul repli dans les cœurs qui ne fût manifesté à notre saint fondateur, qui en était dans une parfaite satisfaction » (Mss. inédit sur la Mère de Bréchard). Par l'ascendant de leur piété, les Visitandines riomoises obtinrent plusieurs conversions parmi les protestants qui habitaient la ville. Les manuscrits du couvent citent avec honneur l'abjuration de M. Forget, conseiller au Présidial, huguenot endurci, qui fut converti, à l'âge de quatre-vingt-cinq ans, par l'influence des vertus de sa fille, Sœur Marie-Gertrude, décédée le 2 juin 1657 : « Depuis sa conversion, écrit le narrateur, il ne la nommait plus sa fille, mais sa mère, puisqu'il lui devait son salut. »

Communauté assez florissante et assez imbue des règles de l'Ordre, pour en distraire une petite colonie, qui irait s'établir à Metz, en Lorraine. La Mère Chariel, alors supérieure, fut désignée pour présider à cet établissement. Le 27 novembre 1632, elle partait du monastère de la rue de l'Ane-Vert, et prenait la route de la Lorraine. Elle emmenait comme compagnes les Sœurs Marie-Gabrielle de Gondras des Serpents, Jeanne-Baptiste des Varennes, Marie-Agnès Valette, Marie-Amable Vareynes et Marie-Françoise de Montagnac ; cette dernière devait remplir l'office d'assistante dans le couvent.

Elle s'installe à Metz ; mais bientôt les démêlés de Louis XIII et de Gaston d'Orléans amènent la guerre entre la France et la Lorraine, et la forcent d'abandonner la ville (1634). Elle se rend alors à Guéret, sur une permission accordée, dès le 3 février 1632, par les autorités du lieu (1), et, enfin, se fixe définitivement à Périgueux (24 mars 1641). La Sœur de Montagnac quitte elle-même, quelques années après, cette dernière ville, et ouvre un nouveau couvent à Tulle.

Pendant que la première colonie, sortie du monastère de Riom, éprouvait ces diverses vicissitudes, — une seconde s'en détachait pour aller dans une contrée voisine, et s'y établir aussitôt. Au terme de sa supériorité, la Mère Aisément abandonnait la maison du faubourg de Mozat, et se rendait à Bourbon-Lancy, sur la prière du marquis et de la marquise de Coligny de Roquefeuille, qui donnaient, à titre de fondation, la somme de 16,000 livres (2). Les deux jeunes sœurs de la marquise, Marie-Elisabeth et Catherine-Angélique, étaient toutes les deux religieuses au monastère de Riom, l'une en qualité de professe, l'autre de novice. La Mère Aisément les emmène à sa suite avec les Sœurs Marie-Anastasie de la Gravière, Marie-Françoise de Montmorin et

---

(1) F. V., l. III-1.
(2) Contrat du 14 janvier 1648 (F. V., III-1).

quatre autres de leurs compagnes. Après avoir fait la fondation et installé ses filles dans leur demeure, elle les quitte, laissant à leur tête la Mère de la Gravière comme supérieure, et la Mère de Montmorin comme assistante. Nous savons qu'après un séjour de quarante-un ans à Bourbon, cette dernière rentra à Riom pour y terminer sa longue et vertueuse carrière (1).

Enfin, le 11 juin 1650, un autre départ s'effectuait au monastère riomois. Trois pieuses demoiselles de la ville de Billom, Françoise Chevogeon, Amable Chastignon et Marguerite d'Espagne avaient sollicité de la Mère de Luchat, supérieure, l'envoi de quelques Sœurs pour fonder dans leur cité une communauté de Visitandines. Ce projet, chaudement appuyé par Mgr d'Olonne, coadjuteur de l'évêque de Clermont, avait sans difficulté reçu son exécution. Le couvent de Riom s'engagea pour une somme de 6,000 livres, par contrat du 14 février 1648, que ratifia toute la Communauté rassemblée capitulairement le 1er avril 1652 (2). Afin que la fondation se fît avec toutes les chances de succès, on en confia le soin à l'une des premières novices reçues et formées à Riom par la Mère de Bréchard, Marie-Marguerite Poictiers, née à Riom. Son intelligence et sa vertu l'avaient déjà désignée pour remplir au monastère de Guéret les fonctions d'assistante et de directrice des novices. Les Sœurs Anna-Isabelle Tailhardat, Claire-Eugénie Thévenet, Marie-Louise Michelarme et Claude-Marie Dujouannel la suivirent en qualité d'assistante, d'économe, de directrice des novices et de sacristaine du futur couvent ; une Sœur converse, Claude-Cécile Sirejean, compléta la Communauté. — La Mère Poictiers s'acquitta avec un tact parfait de sa mission et fit prospérer en peu d'années la nouvelle maison. Elle y mourut, le 2 août 1669, après avoir vécu, selon la parole de la chronique, « comme un ange d'innocence. »

(1) Année Sainte, janvier, pp. 126, 133. *Vie de la Mère de Montmori*.
(2) F. V., l. III-1.

Le monastère de Billom forma, avec ceux de Montferrand, de Riom, de Saint-Flour, déjà existants depuis plusieurs années, celui de Clermont, qui avait été créé l'année précédente par la Mère de Dallet, et celui de Thiers, qui allait être fondé en 1659, la série des monastères de l'Ordre de la Visitation en Auvergne. Le couvent de Riom, on le voit, avait eu sa part dans cette éclosion de maisons religieuses (1). Il nous reste à montrer celle qu'il peut revendiquer dans le mouvement intellectuel et littéraire de la province.

Il est difficile de séparer, dans la première moitié du XVIIe siècle, le mouvement littéraire du mouvement religieux. L'idée religieuse fécondait toutes les investigations de la pensée humaine, en même temps qu'elle asseyait les fondements de la vie pratique. A vrai dire, les cloîtres, les monastères restaient excellemment les foyers de la science divine. On y apprenait à gouverner son âme, ce qui n'est pas la moindre des sciences, à la refaire en conformité avec le type idéal qui est Jésus-Christ. On n'oubliait pas davantage que les richesses spirituelles accumulées dans la cellule, au pied de l'autel, sont un rachat offert à la pauvreté du monde; qu'à l'exemple de l'Homme-Dieu, unissant le fini et l'infini, religieux de tout genre et de tout ordre ont des prières, des larmes, des sacrifices pour ceux qui ne savent ni prier, ni pleurer, ni souffrir. On les a, non sans raison, appelés *supplementum orbis*. Ils suppléent aux défaillances de l'univers.

Faut-il en conclure que les lettres, les arts, la vie intellectuelle s'arrêtaient à la porte et ne forçaient pas l'entrée ?

« Je vous laisse la liberté d'esprit, » écrivait saint François de Sales à la Mère de Chantal. Et cette liberté, ce saint, si charmant causeur, si habile à faire tirer parti à ceux qu'il

---

(1) Fidèle à ses traditions, le monastère rétabli de la Visitation de Riom continue son œuvre d'expansion : nous verrons plus loin que, durant ce siècle, il a puissamment contribué à la fondation du couvent de Nevers.

aimait de tout ce qu'ils avaient et de tout ce qu'ils voyaient, cet écrivain, si aimable dans la poésie, le pittoresque, de son allure subtile en restant familière, à la langue souriante comme la nature qui lui versait à flots des images toujours fraîches, allait-il interdire à ses chères filles d'en user et de se livrer au luxe des engouements et des plaisirs de l'esprit ?

Formateur de la Mère de Chantal, de la Mère de Bréchard, des premières religieuses dont Mme de Chaugy nous a révélé de beaux modèles d'hagiographie en même temps que les extraordinaires vertus, il a certainement laissé son empreinte sur ces riches natures, si souples à s'assimiler, suivant leurs forces et leurs besoins, les mille ressources d'un homme supérieur.

Au reste, l'enthousiasme provoqué par le fondateur et la fondatrice de la Visitation avait, dès l'abord, saisi les familles de l'aristocratie. Et quel terrain mieux préparé que la Visitation pour fondre dans une communauté de piété charmante les différences qui, en dehors, divisent et irritent ? « Tout devient aimable entre les mains de la vertu. »

Le monastère de la Visitation de Riom n'eut rien à envier aux autres pour l'élan qui ouvrit ses murs aux plus beaux noms, escortés de qualités plus belles encore.

Si nous voulions feuilleter le registre des actes de vêtures et de professions, que de noms ne relèverions-nous pas, en suivant un à un tous ceux qui figurent sur cette nomenclature ! Pour la ville de Riom, nous reconnaîtrions à chaque pas des familles qui ont à jamais illustré le siège de la Sénéchaussée, et jeté sur la cité et sur la contrée même un lustre que les siècles n'ont pu effacer : les Soubrany, les Blic, les Milanges, les Forget, les Chabrol, les Arnoux, les Redon, les Brujas, les Dujouhannel, les Archon, les Sirmond, les Valeix, les Granchier, les Dufraisse, les de Nevrezé... Et, pour la province, nous verrions côte à côte, comme en un lieu choisi de rendez-vous, les représentants des maisons les plus anciennes et les plus recommandables de l'Auvergne.

Ici, c'est une de Chazeron qui donne la main à une de la Roche-Aymont ; là, une de Roux de Pontmort à une de Châteauvert. Ailleurs, apparaissent confusément des de Bardon, de Chassignol de Benoît, de Luzenc, de Beaufranchet, de Chauvigny de Blot, de Chalus, de Chauvigny de la Salle, de Fretat, Gannat de Laribotte, de la Salle de Viginet, de la Chabanne... Quelle réunion d'esprits délicats et de cœurs élevés ! Nous doutons que les autres monastères auvergnats de la Visitation puissent s'enorgueillir d'une couronne aussi brillante de noms purs et glorieux. Fidèle au mouvement qui, dès le début du xvii° siècle, avait entraîné les foules, et à leur tête la noblesse et la vieille bourgeoisie, vers les congrégations religieuses et les œuvres de charité et de piété, — l'élite de la société auvergnate ne cessa de donner, à partir de cette époque jusqu'en 1789, l'exemple du renoncement et du sacrifice. Et si, dans son ardeur chrétienne, elle se portait de préférence au monastère de Riom, c'est, selon toute apparence, qu'elle trouvait dans ses cloîtres, plus qu'autre part, un aliment fortifiant pour sa foi et pour son intelligence.

Aussi, à voir de la sorte la richesse, l'esprit et la beauté se donner gaiement à Dieu, on restait sous le charme, et le cloître cessait de faire peur. Le monde aristocratique, celui de la cour et de la ville, y avait des semblants d'entrée, et y apportait avec lui l'élégance de sa parole, un séduisant qui, parfois même, allait jusqu'au précieux et au raffiné. « Quand il plaira à Dieu que les Sœurs aient un lieu propre, avait dit la Mère de Chantal, elles s'essaieront, les dimanches et jeudis, d'attirer les filles et femmes de la ville, au lieu préparé pour cela, afin de leur enseigner familièrement les exercices de piété. » Riom eut ses assemblées célèbres, comme Annecy, Troyes, Montferrand. On s'y entretenait des grandes affaires de l'âme, de ses intérêts, de ce qui passe et de ce qui demeure ; mais l'art de causer, cet art si français, qui naissait presque à la même heure, et créait la société polie, les salons, et jusqu'à des genres de littérature qui y ont trouvé la perfection, ne s'infiltrait-il pas innocemment, à l'insu de tous, jusque dans les froids parloirs de la Visitation ? Puis moraliser (ce qui est la grande marque du xviie siècle), ne pouvait-on pas le faire dans une causerie aussi bien que dans un livre ? Nous pensons même que la piété, mise ainsi en dialogue, risquait de n'être pas ennuyeuse, surtout quand une maxime de saint François de Sales, une de ses lettres, un souvenir de sa vie formaient épisode.

La Mère de Chaugy nous raconte que la Mère de Bréchard avait le don particulier de forte éloquence. Les dames accouraient en nombre pour faire des retraites sous sa direction, et sortaient transformées, bien mieux, étonnées de cette transformation. Les magistrats trouvaient encore plus leur compte dans cette parole énergique, rude, faite de bon sens et d'abandon chaleureux. Les premières années de la Mère de Bréchard avaient été trop bouleversées, elle-même avait trop appris à l'école de la souffrance, trop vécu avec sainte Chantal, pour ne pas avoir acquis je ne sais quoi de viril qui transpirât et s'imposât. Il est à croire que les principaux de la ville, malgré l'entraînement de la mode, auraient renoncé à ces longues causeries, s'ils n'avaient pas trouvé en leur interlocutrice, avec l'ardeur franche du bien qui se communique, les qualités du bien parler. Nous pouvons en dire autant des hérétiques et des religieuses endurcies, les uns ramenés à la vraie foi, les autres à la vraie discipline. Cette fougue, cet encombrement, cette soumission aux conseils d'une femme en dehors de l'autorité ecclésiastique, tout cela nous semble assez étrange, et ne s'explique que par l'expansion surnaturelle d'une sainteté intelligente.

Cette aristocratie, convertie ou améliorée par les monastères de la Visitation, s'y réservait un séjour pour ses filles. Quel plus sûr et plus délicieux abri !

L'historien de sainte Chantal explique, avec un grand sens des vues providentielles sur le nouvel Ordre, comment la fondation des pensionnats naquit, non de la pensée de saint François de Sales et de sainte Chantal, mais du besoin des temps, de la nécessité de saisir l'enfance, et de lui donner contre les erreurs de l'esprit et les révoltes du cœur l'enseignement le plus substantiel. Ce ne fut pas assez d'avoir, à l'origine, des jeunes filles choisies en petit nombre, « les Sœurs du petit habit, » sous couleur de vocations à étudier et à former. Les pensionnats eurent leur vie propre, et cette annexe gagna presque tous les monastères. Pouvait-on résister au courant que suivaient tous les Ordres nouvellement créés ?

Dès le début, celui de Riom compta des pensionnaires, comme le monastère de Montferrand, pensionnaires qui souvent refusaient de reprendre la voie du monde. Le fait est attesté par de nombreux documents (1). Le mélange de la vie contemplative et de la vie active ne cessa qu'avec la Révolution.

Faut-il nous demander ce que valaient, dans la théorie et dans l'application, programmes et plan d'études acceptés pour l'enseignement par le monastère de Riom ? Si les documents font défaut, nous avons plus que le fait matériel, toujours stérile quand il est isolé. Nous avons pour nous guider l'esprit de la Visitation. On sait que l'ami intime de saint François de Sales, Mgr Camus, évêque de Belley, appelait l'*Introduction à la vie dévote* « le bréviaire de tous les gens du monde, » et l'on n'ignore pas que cet ouvrage fut composé à la demande d'Henri IV, désireux d'avoir un livre fait pour toutes les personnes de la Cour ou leurs semblables. Or, si son auteur eût fort détesté les précieuses, tant le naturel l'atti-

---

(1) Lire aux archives de la Préfecture : acte du 1ᵉʳ novembre 1695, par lequel M. de Bardon augmente la pension de sa fille Françoise de 10 livres, soit 30 livres en tout annuellement ; quittance de M. de Lyonne du 3 juin 1726, etc... Une pièce de 1727, soumise à l'intendant, indique que le couvent renferme douze petites pensionnaires. — Un rapport, dressé le 1ᵉʳ mai an IV par un agent municipal sur les établissements religieux de la ville de Riom, s'exprime ainsi : « La maison d'éducation de filles, tenue par les religieuses de la Visitation, était avant tout un pensionnat. Des jeunes filles étaient reçues néanmoins à profiter des leçons moyennant une modique rétribution par mois. »

rait, tant il avait horreur du fard, même de la moindre parure, — il est certain que lui, si familier avec la science, théologien, orateur, écrivain délicat, il ne refusait pas que la jeune fille eût des clartés de tout ? C'était un prédécesseur de Fénelon, l'esprit chimérique en moins. Sur de pareilles données, on pouvait établir un programme qui satisfît d'une part les croyances de la science, et, de l'autre, ne l'étouffât pas dans les ridicules d'une vanité pédante.

Ainsi le comprirent les premières Mères de la Visitation. Rien d'étonnant que Mgr Bougaud constate « qu'on écrivait beaucoup et qu'on écrivait bien à la Visitation. » La poésie y avait sa place comme la prose, et l'éminent hagiographe, dans une pièce justificative *(poésies de sainte Chantal)*, cite, après sainte Chantal, les Mères de Châtel, Ronet de la Roche, de Bréchard, Favre, de Chaugy, de Rabutin, de Monthony.

Il regrette d'avoir cherché vainement des morceaux signés de la Mère de Bréchard. Plus heureux, nous avons eu en mains quelques-unes de ces poésies, insérées dans un ancien manuscrit relatant les principaux faits de la vie de la vénérée fondatrice.

Poésies ! C'est un terme bien ambitieux ! L'inspiration qui anime toute œuvre poétique, la puissance et l'élévation de la pensée, l'enthousiasme qui nous arrache à l'ordinaire, au médiocre, une forme qui correspond à une conception vraiment dominatrice, on ne saurait trouver ces qualités dans ces essais uniquement consacrés à de pieuses récréations. Car c'est à l'anniversaire des grandes solennités religieuses que dans les couvents l'on taquinait quelque peu la muse, et qu'on se faisait un jeu de la rime et du chant.

Les fragments les plus nombreux de la Mère de Bréchard ne sont que des noëls (une trentaine), — où les mêmes sentiments se répètent en une langue dont la consonnance devient parfois la seule richesse. La fête de la Nativité, avec le gracieux, la fraîcheur de son mystère, ce je ne sais quoi de naïf qui berce doucement les âmes, attirait les Visitandines, si bien formées par saint François de Sales à goûter les expansions de l'amour divin fondues dans la simplicité. Toutes les émotions qui découlent de la méditation de la naissance d'un Dieu incarné reviennent sous la plume de la Mère de Bréchard : étonnement en face de cet abîme de miséricorde qui recouvre un abîme de puissance, humilité divine qui appelle l'humilité humaine, et, par-dessus tout, la gratitude du cœur. Comment ne pas être touché de cette apparition de l'amour poussé aux dernières limites de l'immolation ? C'est donc la morale qui l'emporte sur l'élément lyrique.

Quelquefois, le dogme s'insinue par l'abstraction des termes :

> Quoi ! le Seigneur de l'Univers,
> Qui contient tout en son *essence,*
> Qui enclôt ces globes divers,
> Et n'a point de circonférence !

La force, qui était la caractéristique de la religieuse, arrive à donner à certaines strophes une allure assez heureuse :

> Quel bonheur ! quel honneur et quel plaisir ensemble,
> Le tout avec le rien, le faible avec le fort,
>   La vie avec la mort !

Il y a dans ce contraste brusque, se terminant par un vers raccourci, fait de monosyllabes, un cachet d'énergie bien rendu.

La strophe suivante, moins l'accumulation des épithètes, n'est pas de mauvaise facture :

> Que penseront ces esprits vains,
> Fiers, téméraires et hautains,
> Qui vont se pavanant sans cesse
> Sur le théâtre de l'honneur,
> Et veulent que chacun s'abaisse
> Sous leur fantastique grandeur ?

La naïveté a sa large part dans ces cantiques, partis plus du cœur que de l'art savant :

> Quel délice, je vous prie,
> De voir ce royal enfançon

> Dessus le giron de Marie
> Se jouer de cette façon !
> D'un œil bénin il la regarde
> Avec un souris gracieux,
> Et la Pucelle le mignarde,
> Ne pouvant assouvir ses yeux.

Charmant petit tableau ! Une sainte famille en huit vers ; toute une scène, un ressouvenir de celles que Raphaël a peintes de manière à désespérer la plume et le pinceau. Quoi qu'il en soit, cet enfant qui sourit et joue sur le sein de sa mère, et cette vierge, jeune, frêle (la pucelle), qui ne sait quelles caresses donner à cet enfant qui est la fête de ses yeux, n'est-ce pas une ravissante esquisse ?

Ailleurs, la nature prend un accent de vérité rare à cette époque :

> Pasteurs qui faites la veille
> Par les plaines et côteaux,
> Entendez cette merveille :
> Nous gardons vos troupeaux ;
> Allez tous
> Rendre hommage
> A ce Dieu qui naît pour vous.

Nous remarquons en passant que, dans une strophe de sept vers, dont la dernière partie forme tercet, le sixième vers rime sans correspondance, ce qui est assez fréquent dans ces fragments que nous analysons.

Si la Mère de Bréchard s'occupe peu de la prosodie et échappe aux règles, elle échappe moins à l'envahissement du précieux, dont les traces sont fortement sensibles en maints endroits. Riom n'avait-il pas déjà précieux et précieuses ? Et, plus tard, Molière y aurait trouvé, avec le dictionnaire en usage, l'organisation la plus complète de pédants et pédantes de province.

Voici que n'aurait pas désavoué un salon à la mode :

> Gardez-vous, ô flambeaux des cieux,
> Et n'éclairez plus à mes yeux,

> Puisqu'une lumière divine,
> Qui me réchauffe en m'éclairant,
> Darde ses raies en ma poitrine
> Et me fait revivre en mourant.

Le quintessencié, le raffiné, jusqu'au trait final, l'antithèse la plus accentuée, rien n'y manque. L'on revoit Phébus,

> Déjà Phébus plongeant au sein de l'onde,

l'aurore, les clartés, le soleil naissant, tout l'appareil usité, sans oublier un brin de mythologie inconsciente :

> Ce divin Sauveur,
> Ce m'est comme une flèche
> Qui fait une brèche
> Au fond de mon cœur.

Et, remarque étrange, à côté de ces mièvreries qui pénétraient partout, tant l'exemple partant de haut avait de puissance envahissante, un réalisme qui surprend, jette sa note crue sur ce fond trop estompé :

> Puisqu'en naissant il laisse pucelle
> La Mère dont il prend la mamelle,
> Son ventre virginal et son pudique sein
>   En est rendu plus saint.
>   L'enfanter de cette manière
>   Rend sa virginité plus entière.

Dans un noël tout particulièrement consacré aux chères Sœurs de Riom :

> Allons, mes sœurs, je vous prie...

qu'il a fallu à la Mère de Bréchard de candeur naïve, pour faire chanter à ses filles des strophes où les détails bravent le solennel et l'étiquette !

> Il est né d'une Pucelle
>   D'extrême beauté.
> Vraiment c'est chose nouvelle
>   De demeurer telle
>   En maternité !

> Le lait dont elle l'allaite
> Est venu des cieux.
> O Dieu, que cette fillette
> Donne la pompette
> D'un air gracieux !

Le même manuscrit se termine par une pièce curieuse :

« N^tre très h^ée Mère de Brechar estant raine de la febve nous donna ces loix en vers. »

Le gâteau des rois avait son pendant dans une poésie de circonstance, qui d'ailleurs tournait à la morale :

> Je veux faire les lois et faire une police
> Qui bannisse de vous la seule ombre du vice.

Il n'y avait, on le voit, aucune règle précise fixant les genres, l'orthographe. La versification n'était pas plus régulière, et on prenait sur ce point, dans les couvents, les fantaisies du dehors. Outil à peine dégrossi, mal tenu par des mains inhabiles.

La Mère de Bréchard a usé de presque toutes les formes de strophes et de vers. Nous avons la strophe de huit vers à rimes croisées, et se terminant quelquefois, comme la strophe de sept, par un tercet dont les deux premiers vers de trois syllabes rompent le rythme et appellent un vers plus solennel.

Les strophes de six, cinq, quatre vers sont également employées avec des croisements variés de la rime.

Il va sans dire que les règles concernant l'élision et l'hiatus, à peine énoncées depuis Ronsard, ici ne sont pas appliquées. Les vers à pieds inégaux se mêlent un peu au hasard. La rime s'inquiète peu de la consonne d'appui, et se perd quelquefois dans une assonance.

La musique venait-elle au secours de la parole ? Le manuscrit se garde bien d'oublier les airs sur lesquels se chantaient les cantiques de la Mère de Bréchard.

Il est intéressant de constater que, dans les cloîtres, un peu comme de nos jours, les airs de ballades, de chansons, d'opéras, donnaient un costume légèrement païen à la poésie mystique.

Voici quelques spécimens qui nous rapprochent des précieuses et de leurs salons :

— Je suis la déesse du temps. — C'est un amant, ouvre la porte. — Si pour vous avoir aimé. — Douce lumière de mes yeux. — C'est trop courir les eaux. — Souvenez-vous de moi, ma chère Basiline. — Adorable princesse, ouvrez vos yeux, divine amaranthe.

En somme, dans ce recueil (1), rien qui nous ramène à la vraie poésie, jaillissant de l'inspiration, créant son rythme, son harmonie, ses images, son style. Pieuse distraction, qui témoigne que, fermée au monde, la Visitation laissait pénétrer de ce monde, sous ses cloîtres, ce qui, sans l'amollir, l'altérer, lui donne un charme et un agrément de plus.

C'en était assez pour que ses filles restassent sensibles aux plaisirs littéraires, et pussent avec avantage former leurs élèves et leurs novices à ce goût fin et délicat que nos arrière-grand'mères apportaient en toutes choses, et à cet art enchanteur de la causerie où elles excellaient avec tant de grâce (2).

---

(1) Lire aux annexes, VIII, deux poésies de la Mère de Bréchard.
(2) Il est toutefois juste de remarquer que si les Visitandines brillaient par leur goût pour les choses de l'esprit, elles ne professaient pas toujours un zèle aussi marqué pour les règles de l'orthographe. Nous n'en voulons pour preuve que ce billet, choisi entre cent, de la Mère Louise-Marguerite de la Roche-Aymont : « Je prie Messieurs les conçul de la ville de Riom pour lennée mil sept cent dixept de donner à nostre descharges la somme de cents livres à M. de Sollignat, marchand sirié, laquelle sommé nous tiendrons en compte sur ce que la ditte ville nous doit, en nous raportant le présant mandement endôcés et quitancé par ledit sieur Sollignat, marchant sirié » (F. V., l. I, c. 3).

CHAPITRE XV

L'administration temporelle du monastère

Si les jeunes filles entraient dans notre monastère avec la certitude d'y rencontrer des maîtresses éprises des beautés divines et des charmes de l'intelligence, — elles n'y pouvaient, en revanche, être attirées par l'appât de la fortune.

Bien que jouissant de biens en apparence importants, la Communauté ne disposait pas de grandes ressources. Mille incidents divers révèlent même une gêne marquée dans l'administration de ses affaires, aux yeux de celui qui prend la peine de parcourir les volumineux mémoires, dossiers, livres de comptes et quittances, composant une grosse portion du fonds des Visitandines aux Archives départementales. Un coup d'œil rapide sur ces documents nous le fera voir clairement.

La direction de la Mère de Bréchard avait été aussi heureuse au temporel qu'au spirituel. Elle avait agrandi considérablement le monastère primitif de la rue de l'Ane-Vert, et il n'apparaît pas qu'elle ait laissé de dettes. Les nombreuses vocations des premiers jours et les libéralités dues à l'admiration et l'estime qu'elle inspirait avaient suffi pour répondre à tous les besoins. Il est même à croire qu'après sa mort, la Communauté avait devant elle certaines avances : sinon, comment eût-elle pu entreprendre le dessein d'une installation plus grandiose dans un autre quartier de la ville ?

Mais cette prospérité cessa avec la construction du nouveau monastère. La somme énorme de 63,439 livres 25 sols

10 deniers, qu'il fallut débourser à cet effet (1), épuisa pour toujours la caisse de la maison.

Les Visitandines avaient, il est vrai, essayé de se défaire de leur couvent de la rue de l'Ane-Vert, mais l'opération n'avait pas réussi. Elles avaient été forcées, à cause de son étendue, d'essayer de le vendre par lots. Or, elles n'avaient pu en aliéner qu'une partie entre les mains de M. Jean-Jacques de la Clède, conseiller à la Sénéchaussée, moyennant le prix de 2,000 livres, converti en une rente perpétuelle (2). Le surplus était resté entre leurs mains : la Mère de Bréchard, poussée par la nécessité, l'avait acheté « deux fois plus » qu'il ne valait : on eût subi une trop grosse perte en le revendant avec précipitation.

Pour comble de malheur, cette possession leur occasionnait toutes sortes d'ennuis. Afin d'empêcher les immeubles de dépérir, il fallait les entretenir avec soin, et les réparations étaient « ruineuses. » Puis, on les avait loués : et le locataire, le sieur Bouvre, dans un but de spéculation, les avait divisés en plusieurs petits logements qu'il avait sous-loués à des familles « pour la plupart mendiantes, et parmi lesquelles même s'en trouvaient de mauvaise vie. » Les voisins, M. de la Clède au premier rang, avaient aussitôt protesté. Sur leurs plaintes, les consuls Marie, de Sirmond et Tixier décrètent « que, pour faire cesser l'abus et le désordre, il faut rompre le bail avec Bouvre, afin que la maison puisse être occupée par des personnes de condition, à la satisfaction des voisins et du public (3). »

Les Visitandines cherchèrent un autre locataire. « M. François de Sarrazin, sieur de la Fosse, écuyer, tenant l'Académie royale de Riom, » s'offrit, mais réclama des travaux impor-

---

(1) Voir aux annexes, VII.

(2) Vente du 12 déc. 1657 (F. V., l. II-1). C'est sans doute à cette vente qu'il faut rattacher une constitution de 113 livres 2 sols 3 deniers de rente faite par M. de la Clède au profit de la Visitation, le 16 nov. 1658 (I. III-1).

(3) F. V., l. I-1.

tants : les 400 premières livres du loyer devaient être employées en réparations. Sous cette clause, un bail de 9 ans, à dater du 26 mai 1690, fut accepté par lui au prix de 200 livres pour les deux premières années, et de 250 pour les autres. Le 20 octobre 1692, M. de la Fosse soumet aux religieuses l'état des réparations par lui faites et en réclame de nouvelles. Bon gré, mal gré, il faut se soumettre : le loyer continue à être absorbé par les réparations (1).

A l'expiration du bail, la Communauté ne voulut pas céder aux réclamations sans cesse croissantes de l'écuyer, — à qui, du reste, la ville fournit bientôt un local dans une maison voisine, rue des Taules. Par bonheur, presque au même moment, les consuls proposent aux religieuses de louer leur maison « pour loger les troupes qui viennent en quartier d'hiver, et celles qui passent en ceste ville. » Elles y consentent, et les consuls, pour approprier l'immeuble à sa nouvelle destination, entreprennent « de grosses réparations. » Ils s'aperçoivent bientôt qu'il « seroit désavantageux d'en perdre le bénéfice à fin de bail. » Aussi, le 1er janvier 1707, M. Grobos, maire perpétuel, conseille à l'assemblée d'acquérir cette maison. Une commission, composée du maire, des consuls et de MM. Soubrany et Valeix, est chargée de traiter avec « les dames de Sainte-Marie. » Celles-ci, tout heureuses, se hâtent d'accepter en principe, — et déclarent que la maison vaut 10,000 livres, mais qu'elles la cèderont à 5,000, à la condition d'être « affranchies des sommes pour lesquelles elles ont été jusques à présent imposées dans le rolle des bâtiments étrangers. » On traite à 4,000 livres, dont la ville ne servira que la rente « jusques au rachat qu'elle pourra faire, » — et, le

---

(1) Nous trouvons, à la date du 3 septembre 1683, dans les registres de la marguillerie de Saint-Amable, une délibération indiquant « qu'on priera les dames de la Visitation de donner une place dans leur grange de l'ancienne Académie pour fondre les cloches *Jean* et *Amable.* » Les religieuses y consentent, et les marguilliers donnent 10 livres au fermier pour le dédommager. — Ce document démontre que cette portion de l'ancien couvent avait déjà servi de local à l'Académie avant le bail consenti à M. de la Fosse.

13 juillet 1712, se signe la vente de cette portion de l'ancien couvent, « sise quartier de Saint-Amable, et confinée par des rues d'orient et de midy, et les murs de la ville de septentrion. » Comme condition expresse, sans laquelle les religieuses « n'eussent pas vendu à si vil prix, » celles-ci « ne seront pas comprises dans les deniers communs d'octrois et de réparations pour les maisons qu'elles ont à présent (1). »

L'autre portion du monastère, vendue à M. de la Clède, n'avait pas causé moins de tourments aux supérieures de la Visitation. L'acquéreur n'avait pas payé exactement les arrérages par lui dus, — et il était mort laissant une situation assez embarrassée. Ses biens furent vendus judiciairement, et, pour ne pas perdre sa créance, la Communauté dut racheter son immeuble. Le 29 novembre 1672, la Mère d'Arnoux, supérieure, écrit à son procureur Dalbine de pousser les enchères jusqu'à 29,000 livres; « mais, pour Dieu, ajoute-t-elle en suppliant, ménagez notre bourse. » Elle est déclarée adjudicataire et commence à liquider la situation en payant, dès 1674, une somme de 12,000 livres à la veuve de M. de la Clède, née Rochon. Heureusement, l'année suivante, elle peut céder à nouveau son acquisition, et dans d'excellentes conditions cette fois. L'acheteur était M. Georges Courtin, frère d'Antoine, le Riomois si connu (2).

Ces transactions forcées avaient fait subir des pertes aux religieuses. Dans l'espoir d'augmenter leurs revenus, elles adjoignirent à leur couvent, du côté de la rue de Mozat, un corps de logis composé de huit boutiques et de leurs dépendances, pour les louer à de petits marchands. Le tout leur coûta 4,000 livres environ. La spéculation fut-elle heureuse ? Une pièce, qui paraît être de la fin du xviie siècle, fixe le loyer de ces boutiques « à 160 livres environ, dont il faut déduire les réparations nécessaires et 40 livres de charges de ville. »

---

(1) Registres municipaux, 1707, 1er janv., 9 déc. — F. V., l. II-2, c. 2, 3.

(2) F. V., l. II-2, c. 1. — Voir aux annexes, VI.

En 1724, par bail du 17 mars, elles sont louées 240 livres. En 1754, trois boutiques étaient données pour cent livres « à Antoine Armand le jeune, maître boulanger. » En 1693, un tailleur avait pris une boutique pour seize mois moyennant dix livres. En somme, la Communauté paraît avoir eu de la difficulté à retirer exactement le revenu du capital engagé (1).

Le domaine d'Oranche, paroisse de Cellule, acquis en 1681, était exploité à colonage et rapportait une moyenne de 500 à 700 livres. Son cheptel est déclaré, le 17 juin 1761, se composer de 6 juments, 52 moutons, 52 brebis ou agneaux, 3 paires de bœufs, 8 vaches, etc., et valoir 1,977 livres (2).

« Le bien » de Bardon avait été acheté, en 1700, dans le but d'agrandir l'enclos du couvent. Ç'avait été là un acte de sage prévoyance et de parfaite administration, dont on ne pouvait attendre que d'heureux résultats. L'acquisition comprit un moulin, des maisonnettes, des jardins, des prés et des vergers. Elle est affermée, de 1719 à 1725, 1,040 livres (3). Les religieuses étaient très fières du magnifique enclos qu'elles s'étaient ainsi constitué. En 1745, les consuls avaient résolu de transférer le cimetière, situé près de l'église de Saint-Amable, « sur la place où étoit la croix de mission, à l'entrée de la ville, près la porte de Mozat. » Pour exécuter ce projet, ils avaient besoin de prendre une portion du jardin « de Sainte-Marie, » où les Sœurs cultivaient des mûriers. En vain leur proposent-ils une large indemnité qui sera prélevée sur le prix à provenir de la vente de l'ancien cimetière ; en vain promettent-ils d'augmenter leur concession d'eau : les Visitandines résistent, — et finalement le projet avorte (4).

Le monastère possédait encore une maison au quartier de Notre-Dame, louée 403 livres en 1724, — un pré dans le Marais affermé 30 livres à la même époque, — 9 septérées de terre

---

(1) F. V., 1. I-1 ; II-1, c. 4 ; II-2, c. 2 ; I-2 ; IV-1.
(2) F. V., l. I-2 ; II-1, c. 2.
(3) F. V., l. I-2.
(4) Registres municipaux de 1754, 1764.

à la Beaumette, « terrain médiocre, payant la dixme à la dixième et à la quinzième, » et pouvant rapporter 100 livres ; — 80 œuvres de vigne à Bourrassol, Chauriat, la Beaumette et à Châtelguyon, produisant 200 livres. Ces vignes, au moment de leur acquision, étaient « fort stériles ; » pendant sept années, le couvent n'en retira « que trois poinsons de vin par an (1). »

Si nous passons maintenant à l'examen des créances actives de la Communauté, nous trouvons que le couvent possédait un certain nombre de titres de rentes. La ville de Riom notamment lui devait, en vertu de quatre contrats datant de 1654, 1655 et 1658, une rente de 300 livres, réduite ensuite à 132 livres. Vers 1700, le total de ces diverses créances donnait un chiffre de 870 livres 4 sols d'arrérages annuels. En 1727, il n'était plus que de 349 livres. Il s'éleva plus tard à une somme bien plus considérable. Les débiteurs n'étaient pas toujours très exacts dans leurs paiements : ainsi, de 1666 à 1690, la ville n'avait rien payé et se trouvait, de la sorte, en retard de 7,816 livres ; en 1710, M. Forget n'avait rien donné depuis deux ans, ni M. Desterny, d'une localité « proche Montaigut, » depuis trois ans..... (2)

Les ressources, qui avaient permis au monastère d'acquérir ces immeubles ou de se constituer ces créances, lui provenaient, en premier lieu, des libéralités dont le gratifiaient de temps à autre ses amis et ses protecteurs. En dehors de celles que nous avons déjà signalées, nous pouvons encore indiquer, à la date du 23 septembre 1690, la donation faite par Michelle Motane, veuve de Guillaume Mouton, d'une maison voisine du couvent, « dans la ruelle, » à la charge de quatre messes par an, — et à celle du 16 juin 1704, le legs d'une somme de 1,000 livres par Anne Rollet, veuve de Joseph de la Clède, etc..... (3)

---

(1) F. V., l. I-2.
(2) F. V., l. I-1 ; II-2, c. 2 ; III-1.
(3) F. V., l. I-4.

Enfin, le 6 septembre 1710, M. Joseph Fouhet, « docteur en Sorbonne, curé de Riom, » — parent probablement de ce M. Jean-François Fouhet, aussi curé de Saint-Amable, qui est demeuré célèbre par ses innombrables démêlés judiciaires (1), — donne aux Visitandines « 150 livres, à la charge par elles de distribuer annuellement aux pauvres, à son intention, la somme de 7 livres 10 sols dans chaque jour ou octave de saint Joseph (2). »

Les dots apportées par les novices formaient, en second lieu, la principale ressource de la Communauté. Ces dots, versées « pour dot moniale, frais de vêture, de noviciat et de profession, ameublement et présents de sacristie, » variaient de 2,000 à 4,000 livres, — mais le plus souvent elles n'étaient que de 2,000. Tantôt la dot était payée comptant, tantôt elle était convertie en une rente perpétuelle, tantôt enfin elle n'était exigible qu'après le décès de la religieuse ou de ses parents. Parfois ceux-ci constituaient en outre à leur fille une petite pension viagère « pour ses menues et légères nécessités, » ou pour le soulagement de ses infirmités (3). De ce dernier chef, le couvent recevait 300 livres par an vers 1700, — et 400 en 1727. Mais, en revanche, très souvent, il ne touchait ni le capital, ni les intérêts des dots. De là des réclamations incessantes de la part de l'économe, — réclamations qu'elle était parfois obligée d'exprimer dans le langage de la procédure, surtout lorsqu'elle se trouvait en face des héritiers des constituants. Ces derniers, en effet, se montraient

---

(1) Voir *L'Eglise de Saint-Amable*, par M. Marc de Vissac (Riom, Girerd, 1888), p. 28.

(2) F. V., l. III-2 ; II-1. — Les religieuses vivaient en fort bons termes avec M. Joseph Fouhet. En 1708, elles s'en remettent à sa décision pour régler à l'amiable la pension de Jeanne Tixier, placée jadis au couvent, et qui avait dû en sortir « à cause de ses infirmités. » C'est sans doute à cet acte de courtoisie que M. Fouhet répondit par la donation de 1710, du reste peu avantageuse pour la Communauté.

(3) Voir notamment, 12 juillet 1636, ingrès de Marie-Louise Michelarne ; 17 novembre 1714, Catherine Gros ; 16 juillet 1725, Sœurs Bertrand, etc., etc. … Aux Archives départementales se trouvent un très grand nombre de ces actes d'ingrès.

généralement peu disposés à payer..... Les familles riches étaient souvent les plus récalcitrantes. Ainsi, en 1744, saisie-arrêt à l'encontre de M. de Blot et entre les mains de son fermier pour avoir paiement des arrérages dus sur les dots de ses filles, religieuses..... (1) En 1700, on devait, de ce chef, à la Communauté, 4,282 livres. La maison se trouvait donc souvent en perte ; — elle ne pouvait poursuivre avec trop d'ardeur le recouvrement de pareilles créances. Elle suivait en cela les conseils d'une lettre autographe de sainte Chantal, adressée à sa supérieure en septembre 1637, et précieusement conservée dans les archives : « On nous accuse, avait écrit la vénérable fondatrice, de marchander grandement les dottes et juger de la bonne vocation des filles par leurs richesses, et non les pauvres. Je crois bien que cella n'est pas et qu'il ne faut pas surcharger les maisons pauvres, — mais encore faut-il que la prudence fasse trouver des excuses sivilles et relligieuses, et non qui sante l'avarice (2). »

Les élèves pensionnaires (il n'y avait point d'externes) rapportaient environ 1,400 livres par an. Le prix de la pension se montait à 9 ou 10 livres par mois..... Les parents payaient très irrégulièrement. En 1710, M. de Blot devait, de ce chef, 180 livres, M. de Brujas 800, une dame Poisson 573 (3).

Indépendamment des élèves, les Visitandines recevaient

---

(1) On se rappelle que le couvent avait dû plaider contre les héritiers de M. et de Mme de Chazeron, pour avoir paiement des 1,100 livres restées dues sur le contrat de fondation, des 3,000 léguées par M. de Chazeron, des 9,000, montant du legs de sa femme, et des dots de Gabrielle de la Roque et de Mlle de Chabannes. La Communauté avait dû s'assembler capitulairement le 4 septembre 1635 pour affirmer sa créance. Ce procès dura de longues années. Les religieuses transigèrent pour une portion de cette créance, à la mort de M. Maximilien de Monestay, avec la veuve de celui-ci, moyennant 12,600 livres, sur lesquelles on leur paya comptant 3,000 livres, le reste étant exigible six ans plus tard. (Acte Mangot, notaire à Riom, du 3 novembre 1637.) Le procès continua pour le surplus, et, le 10 août 1644, le monastère obtenait une sentence de condamnation contre ses débiteurs. (F. V., l. I-1.)

(2) F. V., l. II-2, c. 1, 4; l. I-1; l. II-1.....

(3) F. V., l. I-2, III-2, II-1, c. 2.

dans leur couvent des dames âgées ou malades, heureuses de vivre, pour ainsi dire, de la vie religieuse, sans se soumettre aux austérités du cloître. Cet usage s'était introduit dès les premières années de la fondation. En 1628, la Mère de Bréchard avait admis à ce titre Mme de Rochefort ; en 1630, elle sollicite de l'évêque la permission de laisser sortir de temps en temps « damoiselle Marguerite de la Roche de l'Hospital, qui fait sa demeure depuis quatre ans au monastère, en qualité de pensionnaire. » La coutume s'était conservée. En 1727, le couvent comptait 7 dames retirées, dont les pensions à 10 et 12 livres par mois donnaient un produit de 1,030 livres (1).

Enfin, — la Communauté ne recevant pas d'aumônes, — le travail manuel des religieuses formait la dernière branche de ses revenus. Dans un état présenté en 1727 à l'intendant, l'économe déclare que « le produit de ce travail se consomme dans la maison pour l'entretien et autres dépenses nécessaires, et qu'il se peut monter annuellement à 400 livres. » Ce travail consistait à confectionner des bas ou des vêtements pour les dames de la ville, surtout pour celles de l'aristocratie. Une pièce curieuse donne le relevé des dettes ainsi contractées envers la maison, de 1717 à 1719 :

Dû par Mme de Chazeron, façon de châle, 1 aune 1/2 de rasine noir.	11 l.	80 s.	»
Par Mme Chabrol, fil d'argent.	3	40	»
Par Mme de Brujas, droguet.	2	18	6 d.
Par Mme Forez, paire de bas Segovie viollet.	2	10	»
Par Mme Marsenon, étamine du Mans noire.	3	4	2 »
Par Mme Lavillatte, 2 aunes d'étamine du Mans.	5	20	»
Par Mme Rollet, pour une jupe, etc.	2	8	»
Par Mme Quériau, pour marchandises en différentes fois.	12	8	5 »

---

(1) F. V., l. I-2 ; II-1, c. 4 et 1.

Par les dames de Luzeinc, baubines d'argent, d'or, etc. . . . . 11 l. 13 s. »
Par Mme de Bourdon, 2 aunes 1/2 de serge. 5 12 6 d.
Par Mme Archon, baubine d'or. . . . . . . 4 80 »
Par Mme de Bardon, reste de dentelle d'or, serge noire. . . , ... 7 17 4 »
Par Mme de Chassignol, taffetas en 4 couleurs, sergette, baubine d'or. . . . . . . 14 5 »
Etc., etc., etc.....

On arrive à un total de 105 livres 4 sols 5 deniers.

Tout compte fait, le revenu de la Communauté se trouvait être, vers 1700, de 2,371 livres 4 sols, et, en 1727, de 5,620 livres environ.

Arrivons maintenant au chapitre des dépenses. Ce n'était pas le moindre, on va le voir.

Au premier rang figure l'article des impôts. Les Visitandines paient des redevances un peu à tout le monde, — au Roi, au Chapitre de Saint-Amable, à celui du Marthuret, à l'abbaye de Mozat, à M. de Laqueuille....., — mais celles du Trésor étaient de beaucoup les plus considérables.

D'abord, la taille. Dispensées en principe de cette contribution, à raison de leur caractère, les religieuses la payaient pour les héritages roturiers du domaine de Bardon dépendant de la censive du Roi. Le 29 septembre 1703, elles reçoivent pour cette cause une quittance de 64 livres 15 sols (1).

Ensuite, le cens, qui était assez faible, il est vrai : il ne se montait qu'à deux septiers, une quarte, une coupe et un tiers de coupe de froment blanc, ou, en argent, à 4 sols 6 deniers par an (2).

En troisième lieu, le « don gratuit, » voté au Roi par l'Assemblée du Clergé, pour tenir lieu des impositions auxquelles l'Ordre eût été soumis. Ce don était ordinaire, suivant qu'il se payait aux époques accoutumées et réglées à l'avance, ou

(1) F. V., l. II-1.
(2) F. V., l. I-2 ; II-1 ; III-1.

extraordinaire, suivant qu'il s'agissait de pourvoir aux frais des guerres ou à des besoins imprévus et urgents du royaume. Les nombreuses guerres des règnes de Louis XIV et de Louis XV rendirent les dons gratuits extraordinaires presque aussi nombreux que les autres ; — de là, de lourdes charges pour notre Congrégation. En juin 1695, vote par l'Assemblée du Clergé d'un subside pour la guerre de la Ligue d'Augsbourg : la Communauté paie 180 livres par an « pour sa cotte-part de secours extraordinaire, tant que la guerre durera. » Elle avait été exempte de la contribution des années précédentes, grâce à la protection de la reine d'Angleterre. Pendant la guerre de la succession d'Espagne, elle donne 200 livres : l'impôt, à la vérité, tenait lieu cette fois de capitation. En vertu d'une déclaration du 14 octobre 1710, elle est, en outre, obligée de payer l'impôt du dixième établi sur les rentes dues par les Congrégations à des laïques, soit une somme de 168 livres 15 sols. La guerre de la succession de Pologne amène un nouveau sacrifice de 68 livres par année. Pendant la guerre de la succession d'Autriche, le monastère « s'abonne » à 95 livres. Avec la néfaste guerre de sept ans, cet abonnement s'élève à 105 livres, et encore, sur l'invitation de l'évêque de Clermont, sollicité à cet effet par le ministre de Saint-Florentin, la Communauté, « pour venir au secours du Roi, à la suite d'une guerre longue et moins heureuse que ne le promettaient les justes motifs qui l'ont fait entreprendre, » dut-elle porter à l'Hôtel des Monnaies son argenterie autre que les croix, vases sacrés, châsses et reliquaires (1).

Venait encore la capitation qui, au commencement du xviiie siècle, était de 212 livres, et s'abaissa, en 1727, à 90 livres (2).

Il fallait surtout, — et c'était le poids le plus écrasant, — payer les taxes de mainmorte, connues sous le nom de droits

---

(1) F. V. Lettre du 7 déc. 1759, l. II-2, c. 1 ; l. II-2, c. 3 ; IV-2 ; II-1.
(2) F. V., l. II-1, c. 4 ; l. I-2.

d'amortissement et de nouvel acquêt, et prélevées au moment de leur acquisition sur le prix des biens achetés par les Communautés. Ces droits, fort élevés, augmentaient de beaucoup le prix d'achat. A la suite de la création de son couvent de la rue de l'Ane-Vert, la Mère de Bréchard devait une somme importante. Habilement, elle profite du crédit exceptionnel de Mme de Chazeron pour obtenir, en avril 1630, des lettres patentes la dispensant de la taxe. Mais l'acquisition du domaine d'Oranche ramène l'obligation d'acquitter la contribution. Les agents du fisc de la réclamer aussitôt. Ignorant sans doute le privilège obtenu par la Mère de Bréchard, ils l'exigent même pour les bâtiments de l'ancien couvent. Ils ne demandent pas moins de 14,323 livres 6 sols 8 deniers pour l'amortissement, et de 2,674 livres 5 sols 5 deniers pour le nouvel acquêt, au total 16,997 livres 13 sols 1 denier. Les Visitandines refusent de payer pour le couvent de la rue de l'Ane-Vert, et engagent un procès durant lequel leurs adversaires modèrent la réclamation à la somme de 11,487 livres 18 sols 6 deniers. Les religieuses triomphent, — mais pour avoir bientôt à verser une nouvelle taxe au sujet de leur bien de Bardon. Elles supplient l'intendant de leur accorder un dégrèvement ; elles réussissent ; elles n'en ont pas moins à débourser plus de 4,000 livres. Pour se libérer, la Communauté, par acte capitulaire du 21 mars 1703, autorise un emprunt de 1,000 livres. Le surplus est presque en entier soldé au moyen de la somme de 3,000 livres, donnée par un illustre Riomois, le célèbre « Jean Soanen, évêque et seigneur de Senès, conseiller du Roi en ses conseils et prédicateur ordinaire de Sa Majesté, » pour l'entrée en religion de ses nièces, Anne et Marie Frenaye. Le 29 juin 1734 seulement, le monastère peut achever le paiement de cette taxe (1).

Mentionnons enfin les contributions extraordinaires à supporter de temps à autre pour des causes diverses ; — telle,

---

(1) I-1 ; II-2, c. 2 ; IV-1. — Acte Soanen, du 12 juillet 1701, reçu Teilhot, notaire à Riom.

la taxe de 100 livres pour la part du monastère dans la finance de cinq greffes des domaines des gens de mainmorte dont l'évêque de Clermont a obtenu la suppression (1).

Ces taxes multiples, on le concevra facilement, troublaient l'équilibre du budget de la maison. Aussi les religieuses ne mettaient guère d'empressement à les acquitter, — un peu sans doute par tactique et mauvaise volonté. En temporisant, elles devaient espérer obtenir, à force de protections et de suppliques, des réductions ou des décharges entières. Dans ce but, elles s'adressaient, en effet, à toutes les personnes considérables du royaume auprès de qui, par une voie ou par une autre, elles avaient accès. Il faut probablement rattacher à une pétition de ce genre la lettre suivante adressée en leur faveur par Mme de Maintenon à M. de Maupeou, intendant d'Auvergne : « Versailles, 15 novembre. Je vous dois, Monsieur, mille remerciements de ce que vous avez déjà fait, à ma prière, pour les Filles de la Visitation. Je vous demande encore votre protection pour celles de Riom. Je vous aurai, Monsieur, une très-sensible obligation de ce que vous ferez en leur faveur, et je vous supplie d'y ajouter celle de me croire, etc. » Mais l'état de leur caisse entrait certainement pour partie dans cette lenteur. Quoi qu'il en soit, en 1727, elles doivent 215 livres d'impôts ordinaires arriérés. En 1732, l'agent du fisc leur signifie une contrainte ; en 1734, il les saisit, et ne donne mainlevée du « commissaire » que sur le paiement de la dette augmentée des 3 livres 12 sols, coût de l'exploit (2).

Le monastère du faubourg de Mozat était « de la directe censive du Chapitre de Saint-Amable ; » — il devait donc à cet établissement les droits de lods, — et payait, pour amortissement de cens, une somme annuelle de 25 livres (3). De même, à raison d'une maison, les religieuses versaient au

---

(1) F. V., 1er février 1694, l. III-1.
(2) F. V., IV-2.
(3) F. V., l. I-2 ; II-1 ; III-2 ; un grand nombre de quittances.

Chapitre de Notre-Dame du Marthuret un cens de 1 livre 10 sols (1).

L'abbaye de Mozat réclamait à son tour un droit de cens sur le domaine de Bardon. La Visitation le dénie. — Un procès s'engage : l'abbaye en profite pour demander, en outre, des droits de lods et autres redevances. Le 1er mars 1702, transaction, qui proclame les droits de l'abbé et fixe sa créance à 2,000 livres, convertie en une rente au denier 24. Mais des difficultés s'élèvent bientôt à propos de l'exécution de l'acte. Nouveau procès : il se termine encore à l'avantage de l'abbaye (2).

Les vignes du couvent, sises aux terroirs de Pompignat, Bourrassol et Ménétrol, étaient aussi assujetties à un droit de cens envers le comte de Laqueuille, seigneur de Châteaugay. La redevance, en 1727, n'était que de 14 sols (3).

Par lettres patentes de mars 1639, l'Institut de la Visitation était exempt « de tous empruns, estapes, soldes, gardes, subsistances des gens de guerre et autres contributions, et descharge des taxes et cottisations faites et à faire. » Ce privilège avait été confirmé spécialement en faveur du monastère de Riom, le 31 mars 1652, par Gaston d'Orléans, « à cause de l'estime particulière qu'il faisoit de sa piété et dévotion (4). »

Enfin, pour taxes annuelles, dites réparations de villes, le monastère payait 30 livres. Avant la vente de 1712 faite aux consuls, il donnait jusqu'à 70 livres (5).

Le poids le plus onéreux après celui des impôts était le service des arrérages des rentes qu'à la suite d'emprunts la Communauté avait constituées sur les têtes de divers particuliers. Ces emprunts avaient été nécessités par la cons-

---

(1) F. V., *ibid.* — En 1729, elles donnent une quarte de froment en déduction de leur dette.
(2) L. II-1 ; III-2.
(3) Quittances de 1728, 1760, l. III-2, IV-2.
(4) F. V., l. I-1 ; II-1, c. 5.
(5) L. I-1 ; II-1.

truction du couvent, l'achat des domaines d'Oranche et de Bardon, et le paiement des taxes extraordinaires. Dès 1640, conjointement avec Mme veuve Amable de Murat, née Gabrielle Ponchon, une de leurs plus anciennes protectrices, les religieuses empruntent 2,000 livres à « M. François de Girard, prieur de Sainte-Croix de Nantes, en Bretagne. » Le 24 octobre 1699, Mlle de Bar leur prête 1,500 livres. En 1700, les religieuses souscrivent pour 5,300 livres d'obligations, à cause de leur bien de Bardon.... (1) Le plus souvent, ces emprunts étaient convertis en rentes perpétuelles : la Communauté n'avait à payer que les arrérages annuels. En 1727, le total de ces arrérages s'élevait à 642 livres (2).

Sans doute, toutes ces rentes n'étaient pas dues en même temps par la Communauté, qui avait dû en constituer cer-

---

(1) Actes du 3 août 1640, 24 octobre 1699....., l. I-1, II-1, IV-1. L'emprunt de la Croix fut remboursé en 1651..

(2) Ce total se décomposait ainsi qu'il suit :

Dû à M. Dallet, marchand, une rente de 77 livres 10 sols, au principal de 550 l. 10 s., 16 janvier 1702 ;

A M. Rollet de Mirabel, trésorier de France, une rente de 75 l., au principal de 3,000 l.;

A M. Dujouhannel, notaire, rente de 150 l., au principal de 3,000 l., 7 octobre 1720 ;

Aux demoiselles Delarbre, rente de 40 l., au capital de 800 l., 3 juillet 1700 ;

Aux héritiers de M. Bonnet, curé de Châteaugay, rente de 100 l., au capital de 2,000 livres, 6 mai 1701 ;

A Mlle Brun, rente de 120 l., au capital de 2,400 l., 10 mai..... ;

A Mlle Bertin, rente de 50 l., au capital de 1,000 l.;

A Mme Brujas, rente de 30 l., au capital de 600 l. (Etat de 1727, F. V., l. I-2.)

A ces rentes, il convient d'ajouter les suivantes :

1739, 50 l. aux Cordeliers de Clermont ;

1744, 50 l. aux Cordeliers de Riom ;

1747, 43 l. 4 s. à l'Hôtel-Dieu de Clermont ; 50 l. à l'abbaye de Saint-Alyre ;

1749, 100 l. aux Carmélites de Riom ; 100 l. aux pauvres de la Marmite de Saint-Flour, payées aux Filles de la Charité de cette ville ; 100 l. à la Visitation de Billom ;

1749, 60 l. au chanoine Beaulaton ;

1729, 49 l. 9 s. à la Visitation de Clermont..... (F. V., l. IV-2 ; II-1, c. 3, II-2 ; II-1, c. 3.)

-taines pour en éteindre d'autres. Leur service n'en constituait pas moins une charge des plus appréciables.

L'entretien de la Communauté, des pensionnaires et des dames retirées, coûtait des sommes assez rondes. De nombreux documents nous fixent à ce sujet.

Les notes les plus importantes étaient celles du boucher. En 1727, il était dû à celui-ci 1,800 livres. Du 2 avril 1747 au 28 février 1748, son mémoire s'élevait à 2,700 l. 8 s.; — d'avril 1748 au 18 février 1749, à 2,041 l. 12 s. 6 d.; — du 6 avril 1749 au 11 février 1750, à 1,789 l.; — d'avril 1750 au 24 février 1752, à 1,542 l. pour 9,096 livres de viande, sous déduction jusqu'au 1ᵉʳ mai de la pension de la fille du fournisseur, « maître Bonnet. » En 1752, il était de 1,200 l.; en 1753, de 1,725 l. pour 9,800 livres de viande ; en 1754, de 1,480 l. pour 8,440 livres de viande à 3 s. 6 d. la livre ; en 1755, de 1,333 l. 6 s. pour 7,548 livres de viande et 31 entrées de table à 17 l. 10 s. le quintal. La Communauté ne pouvait régler ces notes en un seul paiement : elle faisait, à des échéances éloignées, des billets qu'escomptait le marchand (1).

Le vin n'était pas une grosse dépense : du 20 mars 1747, quittance par Mˡˡᵉ Irican de 73 livres pour vente de vin faite à la Communauté « depuis le courant de 8 ans. » Le surplus de la consommation était fourni par les vignes de la maison (2).

La note de l'épicier pour sucre, poivre, girofle, riz, orge, morue, merluche, raisins, amandes, encens, benjoin, savon, etc., se monte, en 1716, à 110 l. 2 s. 3 d. (3).

La nourriture de la Communauté et de ceux qui vivent à ses dépens est déclarée coûter, en 1727, 6,200 livres. Quant aux dépenses d'habillement, elles sont de 500 livres (4).

Le monastère avait un médecin et un chirurgien attitrés.

---

(1) F. V., l. I-2, II-1, c. 1, 4.
(2) F. V., l. IV-2.
(3) F. V., l. II-1.
(4) F. V., l. I-2.

L'office de ce dernier paraît avoir eu beaucoup plus d'importance que celui de son confrère. A lui revenait, en effet, le soin de saigner les religieuses; et certes ce n'était pas une sinécure. Les plaisanteries de Molière n'avaient rien fait contre la fameuse formule de la Faculté dans le *Malade imaginaire:* « *scignare et rescignare.* » Du 17 septembre 1731 au 27 septembre 1739, le chirurgien, en prenant la modique somme de 10 sols pour saigner au bras (ou pour arracher une dent), et de 15 sols pour saigner au pied, produit une note de 156 livres 9 sols, — y compris 3 l. 10 s. pour fourniture d'une bouteille de bouillon amer. Certaines religieuses le réclamaient sans cesse. Dans l'intervalle de ces huit années, la Sœur Marie-Jacqueline Chabrol, — fille du célèbre avocat du Roi et sœur de l'illustre auteur de la *Coutume d'Auvergne,* — se fait saigner vingt-une fois, dont quinze fois au pied. Dans le seul mois de janvier 1760, le chirurgien Verniol pratique treize saignées, et douze dans celui de février. L'année 1757 lui rapporte 80 livres, et l'année 1759, 40. Les honoraires du médecin, par contre, ne dépassaient pas 90 livres (1).

Les religieuses ne mettaient guère plus d'exactitude à régler leurs créanciers qu'à payer leurs impôts.

En 1700, elles doivent à leurs médecin, chirurgien et apothicaire 300 livres, — et sont obligées d'emprunter « 3,500 l. pour aider à leur subsistance. » En 1727, elles disent devoir 4,500 livres à divers marchands. En 1749, elles sont assignées en paiement par leur boulanger Bordes, et, en 1760, par le chirurgien pour une note de 13 livres (2).

Dans le principe, le monastère avait un aumônier exclusivement attaché à la desserte de la chapelle. Un traité en bonne et due forme les liait l'un à l'autre. Le 1ᵉʳ janvier 1726, M. l'abbé Borne, chanoine de Notre-Dame du Mar-

---

(1) F. V., l. II-1, c. 1 ; II-2, c. 3, IV-2. Du 24 janvier 1762, quittance du médecin Bourlin.

(2) F. V., l. II-2, c. 3.

thuret, promet solennellement « aux religieuses de la Visitation de les servir de son ministère de prêtre soit pour les confessions, soit pour leur administrer les sacremens ordinaires et nécessaires selon les occurrences, conformément à leurs règles et constitutions, tant qu'il le pourra faire, et pour leur sûreté il leur passe le présent traité. » Réciproquement, la Communauté, capitulairement assemblée, accepte le choix de l'aumônier et s'engage à lui payer des honoraires annuels de 150 livres. Mais souvent l'aumônier abandonnait le monastère pour un autre poste : les religieuses étaient alors obligées de s'adresser à l'une des congrégations de prêtres de la ville. Les Pères Capucins, de 1732 à 1740, et les Pères Cordeliers, de 1761 à 1766, pourvoient à leurs besoins spirituels. Le traitement était, au surplus, insuffisant pour subvenir aux nécessités d'un prêtre qui n'eût pas eu d'autres occupations. En 1670, leur aumônier, M. Bersvat, qui recevait déjà 200 livres, le remontre à la Communauté, qui lui en accorde 300. En revanche, l'honoraire d'une messe n'était que de 8 ou 10 sols. Néanmoins, les appointements du chapelain, du clerc, le prix des messes et de la cire, et l'entretien de l'église s'élevaient facilement à 600 livres en 1700, et à 778 en 1727 (1).

Six domestiques, dont trois hommes et trois femmes, recevaient ensemble des gages de 180 livres (2).

En joignant à ces diverses dépenses celle d'une somme moyenne de 400 livres pour les réparations annuelles d'entretien, aurons-nous énuméré tout le passif de la Communauté ?

Portons encore les frais de justice, et ce n'est pas une quantité négligeable. Presque constamment, nos religieuses étaient en procès. Aussi bien, serait-ce un spectacle inouï dans la société des XVIIe et XVIIIe siècles que de trouver une corporation ne sacrifiant pas à Thémis, et ne défendant pas à coups de

---

(1) F. V, l. II-1, c. 4, IV-2.
(2) L. I-1, II-1.

> Dits, contredits, enquêtes, compulsoires,
> Rapports d'experts, transports et interlocutoires,

les intérêts les plus minimes, les droits les plus contestables ou les thèses les plus hasardées. L'humeur processive était, on peut le dire, un des éléments de la vie de tout corps autonome. Les mœurs étaient telles qu'on eût regardé comme inexistante une Communauté, religieuse ou laïque, qui ne se fût pas drapée, hargneuse et agressive, dans ses droits et ses privilèges.

Dieu nous garde d'entrer dans le détail des procès de tous genres entrepris ou soutenus par notre couvent et contre les consuls de Riom, et contre les abbayes de Saint-Alyre et de Mozat, et contre le Chapitre du Marthuret, et contre les fermiers d'Oranche. Ce récit serait interminable, dès lors peu attrayant. Disons seulement, à la décharge des religieuses, que souvent elles faisaient ou se laissaient faire ces procès pour cause de paiement. Besoigneuses, elles ne payaient pas et étaient plus mal payées encore. Circonstance des plus atténuantes qui explique suffisamment ces luttes judiciaires, et même l'ardeur déployée parfois par les gens d'affaires. Tel, cet huissier des Visitandines qui, allant faire des offres en leur nom à Pont-du-Château, est accueilli à coups de pieds et de poings, riposte à coups de canne accompagnés de vigoureux soufflets, et termine la lutte, comme dans les *Plaideurs,* en consignant le tout, dûment certifié, dans son procès-verbal (1).

Tout compte fait, il devait rester peu de chose aux religieuses chaque année. Vers 1700, elles estiment leur revenu à 2,371 livres 4 sols et leurs dépenses à 1,800 livres. C'est donc avec 571 livres 4 sols qu'il leur faut subvenir « à la subsistance et entretien de trente-trois professes du voile

---

(1) Exploit du 3 octobre 1720, I. II-1. Le plus clair du fonds des Visitandines aux archives départementales se compose de pièces de procédures. Voir pour le procès contre les consuls de Riom (il s'agit d'impôts), les registres municipaux de 1703 et de 1704. La ville perd : elle veut aller en cassation !

noir et de sept converses. » Problème bien difficile ! Aussi, en 1727, exposent-elles à l'intendant que « bien loin que le fonds puisse excéder, au contraire, il marque tous les ans 2,500 livres à peu près. »

Ces déclarations sont-elles suspectes ? Nous ne le pensons pas. En récapitulant les divers chefs de dépenses plus haut énumérés et en laissant de côté les frais des procès et les contributions extraordinaires, qui ne pouvaient être prélevés sur les revenus, nous trouvons que la Communauté devait dépenser annuellement 9,000 livres environ. Or, son revenu atteignait difficilement cette somme. A l'approche de la Révolution, les fermages de tous ses biens, joints aux intérêts de ses créances, ne s'élevaient qu'à 6,575 livres. Le déficit pouvait à grand'peine être couvert par les pensions des élèves et des dames retirées, et par le travail manuel des religieuses. Les dots des novices et les libéralités faites au couvent étaient chargées d'y faire face.

L'origine de cette gêne réside, selon nous, dans la construction trop grandiose de leur monastère du fauboug de Mozat. En dépit de leurs efforts, les dépenses énormes de cette époque pesèrent toujours sur elles, — tellement que, jamais depuis, elles ne purent achever l'œuvre commencée, ni même se donner une église véritablement digne de ce nom.

Il ne sera sans doute pas sans intérêt de terminer ce chapitre, consacré à la situation matérielle de notre Communauté, par l'extrait du procès-verbal d'estimation des biens du monastère, dressé en 1790, après leur confiscation, sur l'initiative « du Conseil général de la ville de Riom. » Voici, d'après ce document, quelle était alors la consistance des forces actives du couvent :

I. En immeubles :

1° La maison conventuelle, église, boutiques attenantes, circonstances et dépendances, jardin et pré-verger, le tout formant enclos, de la contenance de 4 septerées, estimé au denier 22. . . . . 12,000 l.

2° Plusieurs héritages, prés-vergers, terres, deux petites maisons et un routoir à chanvre, affermés 1,000 l.; imposition, 100 l.; reste au denier 22. . . . . 22,000 l.

3° Un moulin farinier à deux roues, deux parcelles de terre et un petit jardin, affermés 28 septiers froment, évalués 312 l., impositions et réparations 112 l. Reste net 200 l. au denier 20. 4,000

4° Une terre d'entour 3 septerées à la Beaumette, affermée 100 l., impositions 11 l. Reste net 89 l., au denier 22. 1,958

5° Un enclos d'entour 6 septerées, appelé clos Champredon, en cette ville, affermé 650 l. Impositions, 71 l. 10 s. Reste 578 l. 10 s. au denier 22. 12,727

6° Une terre en cette ville, au terroir de Couriat, d'une septerée, affermée 36 l. Impositions 4 l. Reste 32 l. au denier 22. . . . 704

7° Deux journaux de pré au Marais, affermés à Antoine Bœuf 100 l. Impositions 11 l. Reste 89 l. au denier 22. 1,958

8° Douze œuvres de vigne à Bourrassol, quatorze à Chauriat, vingt-trois à la Beaumette, du produit de 200 l. Impositions 22 l. Reste 178 l. au denier 22. 3,916

9° Douze œuvres de vignes en deux pièces à Châteaugay, terroir des Cottes, affermées 40 l. Impositions 4 l. 4 s. Reste 35 l. 16 s. au denier 22. 780

10° Entour dix œuvres de vigne, mêmes appartenances, qui avaient été données à percière, et actuellement abandonnées. . . . *Mémoire.*

11° Le domaine appelé d'Auranche, situé dans la paroisse de Cellule, composé de terres labourables, prés et pachers, au labourage de quatre paires de bœufs, affermés 100 septiers froment, 1,200 l., — 10 septiers seigle, 200 l., — 15 septiers orge, 90 l. Total 1,490 l. Impositions, 164 l. Reste net 1,328 au denier 22. . . . . 29,172 l.

         Total. . . . 88,215 l.

II. En rentes perpétuelles :

Rentes dues par la ville de Riom.	332 l.
— par M. Girard du Rouzet.	125
— par M. de Saint-Cirgues.	190
— par les héritiers Charles.	25
— par le Présidial de Riom.	140
— par la veuve Duteil sur une maison. .	220
— par la veuve Fayolle.	90
— par le sieur Clément.	100
— par le sieur Valeix.	100
— par le sieur Achon, de Champeix. .	50
— par le sieur Dumontel, de Saint-Domet.	150
— par M. Fondary.	50
et finalement une autre par le sieur Bergounioux.	75
Total.	1,647
Impositions.	181
Reste net.	1,466

Au denier 15. . . . . 21,990 l.

Immeubles. . . . . 88,215 l.
Rentes 21,990

 Total net d'impôts. . . . . 110,205 l.

Les impôts étaient sur les immeubles de. . 499 l. 14 s.
   — sur les rentes de. . . . 181

      Total. . . . . . 680 l. 14 s. (1).

(1) Extrait du registre de soumission du Conseil général de la ville de Riom pour l'acquisition de quatre millions de biens nationaux, 1790 (archives municipales).

CHAPITRE XVI

La Révolution (1789-1818)

Cependant la Révolution était venue, et avec elle toutes les mesures, — fruit naturel de l'esprit de secte, — dirigées contre Dieu et contre ce qu'il aime le plus en ce monde, la liberté de son Eglise (1).

Une des premières mesures de l'Assemblée nationale, en cette matière, fut, on se le rappelle, avec la mise à la disposition de la nation des biens du clergé et des Ordres monastiques, la prohibition des vœux pour l'un et l'autre sexe, et la faculté pour les religieux de sortir de leurs couvents, à la seule charge de faire leur déclaration devant la municipalité du lieu. Ceux qui ne voudraient pas profiter de cette disposition seraient obligés de se retirer dans des maisons spécialement désignées par le Gouvernement. Il était toutefois permis aux religieuses qui voudraient continuer à vivre en commun, de rester dans les couvents où elles se trouvaient, — par exception à la règle qui contraignait les religieux à réunir plusieurs maisons en une seule (décrets du 24 novembre 1789, 13-19 février 1790).

En exécution de ces lois, tous les couvents riomois d'hommes furent fermés, et leurs biens nationalisés. Pour les maisons de femmes, elles restèrent ouvertes, mais leurs biens demeurèrent confisqués.

Enfin, les religieuses eurent à déclarer devant la munici-

---

(1) *Nil magis diligit Deus in mundo quam libertatem Ecclesiæ suæ* (S. Anselme).

palité si elles entendaient ou non continuer à vivre dans le cloître. Avec une unanimité touchante, toutes les Visitandines, — sauf deux, — affirmèrent leur inaltérable attachement à la règle, et leur désir de mourir dans la maison où elles étaient librement entrées. Les deux protestataires se nommaient Jeanne-Rosalie Garnier et Marie-Procule Papon, professes, l'une du 8 juillet 1764 et l'autre du 20 août 1758 (1). Elles purent quitter le monastère en emportant le mobilier qui garnissait leurs cellules et les effets à leur usage, le tout en suite de l'autorisation donnée par la municipalité, le 22 janvier 1791, et en présence d'un chanoine, prêtre assermenté et officier municipal (2).

Après avoir ainsi attesté solennellement leur volonté de demeurer fidèles à leur Ordre, les religieuses pouvaient espérer qu'on leur en faciliterait les moyens. Mais l'Etat ne tarde pas à les inquiéter de nouveau. S'immisçant jusque dans l'administration intérieure des Communautés, il ordonne aux municipalités de faire procéder, dans toutes les maisons religieuses établies dans leur ressort, à la nomination de supérieurs et d'économes élus sous leurs yeux. Le 6 janvier 1791, la municipalité de Riom s'empresse de déférer à cette injonction. « M. Soubrany, maire, expose que la loi concernant les religieux, les religieuses et les chanoinesses séculières et régulières avait été envoyée hier officiellement ; que l'article 26 du titre II porte que les religieuses qui auront préféré la vie commune tiendront, dans les huit premiers jours de ce mois, une assemblée qui sera présidée par un officier municipal,

---

(1) Registre des délibérations tenues à l'hôtel de ville de Riom, 29 mars 1790. Ce détail nous a été communiqué par M. Marc de Vissac, qui, plus heureux que nous, a pu consulter ce registre, aujourd'hui égaré ou disparu. L'absence de cette pièce est d'autant plus regrettable que les archives municipales contiennent les registres relatifs à toutes les autres congrégations d'hommes ou de femmes de la ville, sans exception. Lire toutefois aux annexes (II-2°) la liste des religieuses Visitandines « qui ont demeuré de commun dans le couvent » jusqu'à l'exécution de la loi du 16 août 1792.

(2) Registre des délibérations de la commune de Riom, 1791. — Archives municipales.

et dans laquelle elles doivent procéder, au scrutin et à la pluralité absolue des suffrages, à la nomination d'une supérieure et d'une économe, et qu'il n'y avait pas de temps à perdre pour se conformer à la lettre du décret. Sur quoi il est arrêté que, dès demain, sept du présent mois, un officier municipal irait présider l'assemblée des religieuses dites de Notre-Dame ; que, le surlendemain, 8, il présiderait aussi celle de la Visitation ;... et que les supérieures desdites Communautés religieuses seraient prévenues sans aucun délai de la mission que la municipalité avait à remplir dans leurs maisons respectives (1). »

Nous n'avons point retrouvé le procès-verbal de cette élection : une pièce, presque contemporaine, — elle porte la date du 28 janvier 1791 (2); — nous a seulement appris que la Mère Dufraisse du Cheix était à ce moment supérieure de la maison ! L'ingérence des représentants du Pouvoir n'avait donc pu influencer le libre choix des religieuses, ni déterminer leurs suffrages en faveur d'une autre de leurs compagnes que celle qui avait déjà été honorée de leur confiance au temps et dans les formes marqués par leurs règles !

Mais cette mesure n'était que le prélude d'autres dispositions, tout aussi mesquines et plus inquisitoriales.

Les prêtres qui avaient refusé de prêter le serment à la Constitution civile du Clergé, — les réfractaires, comme on les appelait, — s'étaient aussitôt séparés de ceux de leurs confrères qui ne s'étaient pas crus obligés de les suivre dans cette voie du devoir et du sacrifice. Ils avaient rompu tout rapport avec eux, et ils refusaient de célébrer les saints mystères dans les églises paroissiales, desservies par les curés assermentés. — Ils se rendaient dans les chapelles

---

(1) Registre des délibérations de la commune de Riom, 1791. — Archives municipales.

(2) Cette pièce est un reçu donné par la Mère Dufraisse à M. Chabrol, conseiller d'Etat, de la somme de 150 livres pour une année de la pension viagère, échue le 8 décembre précédent, qu'il payait à Anne-Angélique Chabrol, sa fille, religieuse à la Visitation (Archives de la Visitation de Riom).

des maisons religieuses pour les y accomplir en paix et en liberté. Cette conduite attire bientôt sur eux et sur les monastères la colère des directoires.

Le 24 juin 1791, le Directoire du département du Puy-de-Dôme, « considérant que l'affectation des prêtres non conformistes à fréquenter exclusivement les églises des ci-devant religieuses pourrait donner lieu à des assemblées secrètes qui répandraient l'inquiétude dans le public ; que l'œil des ministres de l'exécution de la loi ne peut se diviser de manière à surveiller ces églises particulières ; que le bien de la tranquillité publique commande impérieusement de prévenir les alarmes et mêmes les soupçons des bons citoyens ; qu'il est libre aux prêtres non conformistes de célébrer la messe dans les églises paroissialles ; qu'au reste, ils ont, avec ceux qui partagent leur opinion, la faculté de construire, acquérir et ouvrir une église sous les conditions exprimées par le décret du 7 mai, arrête que, dans le jour de la notification, les municipalités devront s'emparer des clefs des portes extérieures des églises destinées aux religieuses ; que leur aumônier sera tenu d'entrer par une porte intérieure qui sera à la disposition des religieuses, auxquelles il est fait très-expresses défenses d'admettre d'autres personnes que celles de leur maison. »

Le 27, cet ordre arrive à Riom : en un instant, la municipalité a dressé son plan de campagne. Le maire et le procureur de la commune se chargent de l'exécuter envers les Carmélites et les religieuses de Notre-Dame, — et des officiers municipaux à l'encontre des Hospitalières et des Visitandines (1).

Les volontés du Directoire sont accomplies de point en point. Dès ce moment, les portes de la petite église Sainte-Marie demeurèrent fermées aux fidèles, et le corps de la Mère de Bréchard cessa d'être l'objet de la vénération publique.

(1) Registre municipal, 1791.

Quelques jours après, la mesure s'aggrave. La chapelle de l'hôpital général n'avait pas été comprise dans la proscription du 27. Les prêtres réfractaires en avaient profité pour y aller dire leurs messes. Le 3 juillet, la municipalité s'assemble en toute hâte, sur l'avis qu'elle reçoit le matin même du Directoire du département, et « pour le bien de la Révolution (sic) » délibère qu'à partir du lendemain il ne pourra être dit à cette chapelle qu'une seule messe par jour ; — cette messe sera célébrée, les jours ordinaires, dimanches et fêtes, par des prêtres assermentés ; — sous aucun prétexte, il ne pourra être délivré d'ornements sacerdotaux à d'autres ecclésiastiques. En outre, « comme il pourrait arriver que plusieurs prêtres s'introduisissent dans les églises des religieuses par la porte intérieure, et qu'il est expédient pour la tranquillité publique de prendre des mesures pour interdire aux prêtres non conformistes la fréquentation de ces églises, » — il est décidé que, dans ces églises, il ne sera de même célébré qu'une seule messe par jour et par l'aumônier titulaire. Toutefois, « par condescendance, » on daigne accorder que, les dimanches et fêtes chômées, il pourra être dit deux messes, à cause « des religieuses malades, infirmes ou empêchées. » Un officier municipal est encore chargé du soin d'exécuter cette délibération : pour plus d'assurance, il aura le soin de faire enlever sous ses yeux les cordes des cloches ; ainsi, « le public » ne sera-t-il même plus averti des heures des messes et offices des Communautés.

Les Visitandines souffraient en silence ces vexations, et ne s'en trouvaient que plus invinciblement portées à l'amour de leur profession.

C'étaient cependant pour elles des signes précurseurs et non équivoques d'une expulsion prochaine. Tous leurs biens étaient vendus (1) : seuls, le monastère et l'enclos attenant étaient restés en leur possession, d'après une disposition spé-

---

(1) Lire aux annexes le détail de ces ventes, XI.

ciale des décrets des 19-26 mars 1790. Mais combien ce droit était-il précaire ! L'importance de leur couvent, la remarquable distribution de ses services, sa situation privilégiée faisaient beaucoup d'envieux en un moment où les mesures de l'Assemblée, jetant dans la circulation une masse si considérable d'immeubles, avaient excité tant de convoitises. Et, chose redoutable ! au premier rang de ceux qui souhaitaient ardemment de devenir propriétaires du monastère figurait la municipalité. Elle avait été, dès l'abord, frappée des avantages qui pourraient résulter pour la ville de cette acquisition. Ainsi, le 31 décembre 1791, le maire avait proposé au Conseil de nommer une commission, chargée de vérifier si le couvent serait propre à l'établissement d'un Hôtel-Dieu. Le 11 janvier suivant, la commission, composée de M. Milanges, maire, et de quatre conseillers municipaux, rendait compte « de l'état de la maison et de toute sa localité, » concluait à l'adoption du projet, et demandait qu'on consultât les administrateurs de l'Hôtel-Dieu sur l'opportunité de ce transfert. En même temps, elle priait « Messieurs les administrateurs du district de suspendre la vente des boutiques adjacentes au monastère, donnant sur le faubourg. » A la poursuite de ce dessein, la municipalité se faisait, le 1er mai de l'an IV de la liberté (1792), adresser par un agent spécial, un rapport sur la situation du monastère, et ce rapport concluait ainsi : « Ce couvent est situé hors de la ville et à l'entrée d'une plaine étendue : sa position et son espace présentent un local avantageux pour un établissement d'instruction publique, un jardin des plantes, un jardin d'agriculture. » On ne pouvait plus formellement démasquer son intention de chasser au plus tôt les religieuses de leur demeure.

Aussi l'inquiétude était-elle mortelle au monastère : chaque jour, on craignait de voir arriver le décret d'expulsion. Les événements qui se précipitaient étaient de nature à confirmer ces appréhensions. Le 9 juillet 1792, — au moment où les premières nouvelles de guerre circulent, — les amis de la patrie sèment en ville le bruit que les religieuses de la cité ont converti leurs couvents en dépôts d'armes en faveur des émigrés et des Autrichiens. Aussitôt, la populace de s'ameuter et d'exiger avec cris et menaces que la municipalité opère une perquisition domiciliaire. En vain les officiers municipaux résistent et représentent que ce bruit est une fable dénuée de toute apparence de fondement : des filles, vouées par état à la clôture, n'entretenant aucune relation avec le monde, ne peuvent même songer à d'aussi noirs complots ! — Leurs discours demeurent inutiles. Leur peu d'inclination à répondre aux désirs du peuple est bientôt taxé de tiédeur : on les dénonce au Directoire départemental, et celui-ci, moins scrupuleux et sans doute aussi moins spirituel, leur intime l'ordre d'obéir aux injonctions de la foule.

La municipalité s'exécute, non toutefois (et c'est honorable pour elle) sans insérer sur les registres de ses délibérations la preuve qu'elle assume à regret la responsabilité de cette campagne odieuse et ridicule. « Considérant, dit-elle, que la dénonciation, faite sans preuve ni vraisemblance, annonce une inquiétude peu réfléchie, mais cependant assez forte pour que le Directoire en ait été affecté ; que les officiers municipaux doivent s'occuper, dans ce temps de révolution, à détruire les soupçons, quelque injustes qu'ils soient et dont l'effet pourrait tendre à la violation du droit des citoyens et du bon ordre, » elle décide que MM. Milanges, maire, et trois membres du Conseil visiteront chacune des maisons religieuses de la ville, à commencer le lendemain, et d'abord par la maison des Dames Carmélites. Est-il besoin de dire que la perquisition n'amena la découverte d'autres armes que celle de haires, cilices et chapelets ?

Cette violation de leur clôture était pour les religieuses riomoises le précurseur infaillible de leur dispersion prochaine.

Un mois après, — le 18 août 1792, — sur la proposition de Danton, étaient supprimées toutes les congrégations d'hommes et de femmes, même celles qui, vouées exclusivement au soulagement des malades, avaient bien mérité de la Patrie !...

Les Visitandines durent sans délai évacuer leur cher monastère Sainte-Marie, et abandonner ces vieux murs qui, depuis cent-quarante ans, avaient abrité les austérités et les vertus des filles de saint François de Sales ! A peine leur laissa-t-on le temps d'emporter leurs vêtements et le modeste mobilier de leurs cellules. Il leur fut interdit de partager les dépouilles de leur chapelle, — et elles durent laisser à l'abandon le corps de leur Mère de Bréchard !... Les expulseurs précipitaient leur départ : la municipalité avait hâte de voir le couvent vide et libre, pour traiter, en vue de la fondation d'un établissement laïque, avec l'Etat qui en devenait propriétaire.

Chassées d'une demeure, où plusieurs d'entre elles vivaient depuis quarante et cinquante ans, les Visitandines riomoises se dispersèrent un peu partout. Nous n'avons pu retrouver la trace de toutes celles qui habitaient alors le cloître Sainte-Marie.

Une des pièces comptables des dépenses du culte nous a cependant fourni les renseignement suivants : la Mère Thérèse-Madeleine Dufraisse se retira à Brioude ; la Sœur Marie-Françoise Fayolle, à Ambert ; les Sœurs Marie Bertrand, Louise Achon, Marie-Thérèse la Salle et Marguerite Fondary, à Issoire ; Françoise-Amable Bergounioux et Anne Strope, à Thiers ; Louise Dumontel, à Aubusson ; et Marie-Michelle Laurent, converse, à Clermont (1).

Vraisemblablement, la plupart retournèrent dans leur pays d'origine et auprès de leurs familles. Quelques-unes demeurèrent à Riom : c'est ainsi qu'en l'an II (1793-1794), la municipalité de cette ville délivra des certificats de civisme à un grand nombre de religieuses habitant la ville, parmi lesquelles nous relevons les noms de « Jeanne Rigaud, Marie-Suzanne Chabrol, les deux Chalus, Madeleine Lagodine, » de la Visitation.

(1) Archives de la Préfecture.

Ces religieuses n'avaient obtenu cette pièce qu'en se conformant à l'article 12 de la loi des 11-12 août 1792, qui imposait à tout citoyen français de jurer « de maintenir la liberté et l'égalité, ou de mourir en les défendant. » Le gouvernement républicain attachait un grand prix à la prestation de ce serment, qui lui semblait, malgré la généralité de ses termes, impliquer l'approbation de toutes les mesures révolutionnaires. Il l'exigeait de la part de toutes les personnes, même des femmes autrefois vouées à la profession religieuse. La municipalité riomoise secondait de son mieux ces vues du pouvoir central, et prenait délibérations sur délibérations pour amener et faciliter au besoin l'accomplissement de cette formalité par les ci-devant religieuses. Elle décide même, dans cette intention, de tenir séance tous les jours, et deux fois par jour, jusqu'au décadi 22 ventôse an II, à midi, dernière heure du délai accordé par la loi. Les citoyennes Taitbout et Archon, ci-devant Carmélites, ne pouvant, à cause de leur état d'infirmité, se transporter à la mairie, où le serment, en raison « de sa solennité et de son importance, » était prêté en présence du conseil général de la Commune, — le maire se rend chez elles pour le recevoir..... (1) Grâce à ces mesures, presque toutes les religieuses restées à Riom se soumirent à cette obligation, — et obtinrent ainsi de n'être point par trop inquiétées.

Malgré la formule toute politique de ce serment, certaines religieuses regrettèrent de l'avoir prêté, et le rétractèrent publiquement. Le 1er pluviôse an III, le représentant du peuple Musset, délégué dans le département, demande au Comité révolutionnaire du district la liste de celles qui ont tenu cette conduite. La municipalité répond que cinq sont dans ce cas : les citoyennes Desserteaux ; Barbat, tante ; Barbat, nièce ; Montjoly ; Brizard-Mighon. Aucune d'elles n'était de la Visitation de Riom.

Cependant, le régime de la Terreur avait disparu, emporté

---

(1) Délibérations des 7, 24, 26, 29 pluviôse, 6, 17 ventôse an II.

par le ruisseau de sang dont il avait ouvert les sources.....
A son tour, le Directoire expirait au sein de l'indifférence et du dégoût général..... Un nouveau gouvernement naissait. Il ouvrait aussitôt une ère de paix aux catholiques en leur permettant de restaurer leurs croix abattues, leurs autels brisés et leurs sanctuaires profanés. Bientôt, les Communautés religieuses, cette partie essentielle et intégrante de l'Eglise, essaient de se reconstituer, et de reprendre le joug de leurs règles.

Les Visitandines furent des premières à le tenter. Dès 1803, dans notre région, un certain nombre de religieuses de l'ancien monastère de la Visitation de Brioude se rassemblaient dans cette ville « en la maison des ci-devant Capucins, » et appelaient autour d'elles celles de leurs sœurs des couvents avoisinants qui avaient survécu aux désastres de la Révolution, et à qui les circonstances permettaient de recommencer la vie commune. « Plusieurs membres dispersés des monastères de Clermont, de Montferrand, de Thiers, de Billom, et même de Tulle, » répondaient à cette invitation. Une seule professe de Riom s'était jointe à elles : c'était Sœur Marie-Françoise Fayolle, originaire de Saint-Amant-Roche-Savine, qui avait pris l'habit le 26 février 1775 et le voile le 21 avril 1776. Elle avait rempli durant de longues années l'emploi d'infirmière à la maison de Riom, et, lors de l'expulsion, s'était retirée à Ambert. On racontait qu'en 1793, pour avoir manifesté trop ardemment ses convictions dans cette ville, elle avait été incarcérée pendant quelque temps. Ainsi, le couvent riomois était-il dignement représenté dans cette réunion de saintes Visitandines : grâce à la vénérable religieuse, son souvenir ne disparaîtrait pas, — et ses traditions se maintiendraient intactes jusqu'au jour prochain où il renaîtrait à son tour de ses cendres.

CHAPITRE XVII

Les restes de la Mère de Bréchard et la Révolution (1789-1818)

Qu'étaient devenues, au sein de cette tourmente, les reliques de la Mère de Bréchard ? Abandonnées dans la chapelle du monastère, en 1792, lors de l'expulsion des religieuses, elles y restèrent paisiblement jusqu'au jour où, sur la proposition d'un patriote, la « Société populaire » fixa dans l'église le siège de ses séances (29 pluviôse an II). Les orateurs se succédaient à la tribune, et sans doute la motion de jeter au vent les cendres de la sainte allait émaner de l'un d'eux, — quand tout à coup éclata à nouveau la merveille que tant de fois déjà avait opérée la précieuse dépouille. De sa châsse partit « une odeur très-suave, qui embauma toute la salle, et fut sentie par la populace accourue à la réunion, ce qui inspira un certain respect et empêcha qu'on ne touchât le corps qu'on voyait entier à travers les vitres de la bière. »

Le bruit de cet événement se répandit aussitôt dans la ville, et ramena, malgré la proscription du culte, un nombreux concours de vénérateurs devant les restes de la Visitandine. Enhardies par le défaut de surveillance, certaines personnes allèrent même jusqu'à ouvrir la châsse, et à enlever, les unes « la peau des reins » de la bienheureuse, les autres quelque partie de ses membres ou de son corps. Pour arrêter ce mouvement populaire, le curé constitutionnel de Saint-Amable, l'abbé Tailhand, s'offrit à faire transporter le corps de la Mère de Bréchard au cimetière de la paroisse.

Deux Sœurs converses de la Visitation, Françoise-Catherine Merle et Marie-Michelle Laurent, dont l'une, la Sœur Laurent, s'était retirée à Clermont, et l'autre, la Sœur Merle, était demeurée à Riom, s'alarment à cette proposition. Elles se concertent avec quelques personnes, admiratrices des vertus de la sainte Mère, et forment le dessein d'enlever secrètement le corps : pour le soustraire à toute profanation, elles le déposeront dans le caveau du monastère, placé au-dessous d'une des chapelles latérales de l'église. Avec l'aide « d'un boulanger, le sieur Armand, » en la possession de qui se trouvaient les clefs du couvent, elles peuvent mener leur entreprise à bien sans incident. Toutefois, l'opération ne s'accomplit pas sans que les vitres de la châsse fussent entièrement brisées, et le corps tout « fracassé. »

C'est dans cette funèbre demeure, au milieu des cercueils de ses filles décédées au couvent, que les restes de la Mère de Bréchard passèrent les années qui suivirent, sans que personne pensât à les y chercher... Les pieuses converses, qui les y avaient déposés, ne les oubliaient pas cependant, et elles désiraient fort les voir exposés comme auparavant à la vénération publique. En 1803, après le rétablissement du culte, elles songèrent à les retirer du caveau. Ne pouvant exécuter seules ce projet, elles s'adressèrent pendant deux longues années, « par des sollicitations pressantes, » aux personnes qu'elles espéraient devoir leur être favorables. Mais, soit indifférence, soit crainte de se compromettre, nul ne se souciait de les aider dans leur dessein. Elles réussirent enfin à gagner le gardien de l'ancien couvent qui, le 16 février 1805, les introduisit dans le caveau, en compagnie de Jeanne Feuillarade, nièce de la Sœur Merle, du boulanger Armand et du sieur Jean-Baptiste Grange, propriétaire à Riom.

Elles eurent bientôt reconnu le corps de leur Mère bien-aimée. Elles s'attendaient à le revoir dans l'état où elles l'avaient vénéré tant de fois sous la grille du chœur du monastère. Mais, hélas ! mutilé par les divers retranchements qu'on lui avait fait subir en 1794, il n'était plus dans l'état d'intégrité où il s'était conservé si longtemps ! « Les chairs étaient presque toutes consumées. » Néanmoins les formes du corps apparaissaient très nettement, « les doigts des pieds étaient presque entiers, » — mais « d'abord qu'on toucha la sainte Mère, elle tomba en poussière. » Chacun alors se précipite sur les ossements et emporte avec soi « ce qu'il peut attraper. » Les Sœurs converses s'emparent « du chef, de plusieurs petits ossements (deux os latéraux du bassin, le brachial ou humérus, le radius, un tibia, une côte flottante) et des restes des vêtements qui enveloppaient le corps. » M. Grange recueille le scapulum, les cinq premières vertèbres cervicales, deux vertèbres dorsales, une portion de côte flottante, le fémur, une petite portion d'ossement informe, et deux petits morceaux de la croix de bois qu'on avait placée sur la poitrine de la Bienheureuse.

Fières d'emporter ce précieux dépôt, les Sœurs Merle et Laurent les placent avec respect chez elles, dans « une boîte qui avait servi plusieurs années de tabernacle, » et qu'elles avaient sans doute pu sauver des dépouilles de l'église. Quant au sieur Grangé, il cache soigneusement chez lui les ossements qu'il avait pu prendre.

Encore qu'elle eût été accomplie en secret, cette expédition fut rapidement connue des amis de la Mère de Bréchard, et notamment des anciennes Visitandines de Riom, que la tempête avait chassées de leur cloître. Aussi, lorsqu'elle fut installée au couvent restauré de Brioude, la Sœur Fayolle s'empressa-t-elle de raconter à ses nouvelles compagnes que le corps de la Mère de Bréchard n'avait pas en entier péri dans la Révolution. L'admiration profonde professée de tout temps par l'Institut pour la vénérable religieuse fit naître dans la nouvelle Communauté le désir bien naturel de posséder celles de ses reliques qui avaient été conservées, et de continuer à les entourer de ce respect filial dont le corps de la sainte avait été l'objet durant cent cinquante ans au couvent de Riom. La Sœur Fayolle fut chargée de négocier avec les Sœurs Merle et Laurent, et d'obtenir d'elles la cession au couvent de Brioude des ossements de la sainte fondatrice.

Elle s'acquitte avec bonheur de cette mission, et l'on s'imagine facilement avec quels accents suppliants elle conjure ses anciennes compagnes, « au nom de la considération qu'elles pouvaient avoir pour elle et des services qu'elle leur avait autrefois rendus, » de lui envoyer ces précieux restes. Les converses ne pouvaient résister à cette demande. Y avait-il alors apparence que le monastère de Riom se reconstituât ? Et les saintes reliques ne seraient-elles pas à la fois plus en sûreté et mieux vénérées dans un couvent de la Visitation que chez ces pauvres filles, déjà accablées par l'âge et les infirmités ?

Elles cèdent à leur piété, et « malgré le grand sacrifice » que cet envoi leur coûte, elles indiquent, par lettres des 28 et 30 janvier 1806, aux Visitandines de Brioude qu'elles leur adressent, par une voie sûre, le chef et les ossements de la Mère de Bréchard recueillis l'année précédente. A ce moment-là, sans doute, elles joignirent à l'envoi les vêtements que portait le corps au moment de sa reconnaissance, un parement d'autel brodé par la Mère de Bréchard, et un autographe de celle-ci, daté de Moulins, 18 mai, que possède encore à l'heure actuelle le monastère de Brioude.

Les reliques furent reçues avec un respect et une joie indicibles, et placées en honneur dans le chœur du couvent par la supérieure, la Mère Cousserand, et par la Sœur Fayolle. En les voyant, cette dernière se croyait revenue au monastère de Riom : n'avait-elle pas près d'elle l'objet sur lequel se concentraient uniquement tous les regards dans cette maison aimée et bénie ?.... (1)

Le temps était proche où la Mère de Bréchard, exilée de sa chère ville de Riom, allait y rentrer pour y présider de nouveau aux destinées de ses filles de la Visitation.

(1) Ce chapitre a été en entier écrit d'après des documents originaux et inédits appartenant au monastère actuel de la Visitation de Riom. Ces pièces émanent des personnes mêmes qui ont été les acteurs ou les témoins oculaires des faits qui viennent d'être racontés. Le vicaire général du diocèse les a visées, en 1839, pour leur imprimer le caractère de l'authenticité, — et à cette époque certaines des religieuses qui les avaient recueillies vivaient encore et pouvaient attester leur parfaite sincérité.

CHAPITRE XVIII

La nouvelle Visitation (1817-1892)

Bientôt, en effet, la restauration du couvent riomois de la Visitation devait être un fait accompli.

La Sœur Marie-Eulalie Montel, professe de l'ancien monastère de Clermont, était restée dans cette ville depuis la dispersion de sa Communauté. Désireuse de la reconstituer, elle multipliait les démarches auprès de l'autorité ecclésiastique pour obtenir le rétablissement d'une Visitation à Clermont. Mgr Duvalk de Dampierre eût ardemment souhaité de répondre à ses désirs. La réapparition des Communautés religieuses dans son diocèse ne pouvait, en effet, que contribuer au relèvement et au maintien de la foi. Mais des obstacles nombreux, la difficulté entre autres de trouver un local suffisant pour un prix raisonnable, s'opposaient à la poursuite d'un pareil dessein dans la ville de Clermont.

Le prélat, toutefois, pensait que ces obstacles pourraient être plus facilement surmontés dans une autre cité, notamment à Riom, qui avait aussi possédé une Visitation, et où l'on serait assuré de rencontrer un appui bienveillant auprès des autorités de la ville, dénuée, depuis la Révolution, de tout établissement d'instruction pour les jeunes filles des classes élevées. Il conseilla donc à la Sœur Montel de songer à la restauration de la Visitation riomoise, et, pour l'aider dans son pieux projet, il la renvoya à M. Dalbine, aumônier de l'hôpital.

C'était lui donner un précieux auxiliaire. Exerçant à Riom son ministère de paix depuis la promulgation du Concordat, M. Dalbine jouissait, en effet, d'un ascendant considérable sur la cité. Nommé, à cette époque, succursalier de l'église du Refuge (1), il avait été, lors de la suppression de cette chapelle, choisi pour desservir l'important hôpital de la ville, et allait bientôt être porté, par le vœu unanime de la population, à la cure de Saint-Amable.

A peine a-t-il connu le désir de son évêque et reçu les ouvertures de Mme Montel, qu'il se met à l'œuvre sans tarder, et va directement au but. Une jeune fille d'une maison bourgeoise de Riom, Mlle Chassaigne, souhaitait prendre le voile de Visitandine : elle venait précisément de partir pour Brioude afin d'essayer sa vocation au couvent de cette ville. Il lui écrit aussitôt (2) et la prie de s'informer auprès de la supérieure, la Mère Cousserand, si elle voudra se charger de l'envoi d'une colonie à Riom. Il s'assurait ainsi un excellent avocat, — car il savait que Mlle Chassaigne serait très heureuse d'entrer en religion dans sa ville natale. Il comptait aussi sur la vieille Sœur Fayolle, dont le cœur était toujours vivement attaché à ses souvenirs riomois. Il avait raison d'être optimiste. Un voyage à Brioude acheva ce qu'avait heureusement commencé sa correspondance. Il décida même la Mère Cousserand et son économe, la Sœur Celeyron, à le suivre à Riom, afin de choisir elle-mêmes le local du nouvel établissement, et d'indiquer la marche à suivre pour son aménagement.

Ce choix était le point le plus délicat de l'entreprise. L'ancien monastère Sainte-Marie fut d'abord l'objet de leurs convoitises. Pieux et louable sentiment ! Qu'il eût été doux et consolant d'y renouer les anciennes traditions ! Le fil n'en eût pas été interrompu. Mais démembré en mille portions, ce couvent n'eût pu être reconstitué : la partie la plus importante de ses bâtiments était convertie en caserne. Comment triompher de ces difficultés ? On dut renoncer au projet. Aussi

---

(1) Lire son procès-verbal d'installation, à la date du 23 floréal an XI dans les registres de la municipalité.

(2) Lettre du 27 juillet 1817.

bien, se présentait au même moment une occasion qu'il importait de saisir.

L'ancien couvent des chanoines réguliers de Sainte-Geneviève, qui s'étaient installés, en 1661, à l'entrée du faubourg de la Bade et sur les confins de la célèbre promenade riomoise, le Pré-Madame, était en vente, et pouvait satisfaire à toutes les exigences de la fondation. Il avait été destiné, dès le début de la Révolution, à être converti en marché au blé, et avait été acheté par la ville dans ce but. Plus tard, le choix de la municipalité pour l'érection de la halle s'étant porté sur l'emplacement du cuvage du Chapitre de Saint-Amable et du couvent des religieuses de Notre-Dame, — il fut démoli en partie. Ses matériaux furent utilisés pour la construction du nouveau monument et à la réfection des chemins du faubourg de la Bade ; le sol en fut annexé au Pré-Madame, « qui servait alors aux exercices des armes et des cérémonies publiques. » Pour la porte en pierre de l'église, elle fut placée « à la porte d'entrée de la cour du palais de justice (1). »

Les bâtiments qu'on avait conservés ne pouvaient être utilisés par la ville. Elle les revendit à un homme de loi, qui bientôt voulut à son tour s'en défaire. Les amis de la Visitation, et parmi eux M. des Aulnats, maire, et M. Pierre de Vissac, célèbre avocat, qui secondaient de toute leur influence les démarches de M. Dalbine, conseillèrent de traiter aussitôt. Conformément à leur avis, le contrat était signé le 29 décembre 1817, et la nouvelle Visitation était fondée !

Cette importante affaire conclue, la Mère Cousserand retourne à Brioude avec sa compagne, laissant au dévoué M. Dalbine le soin de parachever son œuvre. Le vénérable aumônier s'y employa avec tant de zèle, qu'à la fin de février 1818, le nouveau monastère était en état de recevoir

---

(1) Consulter, pour les vicissitudes du couvent des Génovéfains, les délibérations municipales des 3 novembre 1790, 26 mai 1791, 21 mars, 11 mai, 10 juillet, 22 septembre 1792, 15 janvier 1793, 25, 29 fructidor an II.

ses hôtes. La maison de Brioude choisit alors les religieuses qui iront peupler le cloître riomois. Elle élit de préférence les Sœurs originaires du diocèse, — et, le 1er mars (1818), les six religieuses désignées prennent la route de leur nouvelle résidence.

C'était d'abord la Sœur Jeanne-Agnès Celeyron, l'économe qui avait accompagné la Mère Cousserand dans son voyage à Riom, et qui était déjà fort appréciée dans la ville. Originaire d'Ambert, elle avait, avant la Révolution, fait profession au couvent de Billom. Dès la fin de la tempête, elle s'était hâtée de reprendre le voile, et, depuis dix ans déjà, elle édifiait ses compagnes de Brioude par la régularité de sa vie et la perfection de ses vertus. Sans hésitation, on lui avait confié la direction de la nouvelle Communauté.

Elle emmenait avec elle une de ses anciennes compagnes de Billom, la Sœur Marie-Thérèse Brumon, rentrée à Brioude depuis quatorze ans, deux professes de Clermont, les Sœurs Marie de Chantal de Roquelaure et Thérèse-Joséphine Barthomivat des Paleines ; et une de Montferrand, la Sœur Marie-Sophie Tartière. La Sœur Marie-Eulalie Montel faisait naturellement partie de la Communauté, qui s'était complétée par la Sœur Marie-Agnès Védrine, prêtée par le monastère de Saint-Flour jusqu'au jour où la maison serait suffisamment pourvue de sujets.

Un membre manquait à la jeune congrégation : la Sœur Fayolle !... Son grand âge et la maladie l'avaient empêchée de s'adjoindre à ses compagnes : ses regrets n'en étaient que plus vifs. Que de larmes d'attendrissement elle versa en donnant et en recevant le baiser d'adieu ! Avec quelle ardeur elle forma des vœux pour le succès de l'entreprise ! Une pensée, toutefois, tempérait l'amertume de sa douleur : la Mère Celeyron emportait avec elle les reliques de la Mère de Bréchard, qui allait ainsi bénir la nouvelle fondation ! En femme de cœur et en digne fille de saint François de Sales, la Mère Cousserand avait compris qu'elle n'avait pas le droit de conserver à Brioude ce précieux dépôt, alors que la maison de Riom se relevait de ses ruines. Elle avait donc remis solennellement à la Mère Celeyron le chef de la vénérable amie de sainte Chantal et les autres ossements qu'elle avait reçus, — conservant, toutefois, pour son monastère, un fragment considérable de l'humérus, une dent soigneusement enchâssée dans un étui d'argent, fixé lui-même dans une boîte du même métal et portant les initiales J. C. B., des morceaux de vêtements, le parement d'autel brodé par la Bienheureuse et son autographe de Moulins, ainsi qu'une copie du *Veni Creator,* écrite de sa main.

Les religieuses partirent le 1er mars et arrivèrent à Clermont le 3, de grand matin. Elles se rendaient immédiatement à l'évêché, où elles étaient bénies et encouragées par Mgr de Dampierre, qui leur donnait pour supérieur M. Cailhot de Bégon, son vicaire général, chargé de les accompagner à Riom.

Le même jour, elles entraient dans leur nouvelle résidence, établissaient la clôture et ouvraient, à la grande satisfaction de la ville, un pensionnat, où accoururent rapidement les enfants des meilleures familles de la cité et des environs. On leur demanda avec instance d'accepter des externes : la Mère Celeyron, quelque regret qu'elle en eût, opposa les règles de l'Institut : elles étaient formelles. Il fallut se résigner et se contenter du pensionnat. Enfin, le 16 août, la supérieure était confirmée canoniquement dans le gouvernement de la maison, — et la Communauté se soumettait, dans toute sa rigueur, à l'observance des règles.

Les premières années, comme celles de toutes les œuvres à leurs débuts, furent pénibles et laborieuses. Il y eut d'abord les embarras financiers. On avait dû payer comptant une partie du prix d'acquisition : on n'y était parvenu que grâce à la générosité de Mlle Chassaigne, qui avait donné 4,300 fr. et son cautionnement solidaire, grâce aussi au dévouement fraternel du couvent de Brioude, qui avait avancé 18,000 fr. Les succès rapides du pensionnat permirent d'éteindre ces dettes en peu d'années. Il y eut ensuite la crainte de ne pas recevoir une quantité suffisante de novices. Elle fut de courte durée, — car bientôt de nombreuses jeunes filles venaient s'enrôler sous la bannière de sainte Chantal. Mlle Chassaigne donna l'exemple, en prenant le voile sous le nom de Marie-Amable. Son dévouement pour la maison, au reste, ne connaissait pas de bornes : ainsi, à l'arrivée des Sœurs, elle avait fait dans une ville une quête dans le but d'acheter les vases sacrés de la chapelle : et en entrant au couvent, elle apporta avec elle tout son mobilier. Cette ardeur entraîna d'autres vocations dans les jeunes filles de la société riomoise : Mlles de Vissac et du Crozet furent des premières à suivre ses traces.

Ces triomphes rassurèrent l'autorité ecclésiastique sur l'avenir de la Communauté. Et, le 14 mars 1821, l'évêque n'hésitait pas à lui conférer l'institution canonique, que complétait, quelques années plus tard (juillet 1826), l'autorisation gouvernementale, obtenue sans difficulté par l'entremise de Mme la duchesse de Berry.

La Mère Celeyron n'était plus en ce moment supérieure de la maison. A l'expiration de ses six années de supériorité, elle avait été remplacée par la Sœur Barthomivat des Paleines (10 juin 1824). La nouvelle Mère avait été chassée par la Révolution du monastère de Clermont. Rentrée dans le monde à vingt-cinq ans, à l'âge des ardentes convictions et des enthousiasmes impétueux, elle avait manifesté sous la Terreur ses convictions avec tant de vivacité, qu'elle avait été incarcérée avec une de ses sœurs et une de ses tantes. Le 9 thermidor lui avait rendu la liberté. Elle en avait profité pour reprendre son œuvre de propagande et réintégrer le cloître dès qu'elle l'avait pu. C'était donc une nature vigoureusement trempée : la Communauté ne pouvait attendre d'elle qu'une ferme direction.

Les premiers jours de son gouvernement furent marqués par un événement important. La Sœur Montel, en entrant à la Visitation de Riom, n'avait pas abandonné son projet de restaurer celle de Clermont. Ses vœux, longtemps ajournés, s'étaient enfin réalisés. Le 11 juin 1824, la Mère Cousserand, encore chargée de cette autre fondation, l'appelait à son aide, — et, le 10 décembre 1825, le couvent ouvrait ses portes aux Sœurs Marie-Amable Chandèze, Marie-Madeleine Bonnabaud et Anne-Augustine Ceyrat. Ainsi se relevaient peu à peu les victimes de la Révolution.

La mère des Paleines dut consacrer ses soins à l'agrandissement de son monastère, devenu déjà insuffisant pour les religieuses, novices et pensionnaires qui y affluaient. Elle augmenta, au prix de persévérants efforts, le nombre des cellules, élargit les dortoirs, créa des aisances à la maison. Ces divers soucis la conduisirent au terme de son mandat (1er juin 1830).

La Communauté se trouva alors dans une situation périlleuse. La Mère Celeyron venait de mourir le 10 janvier précédent, la Mère des Paleines ne pouvait être réélue, les anciennes Sœurs étaient décédées ou dans l'impossibilité physique de prendre la direction des affaires ; pour les autres religieuses, aucune d'elles ne remplissait les conditions requises par les constitutions. Que faire? Recourir à un couvent étranger, comme c'était l'usage en pareil cas? On le tenta, mais en vain : les autres monastères, tous à la première période de leur restauration, souffraient de la même pénurie. Il fallut se résoudre, devant la nécessité, à porter son choix sur l'une des Sœurs de la Communauté (n'eût-elle point pour elle la garantie de l'âge et une longue pratique de la profession religieuse), et s'en remettre à la Providence du soin de la guider. Les suffrages tombèrent unanimement sur la Sœur Marie-Joséphine Fournier, à peine âgée de vingt-neuf ans. Jamais choix n'avait été mieux inspiré.

Née à Neschers en février 1801, la jeune supérieure avait montré, dès son âge le plus tendre, une inclination si marquée pour la piété, que Mgr de Dampierre, dans une tournée pastorale, l'avait distinguée au milieu des autres enfants, et l'avait admise à la Confirmation avant qu'elle eût fait sa première Communion. Elle était entrée comme novice à la Visitation riomoise en 1820, et y avait prononcé ses vœux, le

22 juin 1822, en présence de M. l'abbé Giraud, futur cardinal-archevêque de Cambrai, qui lui adressa l'allocution de circonstance. Bientôt, elle brillait parmi ses compagnes d'un éclat si vif par l'excellence de ses qualités de cœur et d'esprit, qu'elle se trouvait, par ce seul ascendant, investie de leur plus entière confiance. Elle ne trahit pas les espérances qu'on avait fondées sur elle.

Elle continua l'œuvre d'agrandissement commencée par la Mère des Paleines, et la mena à bonne fin. Elle étendit l'enclos et construisit, à son extrémité septentrionale, une chapelle mortuaire, — grâce aux largesses de la mère d'une de ses religieuses, M^{mo} Andraud-Bertin, qui obtint plus tard la faveur d'être inhumée dans le caveau du couvent. Sa sollicitude s'étendit encore sur le pensionnat : pendant quelques années, il avait décliné, mais, sous son impulsion ardente, il reconquit en peu de temps son ancienne splendeur.

Ce gouvernement fut si fécond, que la Mère des Paleines, renommée après le terme du double triennat de la Mère Fournier, ne voulut conserver le pouvoir que trois ans. Prétextant son âge et ses infirmités, elle fit replacer son prédécesseur à la tête de la Communauté (16 mai 1839). Le fait saillant de cette supériorité de la Mère Fournier fut la reconnaissance des reliques de la Mère de Bréchard, à laquelle il n'avait pas encore été procédé depuis la reconstitution du monastère.

Depuis longtemps, les Visitandines désiraient établir par un document officiel l'identité et l'authenticité des ossements qu'elles possédaient. Les soucis des premières années avaient fait différer cet acte important : le devoir et la reconnaissance imposaient l'obligation de ne pas l'ajourner plus longtemps. Cette pensée avait fait entreprendre à la Mère Fournier des démarches pressantes auprès de M. Grange, qui avait assisté, en 1805, au partage des dépouilles de la vénérable religieuse, pour obtenir de lui la restitution des reliques qu'il avait emportées. Ses tentatives ayant été couronnées d'un plein succès, elle convie ses supérieurs ecclésiastiques à faire l'examen des restes de la Mère de Bréchard en dépôt au couvent, et à en attester l'identité. Le 9 août 1839, M. l'abbé Gannat, vicaire-général du diocèse, arrive au monastère, accompagné du pieux abbé Dalbine, alors curé de Saint-Amable, de MM. Faucher, aumônier de la Communauté, et Chades, aumônier de l'hôpital, — enfin, de M. Grange et de M. Combaud, docteur en médecine. En présence des Mères Fournier et des Paleines et des Sœurs de Vissac et du Crozet, il examine les ossements rapportés de Brioude. Il dresse un procès-verbal de ses constatations, et déclare que « ces ossements conservent encore des restes de chair et de peau assez distincts pour être reconnus à la simple inspection d'une vue ordinaire. Ils présentent aussi des traces d'un sang si vif et si rouge qu'on croirait qu'une couleur pourprée a été répandue çà et là, tout fraîchement... Ces traces de sang, conclut-il, sont un indice des ossements de la Mère de Bréchard, suivant une tradition si respectable qu'on ne pourrait sans témérité la révoquer en doute. » Il rappelle ensuite les vicissitudes subies par les reliques, et comparant les documents émanés des Sœurs Laurent, Merle et Fayolle, avec les déclarations des Mères des Paleines et Fournier et de M. Grange, il atteste qu'aucune hésitation ne peut exister sur l'authenticité de ces précieux restes. Il reçoit alors de M. Grange onze fragments du corps de la Mère de Bréchard, — et, en outre, « deux petits morceaux de bois parfaitement identiques avec les morceaux de bois correspondants des croix de bois qu'on est en usage de placer sur la poitrine des Sœurs de la Visitation, lorsqu'elles sont mortes. » L'authenticité de ces reliques résultait, en dehors du témoignage de M. Grange, de ce fait qu'elles portaient l'empreinte des mêmes traces de sang, des mêmes portions de chairs inhérentes » que les autres. Aussi bien, le docteur affirmait-il que tous ces os appartenaient au même corps.

Le vicaire-général autorisait, en conséquence, « ses chères filles en Jésus-Christ, les religieuses de la Visitation Sainte-Marie de Riom, à placer tous ces ossements dans un même reliquaire, avec le présent procès-verbal, — lequel reliquaire pourrait être mis en évidence, mais seulement dans le chœur desdites religieuses, hors de la vue et de la vénération des fidèles, jusqu'à ce qu'il plaise à la divine Providence de révéler, s'il lui plaît, la sainteté de sa servante, et amener de l'autorité compétente de N. S. P. le Pape une canonisation qui légitime un culte extérieur envers la Mère de Bréchard. » Tous les os étaient enveloppés de banderolles scellées aux armes de l'évêché, et paraphées par le vicaire général, qui visait également les documents sur lesquels il avait appuyé sa décision. Puis, le tout, reliques et pièces, était disposé avec art « dans une niche de bois doré, vitrée de trois côtés, qui était placée en haut du chœur, près de la grille (1). »

Cette reconnaissance officielle des restes de l'héroïque Mère combla de joie toutes les religieuses, — fières de renouer dans la maison des Génovéfains les traditions d'amour et de respect envers la sainte femme qui avaient toujours animé leurs devancières du monastère du faubourg de Mozat.

Le 6 mai 1845, la Mère Fournier déposait à nouveau ses fonctions, conformément aux règles inexorables de l'Institut. Elle était remplacée par la Sœur Marie-Antoinette de Vissac, qu'on pouvait bien appeler l'enfant de la maison. Elle était née à Riom, le 8 février 1806, de M. Pierre de Vissac, cet avocat qui tenait une si large place au barreau de Riom, et qui avait aidé si puissamment à la nouvelle fondation du couvent. Elle avait été l'une des premières élèves des Visitandines. Dès l'abord, elle fut séduite par la douceur et l'aménité de ses maîtresses, par la régularité de leur vie, par la paix profonde et le bonheur complet qui régnaient au milieu d'elles. Cette impression fut si vive que sa rentrée dans le monde ne put l'effacer de son esprit. Elle se sentait invinciblement attirée vers la maison où s'était écoulée son enfance, et prenait l'habit de Visitandine à dix-neuf ans ! — Elue

---

(1) Circulaire de la Visitation de Riom, du 12 janvier 1843. — Lire aux annexes la teneur du procès-verbal du 9 août 1839.

conseillère à vingt-sept ans et assistante à trente, elle donnait dans ces divers emplois les marques d'une rectitude parfaite d'esprit et d'un attachement inviolable à la règle. Elle fut donc choisie sans hésitation comme la plus digne de succéder à la Mère Fournier.

Dès le début de sa direction, la Mère des Paleines s'éteignait doucement à l'âge de soixante-dix-sept ans... Avec elle, disparaissait la génération des Sœurs témoins des violences de la Révolution. Il semblait qu'elle emportait dans la tombe les derniers souvenirs du passé, et que sa mort brisait les liens qui rattachaient encore la nouvelle maison aux grandes figures des anciennes Visitations... Ses vertus et ses exemples survivaient du moins, — et les reliques de la Mère de Bréchard étaient toujours là pour inspirer les grands dévouements et animer aux violents sacrifices.

Un an après, un événement étrange agitait au dernier point la Communauté, et répandait l'émoi dans toute la ville. « C'était le 8 juillet 1846, raconte le pieux auteur d'une circulaire datée de 1878, Mgr Vérolle, évêque de Colombie, vicaire apostolique de la Mantchourie, nous honorait de sa visite. Sa Grandeur avait déjà passé un temps assez considérable dans notre salle d'assemblée, au milieu de nos Sœurs et de nos élèves réunies, lorsqu'Elle demanda à plusieurs reprises si tout le personnel de la maison était présent. Il manquait une jeune Sœur, à peine âgée de vingt-cinq ans, mais si infirme qu'elle n'avait pu se résoudre à descendre, bien qu'elle fût levée. Elle était atteinte d'une maladie incurable, le diabète, avec de graves complications. Appelée par notre Mère, la chère malade se rendit péniblement en communauté et s'arrêta près de la porte, loin du saint évêque, qui ne parut point faire attention à son arrivée. Au moment de sortir seulement, comme il passait devant elle, Mgr Vérolle consentit, sur la prière de notre Mère, à lui donner une bénédiction spéciale, en traçant sur son front le signe de la Croix. Au même instant, notre Sœur Marie-Eulalie de Serre, que nous avons encore le bonheur de posséder, poussait un cri de joie et de surprise, redressait sa taille courbée, et sans aucun appui courait sur les pas du saint missionnaire en répétant avec transport : « Mais je suis guérie !... je suis guérie !... » Elle l'était, et radicalement, ainsi que l'atteste le procès-verbal du médecin qui l'avait le plus constamment soignée durant les deux années de sa maladie. »

Le docteur Fournier-Pascal constatait, en effet, dans un rapport daté du 15 août 1846, — dressé quarante jours après l'événement, « délai que nous avons cru, disait-il, devoir nous imposer pour en appeler à la consécration du temps, » — que depuis la première quinzaine de janvier 1845, la position de la Sœur de Serre avait été jugée assez gravement compromise, pour qu'on eût cru devoir prévenir sa famille du péril de son état. On avait appelé auprès d'elle en consultation les docteurs Pourcher aîné, professeur à l'Ecole secondaire de médecine de Clermont, Deval, médecin de l'hospice de Riom, Desparades et Baud'huit, médecins à Artonne. Tous avaient constaté à leur tour « l'existence et la gravité de l'affection, et l'improbabilité de la guérison. » Depuis lors, sa situation était restée très mauvaise. Elle ne marchait qu'à l'aide d'une béquille, en s'appuyant sur le bras d'une religieuse, et encore était-elle obligée de s'arrêter fréquemment et de se reposer. Sueurs, insomnies, soif intolérable, tels étaient les phénomènes qu'elle éprouvait sans relâche, et qui avaient encore été constatés chez elle le 7 juillet 1846. Le lendemain, 8, le médecin, obligé de s'absenter de Riom, ne lui avait pas fait sa visite ordinaire. Quelle ne fut pas sa surprise quand, le 9, à son arrivée au couvent, il se vit reçu par sa malade, marchant « sans bâton et sans appui, » ne souffrant plus et respirant dans toute sa personne le bien-être et le bonheur ! Il n'en peut croire ses yeux, — recommande des précautions de peur d'une rechute. Mais bientôt il y renonce. « Nous devons reconnaître, s'écrie-t-il, que la malade est guérie et bien guérie. » Effectivement, la Sœur de Serre reprenait les exercices : « non seulement elle marchait avec facilité, mais elle ne pouvait se lasser de se livrer aux exer-

cices de locomotion dont elle avait été si longtemps privée ! »
Tous les accidents morbides auxquels elle avait été en proie
pendant si longtemps avaient disparu (1) !

Quel était le caractère de cette guérison aussi subite que
radicale ? Nous nous garderons de le rechercher. Ainsi que
l'honorable docteur Fournier, nous estimons que de telles
perquisitions dépassent « le rôle d'observateur impartial et
de simple historien. » Mais la foule, moins scrupuleuse, cria
au miracle ! Tous les yeux demeurèrent, pendant quelque
temps, fixés sur la Visitation : étaient-ils donc revenus les
temps où la Mère de Bréchard avait déjà opéré de si étonnantes merveilles ?

La Mère de Vissac allait résigner ses fonctions et la Mère
Fournier lui succéder sans doute, quand cette dernière fut
arrachée inopinément à sa chère maison de Riom pour aller
relever le monastère de la Charité-sur-Loire, en complète
décadence (1851). Les Visitandines dispersées de Moulins et
de Paray-le-Monial s'étaient, lors du rétablissement du culte,
réunies dans la petite ville de la Charité : deux Sœurs de
l'ancien couvent de Riom étaient même allées les rejoindre.
Mais la restauration des maisons de ces diverses villes avait
rapidement dépeuplé le monastère ainsi formé : le manque
absolu de ressources achevait de l'entraîner à sa perte.
Cependant, l'évêque de Nevers, Mgr Dufêtre, désirait vivement conserver les filles de saint François de Sales dans son
diocèse. Il lui fallait un auxiliaire intelligent et dévoué pour
arriver à ce but, — car il ne s'agissait de rien moins que
d'une véritable fondation. On lui conseilla de faire appel
au zèle de la Mère Fournier, dont la réputation était fort
grande. L'active religieuse n'était point habituée à reculer
devant les difficultés, quelles qu'elles fussent, lorsqu'il s'agissait de la gloire de Dieu et de l'Institut de la Visitation. Sans
hésiter, elle répond au vœu de l'évêque. Mais, avec cette rare

(1) En 1878, ils n'avaient pas reparu. — L'original du rapport du docteur Fournier est aux archives du monastère de la Visitation de Riom. — La Sœur de Serre n'est morte qu'en 1886.

sûreté de coup d'œil qui la distinguait, elle eut bientôt jugé qu'il était impossible d'espérer une restauration du monastère de la Charité, dépourvu de toutes ressources morales et pécuniaires. Il valait mieux, suivant elle, bâtir sur un terrain neuf, — et transporter la maison à Nevers. Ce projet est agréé par Mgr Dufêtre, et rapidement exécuté. Quand, après six ans de supériorité, la Mère Fournier rentrait à Riom, elle laissait la Communauté de Nevers dans l'état le plus prospère (1857).

Les Visitandines riomoises lui manifestèrent leur joie de son retour en la replaçant immédiatement à leur tête. Pendant ces six années, elles avaient été dirigées par la Mère Madeleine-Caroline du Crozet, qui était, avec les Mères Fournier et de Vissac, une des doyennes de la maison. Issue d'une vieille famille d'Auvergne, elle avait reçu le jour à Constance, en Suisse, où ses parents avaient dû émigrer. Les épreuves de son enfance l'avaient tournée vers Dieu, en lui montrant que le véritable bonheur de cette terre consiste avant tout à se consacrer à son service. En 1825, elle prenait l'habit de Visitandine. Ses remarquables qualités d'organisation lui avaient fait confier presque aussitôt le poste d'économe, difficile à remplir dans une Communauté à ses débuts. Avec quelle habileté elle s'était acquittée de sa mission, il était facile d'en juger, puisqu'au moment de sa supériorité, le couvent, après s'être considérablement agrandi, n'avait point de dettes.

Ce fut la certitude d'être secondée par elle d'une façon toujours aussi efficace qui décida la Mère Fournier à songer, en 1858, à la construction d'une véritable église, pour remplacer la chapelle dont on avait dû se contenter jusqu'alors. Mais la tâche était trop lourde pour ses forces épuisées par tant de travaux et de fatigues. Trois ans après sa réélection, elle déposa le pouvoir, et, le 24 mai 1860, la Mère du Crozet le reprenait pour achever l'œuvre qu'elle avait entreprise de concert avec sa vénérable devancière. Treize mois s'étaient à peine écoulés, que les travaux étaient terminés, et que Mgr Féron, évêque de Clermont, venait bénir la nouvelle église (27 juin 1861) (1).

Le couvent avait alors atteint les dimensions que nous lui voyons aujourd'hui. Ce n'est plus une masse lourde et imposante de constructions comme celle qui se dressait avant 1789 dans le faubourg de Mozat. C'est, au contraire, un ensemble de bâtiments svelte et léger, à l'extérieur coquet, sur lequel l'œil se repose agréablement, qu'il s'arrête sur le porche de la belle église romane, ou qu'il contemple les cintres gracieux des ouvertures du monastère. Un vaste enclos s'étend derrière le cloître... Dans cet asile frais et ombreux, pensionnaires, novices et religieuses respirent le calme et la solitude, goûtent la paix du cœur. Les voix du monde expirent à ses pieds : ni les rudes voix des recrues qu'on instruit au service militaire sur l'esplanade voisine, ni les mille bruits des baraques foraines qui s'y élèvent en concert discordant aux jours des fêtes publiques, ne peuvent troubler la douce quiétude de ses habitants, qui n'ont d'oreilles que pour les voix mystérieuses du Ciel !

Quelques années plus tard, la Mère du Crozet conviait encore les amis de la Visitation à une fête de famille, — à la célébration du triomphe de la Bienheureuse Marguerite-Marie Alacoque (17 octobre 1864).

Après de longues années d'attente, le procès de la vierge de Paray-le-Monial avait enfin abouti à la consécration de sa gloire !... La joie de la Communauté riomoise ne devait-elle pas cependant être tempérée par un regret ? Jetant les yeux sur la châsse où étaient enfermés les restes de la Mère de Bréchard, n'avait-elle pas à gémir sur l'oubli où était demeurée la cause de l'héroïque compagne de sainte Chantal ? Quand donc sonnerait l'heure solennelle de sa glorification ?

En 1866, la Mère du Crozet était déposée... Mais ici doivent

(1) Il est à remarquer que l'autel de l'église est tourné du côté du nord, au lieu de l'être de celui du levant, comme il l'est le plus souvent dans les édifices consacrés au culte.

s'arrêter nos investigations... Nous avons pu jusqu'à cette date dérouler sans scrupules les annales des Visitandines et soulever un coin du voile dont ces humbles femmes aiment à couvrir leurs figures... C'est que toutes celles dont nous avons parlé sont entrées dans la gloire de Dieu (1), et ont livré l'appréciation de leurs actes à l'examen des hommes. Mais maintenant nous aurions à juger les vivants : la discrétion et le respect nous doivent fermer la bouche. Aussi bien, pourquoi insister ? Que dirions-nous de plus que ce que les pages précédentes nous ont appris ? Le monastère de Sainte-Marie ne prospère-t-il pas toujours dans la voie que lui a ouverte son illustre fondatrice, et où l'ont si brillamment, aux yeux de Dieu, conduit les Mères d'Aubigny, d'Albon, de Montmorin, de Chazeron, de Blot, Dufraisse, Fournier ? Faire le bien sans bruit ni ostentation, répandre les bienfaits en cachant la main qui les distribue, enseigner la jeunesse (2) et la former à la vertu sans briguer les applaudissements du monde, — telle est restée la devise de l'humble maison. Pourquoi troubler dans ses paisibles manifestations la modestie de la vie religieuse ?

Rappelons toutefois, à l'honneur de nos Visitandines, une coutume chère à leur cœur : elle est des plus touchantes. Leur installation dans le couvent Génovéfain les a rendues voisines de la maison d'arrêt, — où sont enfermés les condamnés à mort, du jour de la sentence à celui de l'expiation. Animées du feu de la charité qui dévorait le cœur de leur bienheureux Père, saint François de Sales, — les Dames de la Visitation sollicitent et obtiennent la faveur de subvenir,

---

(1) Les Mères Fournier, de Vissac et du Crozet sont mortes, la première, le 1ᵉʳ août 1877, à l'âge de soixante-seize ans, après cinquante-quatre ans de profession ; — la seconde, le 30 avril 1878, à l'âge de soixante-douze ans, après cinquante-deux ans de profession ; — et la troisième, à l'âge de quatre-vingt-un ans, après cinquante-trois ans de profession. Toutes les trois avaient donc célébré le jubilé ou cinquantième anniversaire de leur entrée en religion.

(2) Depuis deux ou trois ans, les Dames de la Visitation ont renoncé à leur pensionnat.

dans les limites autorisées par les règlements, aux besoins des derniers jours du coupable. En même temps qu'elles adoucissent son sort dans la mesure du possible, elles élèvent à Dieu de ferventes invocations pour que le repentir le touche. Puis, quand l'heure fatale est arrivée, — alors que, sur la place, bordée par le monastère et par la prison, se presse au pied de l'échafaud une foule inhumaine, — les saintes filles, à genoux derrière les grilles de leur chœur, toutes palpitantes de terreur et de charité, psalmodient les prières des agonisants et des morts, et conjurent le Dieu de toute justice et de toute miséricorde de se montrer doux et compatissant à celui contre qui les hommes se sont levés impitoyables ! Et quand le coup est frappé, à la clameur sauvage de la populace répondent le tendre cri de leurs chants et la douce voix de leur cloche, — derniers échos des supplications de ces généreuses avocates auprès du suprême Tribunal et du Souverain Juge !...

. . . .

La Mère de Bréchard veille toujours sur ses filles, qui conservent pieusement ses restes. Depuis la construction de l'église, sa châsse a été transportée dans la tribune du grand chœur. Ses ossements ne sont plus sortis, depuis 1839, de leur reliquaire, si ce n'est lors des visites de l'évêque diocésain. Leur nombre s'est accru du cubitus du bras gauche et d'un os du tarse coupé sur trois faces, restitués au monastère, en 1886, par des dames pieuses de la ville qui en ont attesté, par des documents écrits, la parfaite authenticité. En juillet 1888, il nous a été donné de les examiner de très près. Ils sont bien tels que les a décrits le procès-verbal de 1839, et leur identité se révèle par l'existence des signes officiels dont ils furent alors revêtus. Mais les lambeaux de peau et de chair qui existaient alors ne se remarquent plus : çà et là, les os sont teintés d'une couleur pourpre, plus ou moins foncée ; parfois, ils adhèrent à des morceaux de toile ou d'étoffe, provenant sans doute des vêtements qui enveloppaient jadis la sainte, ou des linges qui ont jadis servi à leur transfert, en 1805. Le crâne est admirablement conservé (1). Telles quelles, ces reliques, vieilles de deux cent cinquante ans, se présentent encore avec des caractères qui inspirent le respect et la vénération. Si, par un décret insondable de la Providence, elles ont perdu cette incorruptibilité dont elles ont été revêtues d'une façon indéniable pendant si longtemps, — elles attestent toujours, par leur remarquable conservation, la puissance et la gloire de Dieu dans ses élus... *Mirabilis in sanctis !*

(1) Voir aux annexes IX-7, le procès-verbal de la dernière reconnaissance des reliques de la Mère de Bréchard, faite, le 2 juillet 1888, par M. l'abbé Chardon, vicaire-général du diocèse.

CHAPITRE XIX

La résurrection du monastère Sainte-Marie (1792-1886)

Cependant, qu'avait-on fait de l'ancien monastère du faubourg de Mozat? Depuis 1792, il avait subi de nombreuses vicissitudes.

Même avant l'expulsion des religieuses, la municipalité avait nourri l'espoir d'y installer un établissement public, et spécialement un hôpital. La suppression des Visitandines la confirma dans ce dessein. Le 22 septembre « de l'an IV de la liberté et Ier de l'égalité » (1792), le maire expose « que le monastère de la Visitation ayant été évacué depuis très peu de jours, le Conseil permanent du district allait de suite faire procéder à la vente de cette maison ; que la Commune avait souvent manifesté son vœu sur l'établissement de l'Hôtel-Dieu dans ce vaste local, parce qu'il offre, tant aux malades qu'aux convalescents, tous les avantages que l'on peut souhaiter pour le soulagement de cette portion de l'humanité souffrante ; qu'en conséquence, il était essentiel de prendre les mesures convenables pour opérer un si grand bien. » Et le Conseil municipal, après s'être informé des intentions de l'administration supérieure sur le monastère, délibère, les 15 et 30 novembre 1792, « que la Commune fera toutes les diligences nécessaires pour que la maison des ci-devant religieuses de la Visitation soit adjugée à la ville pour y établir l'Hôtel-Dieu, — et que le plan des bâtiments sera levé et adressé à la Convention nationale pour obtenir d'elle la translation de l'Hôtel-Dieu dans iceux. »

L'autorisation sollicitée de la Convention n'arriva pas, et

le projet demeura en suspens. — Tandis que les autres biens de la Communauté continuaient à être mis aux enchères, le monastère resta entre les mains de l'Etat, qui ordonna, le 12 ventôse an II, la destruction du clocher de la chapelle, et, les 21 germinal et 3-11 thermidor an II, l'enlèvement des cordes des cloches et leur envoi au district.

Les spéculateurs profitèrent de ce retard apporté à l'exécution du projet de la municipalité pour tenter de s'installer dans le couvent. Le 12 nivôse an III, un industriel demande l'autorisation d'établir des manufactures dans la Commune, et en particulier dans les bâtiments de la Visitation. Le représentant du peuple Musset est prié de permettre au district de les vendre à cet effet. Le député résiste et renvoie les pétitionnaires à la Convention. Le Conseil municipal, qui appuyait l'industriel, décide alors d'envoyer un mémoire à l'Assemblée (27 pluviôse an III), — mais, quelques mois plus tard, il ajourne son avis définitif, et reprenant son ancienne idée, il arrête que « les commissaires des bâtiments feront un rapport sur l'avantage de conserver les bâtiments dits de Sainte-Marie pour y transporter l'hospice d'Humanité » (7 messidor an III). Le 6 thermidor suivant, il revient à la charge, et nomme à cet effet de nouveaux commissaires.

Le 20 du même mois, l'un des délégués fait un rapport favorable. Restait toujours à obtenir l'autorisation de l'Assemblée. La Commune prie les commissaires, qu'elle a députés à Paris pour surveiller l'expédition de ses affaires, de s'intéresser à la réussite du projet. Ceux-ci demandent un rapport de médecins et d'architectes pour le présenter à la Convention. Le 28 fructidor an III, le Conseil se hâte de confier ce soin à une commission d'officiers de santé et d'ingénieurs. » Le nouveau rapport est encore favorable, et la municipalité s'engage à tout tenter « pour l'obtention de cette maison nationale » (12 vendémiaire an III).

Ses démarches furent-elles bien actives, ou les personnes qui devaient les appuyer s'y employèrent-elles vivement ? Il est permis d'en douter, car, l'année suivante (3 fructidor an V), le Conseil se plaignait que « les pétitions, mémoires et plans envoyés pour obtenir du Corps législatif la translation de l'hospice d'Humanité en la maison nationale, dite la Visitation, fussent tombés dans l'oubli. » Il décidait d'écrire aux Riomois, représentants du peuple, et autres compatriotes influents, qui étaient alors à Paris, pour les prier d'en rappeler le souvenir. Cette nouvelle tentative ne fut pas plus heureuse que les précédentes.

A son tour, l'église du monastère éprouvait des fortunes diverses. Fermée lors de la proscription du culte catholique, elle fut d'abord louée à des particuliers. Après la chute de Robespierre, la Convention, par décret du 3 ventôse an III (21 février 1795), tout en maintenant les mesures promulguées contre les prêtres insermentés et en soumettant ceux-ci à la surveillance la plus étroite, autorisa chacun à exercer le culte de son choix, à la charge de se plier à certaines formalités et déclarations administratives. Les catholiques riomois s'empressèrent de profiter de cette concession. Mais où se réunir ? L'église de Saint-Amable est transformée en fabrique de salpêtre ; les autres églises ou chapelles ne sont pas disponibles ou ne peuvent être obtenues. Seul, l'oratoire de la Visitation, grâce à la complaisance du sieur Bordes, son locataire, peut servir de lieu d'assemblée. On se hâte de remplir les conditions exigées par le décret, — et, le 17 ventôse an III, l'officier de police annonce à la municipalité « qu'il a reçu la déclaration du citoyen Bordes de ce qu'en sa qualité de locataire ou fermier de la ci-devant église des ex-religieuses de la Visitation, faubourg de Mozat, section du Contrat social, il se proposait, ainsi que plusieurs autres citoyens, d'y exercer le culte catholique ; qu'à cet effet, les citoyens de l'un et de l'autre sexe de ce culte s'y assembleraient demain paisiblement et avec la ferme résolution de se conformer entièrement au décret de la Convention du 3 de ce mois et sous l'inspection de la police. » Sur ce rapport et sur les conclusions de l'agent national, le Conseil arrête « que cette déclaration sera mentionnée au procès-verbal de la séance du jour. » Cet exemple est bientôt suivi : des déclarations analogues sont faites les 6 et 16 thermidor an III et 25 vendémiaire an IV par « les ministres et des citoyens du culte catholique, apostolique et romain » pour les églises de Saint-Amable, du Marthuret, de l'Hôtel-Dieu, et pour la Sainte-Chapelle. Mais c'est l'oratoire de la Visitation qui avait eu l'honneur d'être rendu le premier au culte : il continua sans doute à y rester consacré jusqu'au moment de l'aliénation du couvent.

La municipalité cependant n'abandonnait pas son vieux projet d'installer un hôpital dans le monastère. Le 29 pluviôse an IX, un rapporteur s'exprimait ainsi devant le Conseil : « Votre commission n'a pas de moyens à vous proposer pour parvenir à l'acquisition des bâtiments de la ci-devant Visitation. Déjà différents projets vous ont été proposés : vous n'en avez adopté aucun en particulier. Elle se borne à vous engager à presser le citoyen maire de prendre tous les moyens pour devenir propriétaires de ce bâtiment, soit par échange, soit par pétition au gouvernement. »

Ces conclusions étaient adoptées, mais elles étaient d'avance frappées de stérilité. Depuis le 19 germinal an VIII, les administrateurs du département, lassés sans doute par les lenteurs de la ville, avaient vendu « au citoyen greffier en chef du tribunal de cassation, habitant la commune de Paris, » les bâtiments, église et enclos « ayant formé le ci-devant monastère de la Visitation, qui existait dans la commune de Riom, faubourg de Mozat. »

S'il s'était trouvé à Riom de nombreux acquéreurs pour les biens ruraux des Visitandines, personne en revanche ne s'y était rencontré pour acheter en première main de l'Etat les bâtiments même « de Sainte-Marie, » auxquels les reliques de la Mère de Bréchard avaient comme imprimé un caractère sacré. L'acquéreur était pourtant d'origine riomoise, à en juger du moins par son nom. Il avait flairé dans cet achat une excellente affaire, et il avait voulu en profiter. Le monastère, dont la seule construction avait coûté près de 60,000 livres en 1640, n'avait été, en 1790, par suite de la dépréciation forcée, résultant de la quantité inouïe de biens nationaux jetés sur le marché, n'avait été considéré susceptible que d'un revenu de 1,025 francs, ce qui, à raison de dix-huit fois le revenu, donnait un capital de 18,450 francs, et encore dans ce prix était englobée la valeur de l'enclos. Or, bien qu'à raison de l'abandon où ils avaient été laissés durant huit années, les bâtiments fussent alors « dans un état de dégradation sensible, n'y ayant plus de contre-vents, les gonds étant arrachés, plus ou presque point de châssis aux fenêtres, les dortoirs étant décarrelés en grande partie, les couverts percés de toutes parts, les lattes et les tuiles pourries presque en totalité, et la charpente désirant des réparations pressantes, » — le greffier n'avait pas hésité à offrir de l'immeuble un prix supérieur de 1,804 francs au chiffre d'estimation.

Maître du monastère, le spéculateur se hâte de le revendre en détail. Il le divise en douze lots, conformément à un plan qu'il dépose en l'étude de Me Puray, notaire, et trouve facilement des acquéreurs. Les scrupules étaient moins vifs pour les acheteurs de seconde main ; puis, le Concordat était venu à point pour régler la situation au point de vue canonique. Les petites boutiques donnant sur le faubourg sont en un instant vendues (1). La famille André achète les emplacements des tours et le logement des tourières ; M. Solagnier, receveur du domaine national, un corps de logis sur le faubourg, ensemble l'église, la sacristie et un petit jardin jusqu'au ruisseau (2). Le surplus des bâtiments, parmi lesquels figure une maison dite de Madame de Retz, est adjugé aux enchères à M. Sébastien Trapet, propriétaire (3). Le tout,

---

(1) Voir ventes des 24 nivôse an IX, 14 messidor an XI, 22 messidor an XI.

(2) Acte sous-seings privés du 30 messidor an XI, déposé en l'étude de Bonville, notaire, le 22 janvier 1812.

(3) Adjudication du 9 novembre 1818. — M. Trapet légua son acquisition à Mme Clostre-Page, par testament du 24 février 1828. Quarante ans

non compris l'enclos et le pré faisant partie de la vente primitive, avait produit une somme supérieure à 35,000 francs!...
Pour l'enclos, il fut à son tour partagé en de nombreuses parcelles. Divers maraîchers s'en rendirent propriétaires, pour le cultiver avec le soin et la tendresse dont le paysan auvergnat entoure sa terre, et lui faire produire un rendement qui n'a pas d'égal dans les autres potagers de la commune.

Le monastère, ainsi démembré, perdit aussitôt son ancienne physionomie. Les divisions, par suite de la succession ordinaire des événements de la vie, ne firent que s'augmenter : la façade du faubourg de Mozat offrit rapidement aux yeux l'aspect de plusieurs maisons absolument distinctes. Cependant, par la force même des choses, l'importance des constructions s'opposa à des démembrements trop répétés, — et quoi qu'on fît ou tentât, deux épaves considérables continuèrent à subsister presque dans leur intégrité. Elles furent, il est vrai, séparées l'une de l'autre par des dépendances de l'ancien monastère, qui, celles-là, dépouillèrent absolument leur caractère. C'était, d'une part, la cour extérieure du couvent (celle par laquelle on entrait du faubourg dans le monastère), l'église, la sacristie et le petit jardin y donnant suite. C'était, de l'autre, le gros des bâtiments, composé du cloître avec ses deux cours intérieures, des cuisines et aisances, des deux étages de cellules. Il était impossible de songer à faire des lots dans ces deux tronçons. Il fallait chercher à en tirer parti par l'établissement d'industries privées ou d'institutions publiques : c'est ce que l'on tenta.

Le premier, qui comprenait l'église, fut converti en magasins de dépôts. Dans ces dernières années, il était loué par la Compagnie des lits militaires pour les besoins de son exploita-

---

plus tard, le 19 décembre 1867, Mme Clostre cédait cette propriété à la société Lafontaine et Fromental (mégisserie, cuirs, etc.), moyennant le prix de 50,000 francs.

tion. L'autre, le plus étendu, fut occupé par la ville, qui en fit une caserne de gendarmes vétérans, et, durant de longues années, ces vieux soldats errèrent, — contraste frappant ! — dans les cours et sous les cloîtres qu'avaient si longtemps parcourus les humbles filles de sainte Chantal...

Ces souvenirs de notre extrême enfance sont déjà lointains... L'institution des vétérans fut supprimée, et le monastère Sainte-Marie se dépeupla de nouveau... Peu après, vers 1868, une industrie essayait de s'y introniser. Les directeurs d'une mégisserie y installaient leurs appareils, quelques ouvriers animaient sa solitude... Mais une loi fatale condamne à l'impuissance les entreprises industrielles dans la ville de Riom. Quelques années plus tard, le sifflet de la machine se taisait, les métiers gisaient immobiles, les ouvriers partaient... Encore une fois, le monastère Sainte-Marie était rendu à son passé !

A peu près à la même époque, des religieux riomois cherchaient un asile.

C'étaient les dignes successeurs des Pères de l'Oratoire, dont ils avaient merveilleusement reconstitué l'antique collège. Après être demeurés trente années, sur la prière de la municipalité et sous l'œil bienveillant des autorités supérieures, dans les bâtiments de la vieille maison d'éducation, — ils s'en étaient vus soudain expulsés, en dépit des protestations de la ville tout entière et au mépris d'un contrat librement consenti et exécuté.

Le monastère Sainte-Marie se trouva tout désigné pour les recevoir, — et leur fournir le moyen de continuer à Riom leur œuvre d'apostolat.

En moins de trois mois, par un prodige d'habileté et d'activité, la restauration du couvent fut complète, — et, le 26 octobre 1886, l'ancienne Visitation devenait l'Institution Sainte-Marie !

Elle ne changeait pas de nom. Et si ses hôtes n'étaient plus les mêmes que jadis, — elle demeurait, en revanche, toujours immuable, l'idée qui, à plus de deux siècles de distance, avait amené sous ses cloîtres et des vierges, désireuses de se vouer à Dieu dans le silence d'un monastère, et de jeunes élèves, soucieux de s'imprégner à jamais, dans une maison chrétienne d'enseignement secondaire, des traditions de foi et de science, héritées de leurs pères !

Et c'est ainsi que les institutions catholiques se perpétuent d'âge en âge ! Non seulement les idées qu'elles jettent dans le monde demeurent impérissables, — semence féconde que ne parviennent à étouffer ni les ardeurs de la haine ni les glaces de l'égoïsme, — mais encore les monuments consacrés à l'application pratique de ces idées sont pour ainsi dire frappés à leur tour de ce sceau de l'immutabilité. Viennent-ils momentanément à servir à d'autres usages, — par un jeu prodigieux de la fortune, ils retournent le plus souvent dans des mains qui les rendent à leur destination primitive (1). Construits pour Dieu, ils reviennent à Dieu ! Force inéluctable de la vérité religieuse, contre laquelle l'homme se démène en vain depuis dix-neuf siècles, et s'épuisera en ridicules efforts jusqu'à ce qu'il en atteste la lumineuse réalité !

(1) Ainsi, ce qui s'est passé pour la Visitation du faubourg de Mozat s'est également produit à Riom pour la Visitation de la rue de l'Ane-Vert, actuellement occupée par l'école libre des Frères de la Doctrine chrétienne, pour l'ancien couvent des Génovéfains, remplacé par la nouvelle Visitation, et pour l'ancien couvent des Carmes, habité par les Dames Carmélites.

FIN

ANNEXES ET PIÈCES JUSTIFICATIVES

I

Liste chronologique des Supérieures qui ont gouverné le monastère de la Visitation Sainte-Marie de Riom (1623-1889)

1.	1623-1629	Jeanne-Charlotte **de Bréchard.**
2.	1629-1632	Marie-Catherine Chariel.
	1633-1636	Jeanne-Charlotte de Bréchard.
3.	1636-1642	Jeanne-Marguerite Chahu.
4.	1642-1648	Marie-Philiberte Aisément.
5.	1648-1654	Marie-Angélique de Luchat.
6.	1654-1657	Marie-Séraphine de Lalande.
	1657-1663	Marie-Angélique de Luchat.
7.	1663-1669	Marie-Aimée de Lalande d'Aubigny.
8.	1669-1672	Marie-Colombe Varennes.
9.	1672-1675	Jeanne-Marguerite Arnoux.
	1675-1678	Marie-Colombe Varennes.
10.	1678-1684	Marguerite-Angélique Azan.
11.	1684-1686	Marie-Emmanuelle de la Salle.
12.	1686-1689	Louise-Henriette d'Albon.
13.	1689-1695	Marie-Françoise de Montmorin.
14.	1695-1701	Marie-Françoise de Chazeron.
15.	1701-1704	Françoise-Dorothée d'Allègre.
	1704-1710	Marie-Françoise de Chazeron.
	1710-1713	Marguerite-Angélique Azan.
16.	1713-1719	Louise-Marguerite de la Roche-Aymont.
17.	1719-1722	Marie-Emmanuelle de Mongon.
	1722-1728	Louise-Marguerite de la Roche-Aymont.
18.	1728-1734	Catherine-Angélique de Bardon.
	1734-1740	Louise-Marguerite de la Roche-Aymont.
	1740-1746	Catherine-Angélique de Bardon.
19.	1746-1749	Marie-Emmanuelle de Brujas.

20.	1749-1755	Anne-Christine Ligier.
21.	1755-1761	Anne-Joseph Chamaret.
22.	1761-1767	Jeanne-Marguerite Bertrand.
23.	1767-1773	Thérèse-Madeleine Dufraisse.
24.	1773-1779	Marie-Henriette de Blot de Chauvigny.
	1779-1782	Thérèse-Madeleine Dufraisse.
	1782-1788	Marie-Henriette de Blot de Chauvigny.
	1788-1792	Thérèse-Madeleine Dufraisse.
	. . . .	
	. . . .	
	. . . .	
25.	1818-1824	Jeanne-Agnès Celeyron.
26.	1824-1830	Thérèse-Joséphine Barthomivat des Paleines.
27.	1830-1836	Marie-Joséphine Fournier.
	1836-1839	Thérèse-Joséphine Barthomivat des Paleines.
	1839-1845	Marie-Joséphine Fournier.
28.	1845-1851	Marie-Antoinette de Vissac.
29.	1851-1857	Madeleine-Caroline du Crozet.
	1857-1860	Marie-Joséphine Fournier.
	1860-1866	Madeleine-Caroline du Crozet.
30.	1866-1872	Marie-Angélique Grenet.
31.	1872-1878	Marie-Alphonsine Mazuray.
	1878-1884	Marie-Angélique Grenet.
	1884-1890	Marie-Alphonsine Mazuray.
32.	1890	Marie-Thérèse Tallon.

II

Liste alphabétique des Religieuses, novices ou professes, du monastère de la Visitation Sainte-Marie de Riom

1. (1623-1790)

(La date indique l'année où le nom de la religieuse nous est apparu pour la première fois dans les pièces qui ont servi à cette étude.)

Achon (Louise-Amable), 1775.
Aisément (Marie-Philiberte), 1642.
D'Albon (Louise-Henriette), 1686.
D'Allègre (Françoise-Dorothée), 1701.
D'Allègre (Marie-Agnès), 1701.
Amy (Marie-Françoise), 1646.

Archon (Marie-Marguerite), 1718.
Arnoux (Jeanne-Marguerite), 1652.
Arpin (Amable-Augustine), 1649.
Audard (Catherine), 1705.
Aymard (Gilberte), 1652.
Aymard (Marie-Françoise), 1668.

Aymard (Marie-Marguerite), 1668.
Azan (Marguerite-Angélique), 1659.
De Bardon (Anné-Marguerite de Trouillier, 1723.
De Bardon (Catherine-Angélique), 1694.
De Bardon (Françoise-Henriette), 1694.
Barnicar (Amable-Angélique Brunicar ou), 1668.-
Barrier (Anne-Marie), 1628.
Barthon (Aimée-Angélique), 1668.
Barthon (Françoise-Marguerite), 1668.
De Batisse (Marie-Agathe), 1732.
De Baumevieille (Marie-Thérèse), 1668.
De Beaufranchet (Marie-Anne), 1715.
Bergougnioux (Françoise-Amable), 1780
Bernard (Marie-Anastasie), 1640.
Bernard (Perrette), 1624.
Berniat (Françoise-Marguerite), 1693.
Bertrand (Jeanne-Marguerite).
Bertrand (Jeanne-Marguerite-Marthe), 1717.
Bertrand (Louise-Marie), 1718.
Besse (Jeanne-Marie-Michelle), 1708.
Blanc (Claude-Françoise), 1625.
Blic (Antoinette), 1640.
Blic (Marie-Séraphine), 1644.
De Blot (Gilberte-Marguerite de Chauvigny), 1731.
De Blot (Marie-Henriette de Chauvigny), 1731.
De Bonnandut (Louise), 1653.
Bouchon (Marie-Jacqueline), 1628.
Boulhon (Marie), 1652.
Bourlin (Marie-Cécile), 1730.
De Bréchard (Jeanne-Charlotte), 1623.
De Bréchard (Jeanne-Charlotte), 1668.
De Bréchard (Jeanne-Françoise), 1732.
Brousse (Anne-Elisabeth), 1668.
De Brujas (Jeanne-Charlotte), 1689.
De Brujas (Marie-Emmanuelle), 1711.
Burin (Marie-Gilberte), 1668.
Cailhe (Marie-Geneviève), 1707.
Cailhe (Amable), 1707.
De Cappony (Marguerite-Henriette), 1742.
Carré (Marie-Madeleine), 1622.
De Chabanne, 1739.
De la Chabanne (Marie-Jeanne-Rigauld), 1757.
De la Chabanne (Marie-Victoire Rigauld), 1758.
Chabre (Jacqueline), 1633.
Chabrol (Marie-Jacqueline), 1705.
Chabrol (Marie-Suzanne), 1741.
Chabrol (Anne-Angélique), 1767.
Chahu (Jeanne-Marguerite), 1636.
De Chalus (Jeanne-Charlotte), 1738.
De Chalus (Anne-Madeleine), 1745.

Chamaret (Anne-Joseph).
De la Chapelle (Jeanne), 1631.
Chardon (Anne-Françoise), 1628.
Chariel (Marie-Catherine), 1623.
Charmette, 1739.
Charrier (Jeanne-Françoise), 1668.
De Chassignol (Marie-Agnès), 1701.
De Chassignol (Anne-Françoise-Emmanuelle de Benoit), 1709.
De Châteauvert (Anne-Joseph), 1677.
De Châteauvert (Jeanne-Marguerite), 1674.
Chaumard (Marie-Monique Chaumarel ou), 1652.
De Chazeron (Marie-Françoise de Monnestay), 1670.
De Chazeron (Marie-Augustine de Monnestay), 1672.
De Chazeron (Marie-Elisabeth), 1661.
Chevogeon (Marie-Amable), 1668.
Choriat (Marie-Gilberte), 1721.
Costilhe (Marie-Séraphine), 1752.
Darfeuille (Anne-Angélique), 1668.
Debas (Louise-Marie), 1660.
Delaval (Anne), 1643.
Deschars (Marie-Françoise), 1690.
Desgiraud (Louise de Solage), 1732.
Delpeuch (Françoise-Agnès), 1708.
Dorgniat (Jeanne), 1631.
Dubois (Marie-Anne), 1672.
Duchamp (Anne-Marguerite), 1757.
Dufraisse (Jeanne-Marie), 1732.
Dufraisse (Marie-Tècle-Antoinette), 1729.
Dufraisse (Anne-Angélique), 1732.
Dufraisse (Thérèse-Madeleine), 1727.
Dugourd (Jeanne-Françoise), 1668.
Dujouhannel (Claude-Marie), 1646.
Dujouhannel (Marie-Madeleine), 1710.
Dulerit (Marie-Christine), 1652.
Dumas (Madeleine-Angélique), 1652.
Dumontel (Thérèse-Augustine), 1779.
Dumontel (Louise-Marie), 1779.
Duplantadis (Marguerite-Marie), 1758.
Durif (Marie-Anastasie), 1784.
Faydit (Françoise), 1657.
Fayolle (Marie-Françoise), 1775.
Fayot (Marie-Augustine), 1652.
De Ferriolles (Gilberte-Marie), 1673.
Filliard (Françoise-Madeleine Fillias ou), 1695.
Fondary (Louise-Marguerite), 1784.
Forest (Marie-Jeanne), 1672.
Forest (Jeanne-Marie-Aimée), 1683.
Forge (Françoise-Amable), 1746.
Forget (Marie-Gertrude), 1649.
Forget (Marie-Augustine), 1668.
Forget (Marie-Catherine), 1652.

14

Fournier (Marie-Agnès), 1652.
Frenaye (Jeanne-Thérèse), 1701.
Frenaye (Jeanne-Marie-Agnès), 1703.
De Fretat (Christine-Joséphine), 1751.
Frotière (Marie-Marguerite), 1635.
Garnier (Jeanne-Rosalie), 1763.
De la Gaudine (Jeanne-Madeleine), 1735.
Gayte (Marie-Thérèse), 1699.
Gelly (Gilberte-Madeleine), 1729.
Gérauld (Marie-Dorothée), 1727.
Gerbes (Françoise-Gasparde-Catherine) 1623.
Golefer (Françoise-Augustine), 1635.
De Gondras des Serpents (Marie-Gabrielle), 1632.
Granchier (Gilberte-Marie), 1722.
De la Gravière (Marie-Anastasie), 1632.
Gros (Jeanne-Françoise), 1713.
Jaladon (Marie-Jeanne), 1740.
Jouve-Vidal (Marie-Catherine), 1731.
De Lalande (Marie-Claire-Séraphique), 1623.
De Lalande d'Aubigny (Marie-Aimée), 1652.
Lamadon (Marie-Philiberte), 1668.
Largy (Marie), 1673.
De Laribotte (Gilberte-Marie-Christine-Gannat), 1751.
Laurent (Marie-Michelle), 1774.
Laville (Anne-Gabrielle), 1640.
Legay (Amable-Marie), 1668.
Legay (Amable-Angélique), 1646.
Lenoble (Marie-Anne), 1785.
Lestrade (Marie-Claude), 1728.
Ligier (Anne-Christine), 1749.
De Loménie (Marie-Jeanne-Forest), 1726.
De Luchat (Marie-Angélique), 1648.
De Luzenc (Françoise-Dorothée), 1708.
De Luzenc (Marie-Angélique), 1711.
De Lyonne (Madeleine-Antoinette de Reclesne), 1699.
De Lyonne (Marie-Angélique de Reclesne), 1701.
Maigne (Marie-Joséphine), 1710.
Martinet (Jeanne-Madeleine), 1722.
Marye (Anne-Marie), 1727.
De Massenon (Aimée-Angélique), 1726.
Mercier (Louise-Françoise), 1737.
Merle (Françoise-Catherine-Thérèse), 1779.
Miche (Jeanne-Françoise-Marie), 1783.
Michelarne (Marie-Louise), 1636.
Milanges (Anne-Françoise), 1668.
De Mongon (Marie-Emmanuelle).
De Mongon (Françoise-Emmanuelle), 1726.
De Montagnac (Marie-Françoise), 1631.
De Montmorin (Marie-Françoise), 1630.
De la Motte (Louise-Angélique), 1652.
De la Mote (Françoise-Marguerite), 1652.
Mourvillier (Françoise-Antoinette), 1699.
De Navery (Françoise-Emmanuelle), 1635.
De Nevrezé (Françoise-Madeleine), 1744.
De Noyrat, (Marie-Hélène), 1732.
Ogier (Louise-Antoinette), 1623.
Panay (Gabrielle-Marguerite), 1668.
Papon (Marie-Procule), 1757.
Pastel (Marie-Suzanne), 1635.
Pelletier (Jeanne-Marie), 1635.
De Pleuvrebreuve (Claude), 1641.
Poictiers (Marie-Marguerite Potier ou), 1631.
De Pontmort (Marie-Charlotte de Roux), 1675.
Quériau (Françoise-Angélique), 1699.
Redon (Jeanne-Marie), 1668.
De la Rivière (Claude-Eléonore), 1652.
Roche (Françoise-Catherine), 1700.
De la Roche-Aymont (Louise-Marguerite), 1678.
De la Roche-Aymont (Gilberte-Madeleine), 1677.
Rollet (Anne-Marie), 1668.
Rollet (Françoise-Amable), 1668.
De Roquefeuille (Marie-Elisabeth), 1632.
De Roquefeuille (Catherine-Angélique), 1632.
Roussa (Marguerite-Joseph), 1699.
Roussa (Marie), 1703.
Rousseau (Amable-Madeleine), 1704.
Rousille (Jeanne-Helène), 1735.
Roy (Françoise-Alexis), 1721.
De la Salle (Marie-Emmanuelle), 1668.
De la Salle (Françoise-Angélique), 1668.
De la Salle (Jeanne-Thérèse), 1670.
De la Salle (Louise-Angélique de Chauvigny, 1758.
De la Salle (Marie-Thérèse de Viginet), 1755.
Saugnier (Marie-Marthe), 1728.
Sedillot (Marie-Angélique-Mathilde), 1758.
Sevin (Marie-Françoise-Gilberte), 1717.
Sirejean (Claude-Cécile), 1650.
De Sirmond (Amable-François), 1719.
Soubrany (Claude-Suzanne), 1632.
Soubrany (Marie-Joseph), 1668.
Soubrany (Marie-Madeleine), 1668.
Strope (Marie-Madeleine), 1775.
Tailhand (Gilberte-Angélique), 1739.
Tailhardat (Anne-Isabelle), 1650.
Taphonye (Marie-Marthe), 1674.

Taravant (Jeanne-Augustine), 1713.
Teilhard (Anne-Joseph), 1738.
Teilhot (Françoise-Marguerite), 1733.
Thévenet (Claire-Eugénie), 1643.
Thorilhon (Anne-Marie), 1732.
Thorillon (Marguerite-Angélique), 1732.
Tixier (Paule-Jacqueline), 1706.
Valeix (Marie-Amable), 1722.
Valette (Marie-Elisabeth), 1623.

Valette (Marie-Agnès), 1632.
Valette (Marie-Gabrielle), 1635.
Valette (Jeanne-Elisabeth), 1668.
Valette (Marie-Charlotte), 1627.
Varennes (Marie-Amable), 1632.
Varennes (Marie-Colombe), 1636.
Des Varennes (Jeanne-Baptiste), 1632,
De la Vilatte (Marie-Aimée Cortaud), 1712.

A partir de 1668, les noms sont extraits du registre des professions et vêtures du monastère ; pour les années antérieures, ils le sont des divers actes notariés, pièces et documents qui nous ont passé sous les yeux.

Nous faisons suivre cette liste du texte d'un acte de vêture et d'un acte de profession. Il importe, en effet, de connaître dans quels termes ces événements, si importants dans la vie du couvent, étaient consignés sur le registre :

Acte de vêture. « Je, Jeanne-Elisabeth Vallette, fille de François Vallette et de Françoise de Ternaire, trésorier en la Généralité d'Auvergne, de cette ville de Riom, paroisse de Saint-Amable, âgée de 16 ans, certifie à tous qu'il appartiendra que, de mon propre mouvement et sans aucune contrainte, j'ai ce jourd'hui 15 de mai 1668, pris publiquement l'habit de novice dans ce monastère. En foi de quoi j'ai signé le présent acte avec notre très-honorée mère supérieure et deux témoins qui sont : Noble Etienne Ranvyer, conseiller du Roy, lieutenant-particulier en la Sénéchaussée d'Auvergne et siège présidial de Riom, et Christophe Forget, écuyer. » (Suivent les signatures.)

Acte de profession. « Je, Amable-Marie Legay, fille de Priest Legay, procureur du Roi en l'élection de Riom, et de Gilberte Begon, de cette ville de Riom, paroisse de Saint-Amable, âgée de 16 ans et 4 mois, certifie à tous qu'il appartiendra que, de mon propre mouvement et sans aucune contrainte, j'ai, ce jourd'hui 17 de juin 1668, fait solennellement les vœux et la profession dans ce monastère. En foi de quoi, j'ai signé le présent acte avec notre très-honorée mère supérieure et deux témoins qui sont : M. Antoine Legay, lieutenant en l'élection de cette ville de Riom, et M. Legay, contrôleur, mon père, mes frères, mes parents et amis. » (Suivent les signatures.)

2. (1790-1792)

« **État des Religieuses Visitandines qui ont demeuré de commun dans le couvent jusqu'à l'exécution de la loi du 16 août 1792** (art. 9). »

NOMS DES RELIGIEUSES	Année de la naissance	Traitements
Thérèse-Madeleine Dufraisse	»	»
Marie-Augustine Dufraisse	»	»
Marie-Henriette Chouvigny	1716	700 »
Françoise-Marguerite Teilhot	1713	id.
Jeanne-Charlotte Chaslus	»	id.
Anne-Joseph Teilhard	1721	id.
Marie-Suzanne Chabrol	1720	id.
Anne-Madeleine Chaslus	»	id.
Marie-Anne-Cécile Nevrezé	1727	id.
Gilberte-Marie-Christine Gannat	1730	id.
Marie-Thérèse La Salle	1726	id.
Anne-Marguerite Duchamp	1731	id.
Marie-Marguerite Duplantady	»	»
Marie-Victoire Rigaud	1741	600 »
Marie-Procule Papon	avaient quitté la vie commune.	
Jeanne-Rosalie Garnier		
Anne-Angélique Chabrol	1736	600 »
Marie-Françoise Fayolle		»
Marie-Madeleine Strope	1757	500 »
Louise-Amable Achon	»	id.
Thérèse-Augustine Lagorse		»
Françoise-Amable Bergounioux	»	»
Louise-Marguerite Fondary	1765	500 »
Jeanne-Marguerite Godnise, converse	1714	466 13
Marie-Michelle Laurent, id		
Françoise-Catherine Merle, id		
Jeanne-Angélique Mich, id		

(Cette pièce est extraite du tableau des Religieux et Religieuses des huit districts du département, aux archives de la Préfecture, liasse 32, de 1790 à l'an IV. — Elle nous a été communiquée par M. Bernet-Rollande.

3. (1818-1892)

Liste des Religieuses Visitandines du monastère rétabli de Riom, décédées audit monastère

(La première date marque celle de la profession, la seconde, celle du décès.)

Andraud (Marie-Emmanuel), 1841-1866.
D'Autier (Marie-Amable), 1864-1867.
Barret (Françoise-Marie), 1853-1888 (tourière).
Bassin (Marie-Agathe), 1823-1826.
Bassin (Marie-Gertrude), 1837-1882.
Blazeix (Marie-Angélique), 1834-1838.
De Bréchard (Jeanne-Charlotte), 1872-1886.
Bressoulaly (Marie de Sales), 1878-1881.
Brunier (Marie-Pauline), 1837-1838.
Brunier (Marie-Agnès), 1824-1862.
Brunon (Marie-Thérèse), 1779-1821.
Celeyron (Jeanne-Agnès), 1784-1830.
Chabanat (Cather.-Xavier), 1776-1830.
Cheymol (Marie-Clémence), 1839-1874.
Charles (Madel.-Séraphine), 1833-1869.
Chassaigne (Marie-Amable), 1820-1862.
Chollet (Marie-Angèle), 1835-1872.
Choty (Jeanne-Marie), 1830-1865 (tourière).
Clairat (Marie-Louise), 1830-1871.
Coiffier – Delaire (Marie – Célestine), 1844-1872.
Cornet (Louise-Constance), 1828-1856.
Cornet (Marie-Euphrasie), 1833-1837.
Cornet (Marie-Euphrasie), 1841-1851.
Court (Marie-Françoise), 1820-1852.
Courtadon (Marie-Régis), 1855-1867.
Coursière (Marie-Madel.), 1873-1883.
Du Crozet (Madel.-Caroline), 1826-1879.
Desnier (Marie de Gonzague), 1840-1861.
Duchemin (Marie-Cécile), 1831-1836.
Dufaud (Marie-Adélaïde), 1831-1833.
Dumas (Marie-Xavier), 1849-1871 (tourière).
Faure (Jeanne-Félicité), 1821-1868.
Fournier (Marie-Joseph.), 1822-1877.
Gauthier (Marie-Hélène), 1838-1851.
Germain (Marie-Stanislas), 1824-1871.
Germain (Marie-Madel.), 1834-1870.
Gidelle (Marie-Madeleine), 1822-1823 (converse).
Gidelle (Marie-Augustine), 1828-1870 (converse).
Grenet (Marie-Angélique), 1839-1891.
Labourier (Marg.-Marie), 1878-1881.
Legay (Anne-Louise), 1821-1858.
Leyrit (Marie-Anastasie), 1837-1848.
Lonchambon (Marie-Stanislas), 1874-1886.
Mage (Marie-Antoinette), 1882-1883.
Mandon (Marguerite-Marie), 1855-1860 (converse).
Montel (Marie-Félicité), 1833-1862.
Montel (Marie-Delphine), 1839-1849.
Ollier (Marie-Vincent), 1863-1872.
Ollier (Marie-Joseph), 1863-1872.
Des Paleines (Thérèse-Joséphine Barthomivat), 1786-1845.
Paul (Marie-Gabrielle), 1852-1880.
Pignol (Jeanne-Françoise), 1844-1871 (converse).
Porte (Marie-Lucie), 1838-1862.
De Roquelaure (Marie de Chantal), 1771-1827.
De Serre (Marie-Eulalie), 1842-1886.
Tartière (Marie-Sophie), 1779-1832.
Téallier (Jeanne-Thérèse), 1785-1833.
De Vissac (Marie-Antoinette), 1826-1878.

III

Contrat de fondation du monastère de la Visitation de Riom

Pardevant Jean Renangyes et Hugues Berlier, notaires royaux héréditaires à Molins, fut présente en sa personne haute et puissante dame Marie-Gabrielle de la Guisse, femme de haut et puissant seigneur messire Gabriel de Chazeron, chevalier, seigneur dudit lieu, Châtelguyon, Punsat, Monfaulcon et aultres terres, étant de présent en ceste ville, laquelle, tant pour elle que pour led. seigneur son mary, a déclaré et faict entendre à Reverante religieuse Sœur Jeanne-Charlotte de Bréchard, Mère supérieure de la Visitation Sainte-Marye de Molins, et religieuses Sœurs Marie-Hélène de Chastellus, adcistante, Marye Humbert, Marie-Geneviève Féron, Marie-Jeanne Ladier, Marie-Catherine Chariel, Françoise-Catherine de Gerbes, Claire-Geneviève Defeu, Jeanne-Claire de Brugerat, Louise-Antoinette Ogier, Marie-Séraphine de Lalande, Anne-Marguerite Rousseau, Marie-Charlotte Defeu, Marie-Henriette Durousseau, Marie-Cécile Ogier, Marie-Philiberte Favier, Marye-Renée de Mouville, Marie-Suzanne Dupré, et Anne-Baptiste Chaunel, toutes religieuses proffesses aud. monastère, présentes et assemblées à ceste fin dans le parloir d'icelluy au son du timbre, que pour la pieuse et saincte affection que ledict seigneur son mary et elle ont envers ledit Ordre et Institut de la Visitation Sainte-Marye, et désirans en tant que luy est promovoir et favoriser l'accroissement et l'advancement d'icelluy en divers endroits en l'honneur et gloire de Dieu et édiffication du prochain, et d'ailleurs, désirant en ceste occasion gratiffier et [mot illisible] la ville de Riom, pays d'Auvergne, tant pour la proximité de leur maison de Chazeron que pour la particulière affection qu'ils ont en lad. ville, leur vouloir et intention est de contribuer à la fondation et établissement d'un monastère de leur dict Ordre en lad. ville de Riom, aux conditions d'estre par cy après et à perpétuel, eux et leurs dessandans ou successurs, recognus pour fondateur, fondatrice de maison religieuse, comme aussy de participer à toutes les prières et oraisons, jeusnes, veilles, macérations et tous autres exercices de piété et dévotion qui se ferront en leur maison. A quoy lad. Mère supérieure et religieuses sus-nommées auroient volontiers unanimement incliné, cognoissant de longtemps le pieux et louable dessein desd. seigneur et dame de Chazeron, et l'advantage qu'en recevra leur dit Ordre, qui ce faisant aura d'autant plus de moiens de servir le public par l'exemple de leur dévotion au service de Dieu. Pour ce est-il que pour l'effect que dessus et pour parvenir à la fondation et establissement dud. monastère en lad. ville de Riom, s'est lad. dame de Chazeron, tant pour elle que faisant que pour led. seigneur de Chazeron, son mary, auquel elle a promis faire rattifier le contenu en ces présentes, obligé envers lesd. Mère supérieure et Sœurs religieuses acceptantes de fournir et payer par chascun an [un blanc] quy feront l'establissement d'un monnastère de leurd. Ordre en lad. ville de Riom et qui résideront en icelluy la somme de mil livres payable par advance en deux termes égaux qui commenceront au jour de leur entrée en lad. ville, et dont le payement se fera et continuera jusques à ce que lad. maison et monastère soit remply de dix relligieuses professes et ayant pris l'habit audit Riom, auquel temps cessera le paiement de lad. somme de mil livres, nonobstant les honneurs et privilèges de fondations leur seront conservés et continués à perpétuel. A cest effect led. paiement et pension annuelle de mil livres assigné par lad. dame spécialement sur la seigneurie de Punsat, et généralement sur tous et chascun de leurs autres biens meubles et immeubles... En la mesme faveur et considération que dessus s'est lad. dame obligée de payer pour une fois seulement aud. Molins d'huy en trois mois aud. relligieuses ou Communauté qui auront charge d'elles la somme de 4,000 livres pour estre employée en achapt de place, maison et autres choses qui seront jugées nécessaires par lesd. religieuses pour l'establissement dud. monastère... Et d'autant que les. seigneur et dame de Chazeron ont une particulière cognoissance des nécessités de lad. maison et monastère dud. Molins et du besoing qu'il a d'estre déchargé des relligieuses d'icelluy, et que d'ailleurs ils sont portés d'une singulière affection envers lesd. Sœurs relligieuses dud. Molins, lesd. seigneur et dame veullent et entendent que l'establissement dud. monastère en lad. ville de Riom soit faict et commencé par six religieuses d'icelluy dud. Molins, lesquelles y seront entretenues comme filles de leur maison de Riom, sans qu'à l'advenir elles puissent estre retirées que par le mutuel consantement desd. deux maisons, excepté la supérieure qui les y conduira pour commencer led. establissement, laquelle sy bon luy semble pourra se retirer en icelluy de Molins toutteffois et quantes après lesd. établissement, lequel sera commencé dans un an ou en plus long temps, à la commodité desd. religieuses. Ce que lesd. Mère supérieure et religieuses ont accepté et obligent à tout le contenu cy-dessus elles-mêmes et les autres relligieuses de leurd. maison et celles qui leur succèderont, ensemble le temporel d'icelle, avec promesse de n'y contrevenir à l'advenir et mesme de recognoistre lesd. seigneur et dame de Chazeron pour vrays fondateurs du monastère qui sera faict en lad. ville de Riom et pour insignes bienfaiteurs de celluy dud. Molins, et leur defférer comme tels leurs honneurs et privillèges concédés et permis par les saints canons de l'Eglise, et mesme à lad. dame l'entrée auxd. deux monastères de Molins et de Riom, adsistée d'une de ses damoiselles soubs le bon plaisir de nos Seigneurs les RR. évesques dans les diocèses desquels ils sont situés, à la charge que durant tel séjour et demeure que lad. dame fera lesd. Sœurs ne seront diverties de leurs exercices ordinaires ains qu'elle s'y conformera s'il luy plait aveq le respect de Dieu et la dévotion.

Faict et passé au parloir dud. monastère après midy le dixiesme jour de septembre 1622.

Ratifié par M. de Chazeron au château de Punssat le 25 septembre 1622. Insinué à Riom le 20 novembre 1622. (Archives de la Préfecture, l. I-1. — Registre des délibérations des consuls de Riom, 1623.)

IV

Procès-verbaux des assemblées de ville du 23 octobre 1622 et du 29 octobre 1623

1. — *Assemblée du 23 octobre 1622*

Assamblée généralle des citoyens et habitans de la ville de Riom convoqués au son de la trompete par tous les carrefourds de ceste dite ville dès le jour d'hier et encore cejourd'huy matin, tenue en la maison commune du Sainct Esprit de ladite ville par Messieurs Fournyer, Du Flocquet, de Sirmonds et Bardon, le dimanche 23º jour d'octobre 1622, à laquelle ont adsisté Messieurs

de Murat, lieutenant général,	Combes,
Chaduc,	Lalande,
Chatard,	de Sirmonds,
de Rodes,	Moucquet,
Combes, conseillers,	Martin, bourgeois,
Vallette, procureur du Roy,	Michel Rollet,
Dalemaigne, assesseur,	Antonin Rollet,
Arnoux,	Gilbert Archon,
Faidit,	Louis Celerier,
Rigaut,	Antonin Rigaut,
Roux,	Pons Torrent,
Mangot,	André Teilhot,
Cambray,	Claude Sardon,
Marie, advocats,	Nicolas Erallard,
Soubrany,	Pierre Bonnefoux,
Bernard,	Antonin Guy,
Brujas,	Blaize Rocheffort,

François Duranc,	Jerosme Bernard,
Jean Assollent,	Michel Demontigny,
Amable Labier,	Léger Bauduy,
Guillaume Fradet, procureurs,	Antonin Faure,
Priest Conchon,	Gilbert Puray,
Amable Thuel, praticiens,	Jean Gay,
Antonin Legay,	Jean Lamadon,
François Chaduc,	Gilbert Dègue,
Gilbert Cartaud,	Claude Baratier,
Jacques Chaumard,	Pierre Sablon.

Tous citoyens et habitans de la ville de Riom et représantans le corps commun et estat des habitans d'icelle.

... En dernier lieu a esté exposé par lesdits consuls qu'ils ont receu de Madame de Chazeron une lettre par laquelle elle fait entandre le désir qu'elle a d'installer en ceste ville une religion de la Visitation Saincte Marie, et que pour cest effaict elle a passé contract avec les prieure et religieuses dudit Ordre en la ville de Moulins, lequel a esté agréé et ratiffié par Monsieur de Chazeron, qui a esté représanté à l'assemblée et leu avec les lettres tant de lad. dame de Chazeron que de la prieure de lad. religion de Molins, par lesquelles elles déclarent que l'establissement de lad. religion en ceste ville n'apportera aucune incomodité en conséquance de la dotation que lad. dame de Chazeron faict par led. contract et des charités qu'elles espèrent recevoir d'ailleurs que des habitans.

Sur quoy, lecture faicte desd. lettres et contract, a esté délibéré qu'attandu le grand nombre de relligieux et relligieuses qui ont esté cy-devant receus en ceste ville et l'incommodité que lesd. relligieuses de Saincte Marie pourroient recepvoir à cause de la petitesse de lad. ville qui ne pourroit permettre leur logement et establissement, que lad. dame de Chazeron sera remerciée de sa bonne volonté et charitable désir, et que pour les considérations susdictes, les habitans ne peuvent entandre à lad. installation.

2. — *Assemblée générale du 29ᵉ d'octobre 1623*

A été exposé par les consuls, par la voix du sieur Chabron, que, par délibératoyre de l'assemblée du 8ᵉ octobre dernier, fut résollu que lesd. sieurs consuls presteroient consentement à l'établissement des dames relligieuses de la Visitation Saincte-Marye sous les conditions portées par le délibératoyre du 26ᵉ mars dernier ; et, pour dresser le contract qu'il conviendroit de passer avec les caultions que la ville désiroit avoir desdites dames relligieuses, et pour s'enquérir de la solvabilité desdictes caultions, furent nommés Messieurs Charrier, conseiller, Arnoux, avocat, Soubrany, bourgeois, et Rigaud, procureur ; et que la minute dudict contract, avant que d'être passée, seroit leue en la prochaine assamblée générale pour y être confirmée et lesd. caultions approuvées.

Et à tant que lesd. sieurs sus-nommés ont dressé la minute du contract en la forme qu'ils ont jugé devoir être passé par la ville avec Messieurs Vallette, procureur du Roy, Cartier père, Lalande, bourgeois, et dame Anne de Murat, veuve de feu Gabriel Charriel, qui se sont offerts et portés pour caultions ; et qu'ils ont mis le contract en leurs mains pour vous en estre faict lecture, comme aussy d'une requeste, présentée par lesdites dames relligieuses, tendant entre autres choses à ce que la ville agréât le traité et achat qu'elles désirent faire de la maison du sieur Arvyer, marchant de ceste ville, sittuée dans la rue de l'Asne Vert, pour s'y loger et establir, pour après en estre sur le tout par leur assamblée résollu et deslibéré. La teneur desquelles requestes présentées par lesd. dames relligieuses s'ensuit. (Voir le texte d'une partie de ce document en date du 3 septembre 1623, dans le corps de l'ouvrage, chap. IV, p. 42. Voici celui du surplus :)

Messieurs les Consuls et habitans de ceste ville de Ryom, en l'assamblée générale du dimanche 29e octobre 1623.

Supplient humblement les Sœurs relligieuses de Saincte Marye de la Visitation, disant que, suivant la résollution de l'assamblée dernière, elles ont traicté et concerté avec Messieurs les députés pour icelle la forme de contract que ladicte assamblée a désirée pour asseurer la ville qu'elle ne sera tenue ou recherchée de contribuer aucune chose pour l'establissement qu'elle a consenti d'un couvent dud. Ordre en ceste ville, soit pour l'achapt de la place ou édification de l'église, couvent, entretènement ou nourriture des suppliantes ; duquel contract elles sont demeurées d'accord en la forme du projet cy-attaché, comme aussy des caultions dont lesd. sieurs députés se sont contentés, qui sont : Messieurs Valette, procureur du Roy, Cartier, grenettier, Lalande, bourgeois, et Madame Chariel, tellement qu'il ne reste que l'approbation réservée à la présente assamblée.

Ce considéré, mesdicts sieurs, et attandu qu'après la déclaration des suppliantes, suivie de celle de la ville qu'elle n'entend contribuer aucune chose, et encore du contract cy-attaché, il est habondamment pourveu à la seureté de la ville contre tout ce qui se peut appréhender, il vous plaise permettre et ordonner que Messieurs les Consuls contracteront avec lesdictes caultions, et encore consentir à ce que les suppliantes puissent achepter la maison du sieur Arvyer, marchant drappier, scittuée en la rue de l'Asne Vert, sellon le prix dont elles sont d'accord avec lui, et elles continueront leurs instantes prières pour la prospérité de la ville. Et signé : J.-C. de Bréchard, M.-C. Chariel, M.-S. de Lalande, M.-Elisabet Vallette.

Sur quoy, après que lecture a esté faicte desd. requestes et du project de contract dressé en minute par lesd. sieurs Charnier, Arnoux, Soubrany et Rigaud, a esté résolu et deslibéré que lesd. sieurs Consuls passeront et consantiront led. contract en la forme qu'il est avec lesd. sieurs Vallette, procureur du Roy, de Lalande, Cartier et dame Anne de Murat, veusve de feu noble Gabriel Chariel, et ce toutes fois soubz les charges et conditions, car aultrement la ville n'eust permis et consanty led. establissement et passation, et stipuleront que lesd. dames relligieuses ne pourront contraindre les habitans à leur vendre leurs maisons et héritages, si ce n'est de leur franche volonté et avec le consantement de Messieurs les Consuls, qui pour cet effect y seront appelés, et ne pourront acquérir des héritages dans lad. ville et banlieue d'icelle que jusqu'à la somme de mille livres de revenu et non davantaige.

Et sera le présent délibératoyre escrist au pied dud. contract, lequel dict contract, étant passé et receu, sera transcrit dans le registre des délibératoyres et au pied du présent, après que led. consantement aura été accepté par lesd. dames relligieuses aux conditions portées par icelui.

Et copie collationnée d'icelui sera libellée à chacung desd. sieurs Consuls et mise aux archives de la ville et au greffe de la Sénéchaussée d'Auvergne, comme aussy des requestes présantées par lesd. dames relligieuses, pour y avoir recours quand besoing sera, suivant lesquelles requestes la ville consant, permet que lesd. dames relligieuses puissent traiter de la maison dud. sieur Arvyer, marchand drapier, scittuée en la rue de l'Asne Vert, pour s'y loger et establir.

S'ensuit la teneur du contract :

Personnellement establis noble Jehan Vallette, procureur du Roy en la Sénéchaussée d'Auvergne, sieur Jehan de Lalande, bourgeois, sieur Louys Cartier, grenettier pour le Roy audict Ryom, et dame Anne de Murat, veusve de feu noble Gabriel Chariel, vivant controlleur général, tous habitans de ceste ville de Ryom, lesquels, de leur bon gré, solidairement l'un pour l'autre, renonçant à tout ordre de discussion, pour le désir qu'ils ont de voir l'establissement des relligieuses de la Visitation Saincte Marye suivant l'intention des sieur et dame de Chazeron, qui se veulent rendre fondateurs dud. monastère, pour descharger lad. ville de tous frais et incomoditez qui lui pourroient survenir à l'occasion dud. establissement, ont promis à honorables hommes Messieurs Pierre Chabron, assesseur, Pierre Montanier et Hiérosme Léonard, marchand, consuls de lad. ville, présents et acceptans pour eulx et leurs successeurs consuls, de fournir, payer, faire valoir la somme de mille livres chacung an, que lesd. sieur et dame de Chazeron ont promis aud. monastère pour la nourriture et entretènement des relligieuses par deux contracts les 10ᵉ et 25ᵉ septembre 1622, reçus le premier par Renanges et Beveix, notayres à Molins, et le second par Juge, notayre à Punssat, jusqu'à ce qu'elles auront fonds et revenus de lad. somme bien asseurés ; pour le payement de laquelle ils se sont rendus principaux débiteurs, sauf leur recours contre lesd. sieur et dame de Chazeron, sans que lesd. sieurs Consuls ou Relligieuses soient tenus de s'adresser premièrement auxd. sieur et dame de Chazeron, et de faire aucune discussion contre eux, car autrement lesd. sieurs n'eussent presté aucun consentement aud. establissement. Et oultre ce encore, lesd. sus-nommés ont promis de décharger lad. ville ou de la faire décharger de tous frais, fournitures qu'il conviendroit faire pour l'establissement de lad. relligion et construction dud. monastère, nourriture et entretènement desd. relligieuses, le tout, oultre et au par dessus les assurances du contract desd. sieur et dame de Chazeron, et sans y déroger en façon quelconque, lequel demeurera toujours en sa force et vigueur ; et lorsque lesd. Relligieuses seront basties et rantées de lad. somme de mille livres, les susnommés demeureront entièrement quittes et déchargés de la présente obligation qui demeurera sans effect.

Et à ce ont esté présantes relligieuses dames Jehanne Charlotte de Bréchard, Marye-Catherine Chariel, Marye-Séraphine de Lalande, Marye-Elisabet Vallette, lesquelles, conformément au délibératoyre des habitans de ceste ville du 29ᵉ octobre dernier qui leur a esté présantement leu, ont promis, tant pour elles que pour les aultres relligieuses qui seront cy-aprez au couvent, de ne contraindre aucung habitant de leur vendre leurs maisons et héritages, si ce n'est du consentement desd. habitans et de l'avis desd. sieurs Consuls, et n'intenter aucung procez pour la vente desd. maisons et héritages. Aussy ont promis de n'acquérir dans lad. ville et banlieue d'icelle de fonds, routes et autres immeubles que jusqu'à la somme de mille francs de revenus ; et en conséquence de ce, lesd. sieurs consantent que lesd. dames relligieuses soient establyes.

A quoy faire, et à l'entretènement de tout ce que dessus, lesd.

parties, chacung en son endroict, se sont obligez tous et chacung leurs biens meubles, immeubles, présans et à venir, car ainsy l'ont voulu et accordé, etc...

Et faict à Ryom, dans la maison de Monsieur le conseiller de Combes, où font à présent leur demeure lesd. dames Relligieuses, en présence de......, témoings soubssignez avec toutes lesd. parties, ce quatrième novembre mil six cent vingt trois, après midy.

Et à l'original les présantes sont signées : Chabron, Montanier, Bernard, J.-C. de Bréchard, soubz le bon plaisir et aucthorité de Monseigneur l'évêque de Clermont, — M. C. Chariel, M. S. de Lalande, M. Elisabet Vallette, de Murat, Vallette, de Lalande, Cartier..., et Teilhot, notayre royal.

Et led. original scellé de cire rouge aux armées du Roy. (Signé) Teilhot, notayre royal et secrétaire de lad. ville.

V

Procès-verbal de la première visite de Mgr d'Estaing (6 déc. 1623)

Extrait des registres de la visite

Nous Joachim d'Estaing, par la grâce de Dieu et du Sainct Siège apostolicq évesque de Clermont, cejourd'huy sixiesme jour de décembre 1623, ayant esgard à la requeste verbale à nous faicte par relligieuse fille Charlotte de Breschard et autres relligieuses de l'ordre Sainct-Augustin, soubz le tiltre Saincte Marie de la Visitation, pour leur establissement de la ville de Rion et dans une maison située au cartier Sainct Amable en la rue de l'Asne Vert, que nous avons visité et trouvé icelle estre composée de deux corps de logis où il y a chambres basses et [mot illisible] premier, caves, cuvages avec une grange, basse-cour et jardin, au bas duquel logis est le lieu pour la chappelle et le cœur : ensuitte avons trouvé dans ladicte maison pour l'ameublement de ladicte chappelle trois ornements d'autel complets, un tabernacle petict et doré fermant à clef, six chandeliers et quatre vases de mesme, deux obits avec livre de mort, six corporaux et six purificatoires, deux chasubles, l'une blanche et l'autre rouge, six nappes d'autel et quatre [mot illisible], quantité de serviettes tant pour le service de l'autel que pour la communion, trois voiles, savoir un en broderie d'argent, un de taffetas fassonné et un de gaze, une boitte d'osties de satin incarnat et broderie d'argent et une douzaine de corporaux, une lampe, un calisse, un cyboire, un soleil et un missel, qu'elles ont dict avoir emprunté en attendant d'en avoir un. Et pour l'ameublement de la maison avons trouvé y avoir sept lits garnis de paillasses, matelas, couvertures, coussins et tours de lits, quatre douzaines de serviettes, douze plats d'estain, douze assiettes, huict peticts pots pour mestre le vin, deux douzaines et demye d'essuie-mains, du linge de cuisine et du linge servant à l'usage desd. relligieuses, et à chacune d'icelles deux habits complets presque tout neufs. Et apprès avons suivy toute ladicte maison et bastiments, et iceluy trouvé de largeur et grandeur convenable et suffisante pour le logement et commodités desd. relligieuses et propre pour l'exercice de leur règle et statut, et du tout avons dressé nostre présant procès-verbal (1).

VI

Le monastère de la rue de l'Ane-Vert

Nous avons dit (ch. vi, p. 62) que, dès les premiers jours de son installation dans la maison Arvyer, la Mère de Bréchard avait compris la nécessité de l'agrandir et d'y annexer les immeubles voisins. Elle y parvint, non sans difficultés, mais en peu de temps. En moins de six années, elle avait réalisé les actes suivants :

31 décembre 1623, achat de Claude Arister d'une grange, jardin, basse-cour, grenier, cave et cuvage : 400 livres ;

26 février 1624, achat de la maison de Jean Geral : 300 livres ;

27 mai 1624, achat de la grange, basse-cour et jardin de Jean Valette : 100 livres ;

7 juillet 1624 (?), achat de la maison de Mathieu Suchaud : 850 livres ;

12 juin 1625, échange avec Clément Renon d'une maison sise rue de l'Ane Vert, n° 34 ;

12 juin 1626, achat de la maison de Michel Blanc : rente perpétuelle de 62 livres, 10 sols ;

16 juin 1626, échange d'une maison avec Jacques Soulier : soulte de 400 livres ;

16 juin 1626, achat de la maison Chambre : 1200 livres ;

---

(1) Archives départementales, l. I, 1.

26 juin 1626, achat de la grange des héritiers Faydit : 1200 livres (Mᵉ Robert, notaire à Montferrand) ;

9 avril 1628, échange d'une maison et d'une grange avec François Durand ;

3 août 1628, achat du jardin de Jean-Boyer, 100 livres ;

26 août 1628, achat de la maison de Jacques Pailloux : 1200 livres.

Ces immeubles étaient grevés « d'un septier de froment ou environ de cens et rentes. » Ils avaient été dispensés du droit d'amortissement par lettres patentes d'avril 1630 (F. V., l. I-1).

Le monastère ainsi constitué devait avoir une étendue importante. Aucun doute ne peut, en effet, exister sur son emplacement précis, bien que les uns veulent qu'il ait été situé dans la maison de l'Académie (hôtel Massis-Gouttenoire, rue de l'Horloge, nº 20), et les autres qu'il ait occupé le sol sur lequel s'élèvent aujourd'hui différentes maisons de l'impasse Malouet. Les confins de l'acte de vente Arvier que nous avons donnés au chapitre IV, p. 45, et ceux des divers actes que nous venons de mentionner ne laissent place à aucune hésitation. Le couvent comprenait à peu près tout l'espace qui s'étend aujourd'hui entre les rues de l'Horloge à l'est, de la Charité au midi, Malouet à l'ouest, et la rampe de Layat au nord. Il suffit d'appliquer à ce quadrilatère les confins de la vente Arvyer pour s'en convaincre. Au surplus, nous savons (ch. XV) que le couvent a servi quelque temps de local à l'Académie. Mais l'écuyer l'avait seulement loué pour y tenir ses cours, — et il n'existe aucune identité entre notre monastère et la maison qui fut plus tard le siège fixe de l'école d'équitation. Enfin, rien ne s'oppose à ce que le couvent s'étendît jusqu'à l'impasse Malouet et recouvrît même le sol de la partie septentrionale de la rue Malouet actuelle. On le voit, les divers systèmes proposés se concilient parfaitement avec nos données, dont l'exactitude, nous le répétons, ne saurait être contestée.

Nous avons dit que la portion la plus considérable de l'emplacement de ce couvent fut achetée par M. Georges Courtin (ch. XV). En août 1737, suivant acte reçu Boiraud, notaire, elle fut vendue à Jean-Jacques Lenormand, receveur des tailles à Riom. En 1779, le fils de celui-ci, François-Nicolas, l'aliéna lui-même au profit de Charles-Nicolas Teilhot, qui devint plus tard receveur des tailles en l'élection de Riom. Depuis cette époque jusqu'en octobre 1886, l'immeuble resta dans la famille de ce dernier, représenté à ce dernier moment par le petit-fils de sa fille, M. le baron Emmanuel Voysin de Gartempe (1). A cette date, il fut acquis par la Société

---

(1) Ces détails nous ont été fournis par l'obligeance bien connue du regretté

civile immobilière de Riom, dans le but de fournir un asile aux Frères de la Doctrine chrétienne de la ville, dont l'école communale venait d'être brutalement laïcisée.

Ainsi donc, les pieuses Visitandines se trouvaient remplacées, à 250 ans de distance, par les admirables édificateurs de la jeunesse qui, depuis un siècle à Riom, ont si bien mérité de la cause de la liberté et de l'enseignement populaire ! Ainsi donc, la Mère de Bréchard se trouvait avoir dépensé ses fatigues et ses soins pour constituer un jour un refuge aux enfants de la ville que leurs parents voudraient arracher aux doctrines désolantes de l'école dite neutre ! Providentielle succession des choses humaines, dont nous ne saurions mieux célébrer les féconds résultats qu'en reproduisant ce passage du magnifique discours prononcé à la première distribution des prix de l'Ecole Libre, le 8 août 1887, par M. le comte Guillaume de Chabrol :

« Si la Révérende Mère de Chantal ou la Mère de Bréchard revenait aujourd'hui dans cette maison, où fut fondée notre première Visitation, quel, pensez-vous, serait son étonnement ? Dans les cloîtres où les novices voilées marchaient en silence et les yeux baissés, elle entendrait les ébats bruyants de nos jeunes écoliers. Ah ! vous connaissez mal les saints, si vous ne voyez pas d'ici son heureux sourire, si vous ne la voyez pas ramasser une bille égarée et la rejeter au milieu des joueurs. C'est qu'au fond de son cœur elle admirerait la merveilleuse fécondité de l'Eglise, qui sait modifier ses œuvres, les adapter à chaque siècle et à chaque peuple. Aux âges héroïques des batailles, l'Eglise fonde la Chevalerie et les Ordres militaires. Aux temps aristocratiques elle présente, dans les couvents contemplatifs, le problème du renoncement à tout faste et à toute gloire. Dans notre société démocratique, voici l'Eglise toute à l'action populaire, toute à l'éducation des enfants, toute aux œuvres sociales. C'est la même pensée sous une forme moderne. Quand le céleste Laboureur élague une branche de la civilisation qui a donné tous ses fruits, la sève généreuse de l'Eglise monte plus haut, atteint des branches nouvelles, y porte toute sa force, et ainsi croît toujours ce grand arbre bienfaisant auquel chaque siècle amène un printemps nouveau et qui fournit à chaque siècle une récolte au jour marqué ! »

M. Alphonse du Corail. — Chacun a remarqué, sur la rampe monumentale de l'escalier et aux balustres des fenêtres, les deux lettres C. A. qui s'entrelacent dans les nervures du fer. C'est le chiffre de Georges *Courtin* et de Jeanne *Arnoux*, sa femme. M. Courtin avait, en effet, reconstruit en partie l'hôtel que M. de la Clède avait aménagé aux dépens de l'ancien couvent.

VII

Le monastère du faubourg de Mozat

Le lecteur nous saura gré, sans doute, de placer ici quelques détails sur le nouveau monastère du faubourg de Mozat. Pour la rapidité du récit, nous n'avons pas cru devoir les insérer dans le corps de l'ouvrage ; mais ils nous paraissent présenter un réel intérêt.

Tout d'abord, la note exacte des dépenses faites pour la construction du couvent, que nous avons retrouvée dans « un caiet » tenu par l'Econome de la Communauté, et qui porte la date du « 15 may 1645 » (1) :

« Pour l'achat de la place, jardin.....	7400 l.		
Aux maîtres maçons.................	22816 l.		
Aux couvreurs pour blanchissages et carronnages........................	4454 l.		
En charpente.......................	23174 l.	18 s.	
Aux menuisiers.....................	2277 l.	19 s.	8 d.
Aux serruriers.....................	1956 l.	15 s.	6 d.
En pierre de taille..................	4826 l.		
En carron et tuiles..................	3475 l.	18 s.	6 d.
Pièces de bois et tous les aiz........	3599 l.	6 s.	6 d.
Aux vitriers........................	125 l.		
Comblements des offices............	285 l.	10 s.	8 d.
Vins des prix faits et poursuites faites à des ouvriers.......................	147 l.	17 s.	
« Le tout fait...	63439 l.	25 s.	10 d. »

Il était indispensable pour la Communauté d'avoir à sa disposition une quantité d'eau suffisante pour « l'usage et bouche » des Religieuses.

Les directrices du monastère n'ont garde d'oublier cette question importante entre toutes.

Les archives municipales de la ville de Riom nous révèlent que la Mère de Bréchard, dès son installation au couvent de la rue de

(1) F. V., l. II-1, cote 1.

l'Ane-Vert, s'en était préoccupée, et avait profité de la situation privilégiée de la ville au point de vue de l'abondance des eaux, pour obtenir la concession d'une fontaine.

Au commencement de novembre 1633, elle présente aux consuls la requête suivante :

« Supplient et vous remonstrent humblement les religieuses du couvent et monastère S{ie} Marie de cette ville, dizants que lorsqu'elles furent establies en ceste ville par délibératoire de ville, elles acheptèrent la maison et grange du sieur Jean Gerzat, dans la basse-cour de laquelle y avoit ung puy servant pour le service dud. monastère qui aboutissoit la maison de M. Pierre Arvier, tailleur d'habits, lequel pour obliger les supliantes de l'acquérir chèrement leur auroit donné toutes sortes d'incommodités mesmes faict enfoncer le privé et lieu commun qui estoit dans sad. maison aboutissant led. puy, et faict couller les immondices qui estoient dans icelluy dans le puy des supliantes, ce qui l'auroit rendu tellement puant et infet qu'elles auroient esté contrainctes de le combler, ne s'en estant depuis peu servir à cause de la puanteur et mauvaize senteur que l'eau dud. puy leur aportoit au subget. Depuis ce moment là elles ont esté contrainctes de prandre et se servir de l'eau de la fontaine de Layat pour toutes les nécessités de leur maison et monastère, ce qui les incommode grandement à cause de la grande quantité d'eau qui leur est nécessaire ordinairement en toutes saisons comme il est notoire aux habitans de la ville. Ce considéré, mesd. sieurs, il vous plaira de vos graces permettre aux supliantes de prandre de l'eau pour leurs nécessités dans le bassin de la fontaine de Layat ou quoy que soit de celle qui sort du canal entrant dans led. bassin pour la conduire dans leurd. monastère à leurs frais, ce qui se fera sans incommoder les habitans de lad. ville, parce que lad. prinze d'eau ne diminuera point celle de lad. fontaine qui tombe dans led. bassin, et après coullant dehors lors que les habitants ont prins leur provision nécessaire, et les supliantes prieront Dieu pour votre prospérité, santé. Ce sera justice. Et signé : Sr Jeanne Charlote de Breschard, Sr Marie Elizabet Vallette, Sr Marie Barrier, Sr Marguerite Potier, Sr Marie Jaqueline Bouchon. »

A l'assemblée générale du 27 novembre 1633, les consuls, « par la bouche du sieur Beauxamy, » lisent cette requête, laquelle, disent-ils, « ils n'ont voulu respondre comme estimantz que l'affaire regarde l'intérest du général et particulier de la ville, et méritoit d'estre exposé à l'assemblée générale de lad. ville pour y estre délibéré ce qu'elle advisera, de quoy elle est priée. »

M. Lacledde, « convoqué en ceste assemblée, a remonstré l'intérest et le dommage que la prinze d'eau demandée luy pourroit donner et à ses voizins, aux caves de leurs maisons, à laquelle demande il s'oppose et en requiert acte. » Malgré cette opposition, il est « délibéré et résolu par la pluralité des voix que, entérinant la requête desd. dames religieuses Ste Marie, il leur sera permis de prandre de l'eau du bassin et rézervoir de lad. fontaine de Layat..., et pour lad. prinze d'eau sera faict et posé dans led. bassin et rézervoir un canal ou tuyau de pierre de taille grillé dehors au-dessus en forme d'entonnoir vis-à-vis de l'ung des tuyaux coulants l'eau dans ledit bassin, sans qu'il soit rien altéré ny diminué et que le bestail puisse boire dans ledit bassin..., le tout à leurs frais et despans..., et il sera passé contract avec lesd. dames par lequel elles s'obligeront à effectuer et entretenir ce que dessus... — Auquel contrat et à lad. prinze d'eau Monsieur Charrier, conseiller, et Cartier, bourgeois, commissaires nommés pour le faict de réparation des fontaines, assisteront. »

Enhardies par ce succès, les Religieuses, lors du transfert de leur couvent au faubourg Mozat, demandent à nouveau, le 14 septembre 1642, que la ville leur octroie « l'eau des fontaines en même quantité qu'elle avoit donné et accordé à feu M. de Murat, vivant lieutenant-général, dans le jardin qu'il avoit au faubourg de la porte de Mozat, que lesdites dames ont acquis dans l'espérance d'avoir cette eau. Elles font, du reste, construire en ce lieu un monastère et église pour y faire leur demeure et habitation perpétuelle qui décore d'autant le faubourg. » Les consuls appuient cette supplique, et le corps de ville accorde « à ces bonnes dames religieuses » un volume d'eau « de la grosseur d'une plume commune à écrire, » qu'elles pourront prendre trois mois avant de s'établir dans leur nouvelle maison (1).

L'entretien annuel des fontaines du couvent coûtait 12 livres à la Communauté (2).

La chapelle du couvent ne présentait, pas plus à l'intérieur qu'à l'extérieur, un caractère architectural. Toutefois, on a jadis retrouvé sur les murs des restes de vieilles peintures, sur la valeur

---

(1) Ce traité fut l'objet d'une révision de la part de la ville le 17 février 1725, à la suite d'une enquête faite par le subdélégué de l'Intendant le 27 novembre 1724 (Archives municipales ; F. V., l. II-2).

(2) Traité du 12 juillet 1688, entre la Mère d'Albon et le sieur Herbault, fontainier ; quittance du 31 décembre 1728 par le sieur Antoine Roche, fontainier (F. V., l. II-1 ; l. III-2).

desquelles il était assez difficile de discuter, vu leur délabrement. D'autre part, nos documents sont absolument muets sur la façon dont les Religieuses avaient aménagé et orné leur « église. » Il est donc impossible de se prononcer sur son état de richesse ou de pauvreté. Voici cependant l'extrait d'un devis, qui démontre que la Communauté tentait, dans la mesure de ses forces, de parer sa chapelle :

A la date du 19 février 1692, le sieur Delasaigne, « sculpteur et menuizier, » s'engage envers la supérieure, la Mère de Montmorin, à « faire un retable de bois en noyer beau et bien choisy au maistre-autel de l'église, à quatre grandes colonnes torses, avec pilastres et cannelures, travaillées en pampre de vigne, enrichies et feuillées de raisins et autres ornements d'architecture, peinture et menuiserie, conformément au dessaing et au plan, — sans qu'il soit tenu de faire les quatre grandes figures représentant les quatre évangélistes et qui estoient dans le dessaing ; pourtant fera les deux figures du bœuf et du lion, et les grosses testes de séraphins à quatre aisles chacun, qui seront placées dans les pièces d'estain, où les susdites grandes colonnes seront pozées ; et en outre, au-dessus des chapiteaux dans les dais de la cornize dudit retable, fera quatre testes d'anges au lieu et place des quatre roses marquées dans le plan, et une frise au-dessus du grand tableau (1). »

La cloche, qui existait lors de la Révolution, pesait « environ cent livres, » et avait été achetée 144 l. le 3 avril 1783 (2).

VIII

Deux poésies de la Mère de Bréchard

NOEL

1ᵉʳ C.

Écoutez, ô mortels, une étrange merveille :
O bonté non pareille !
Dieu s'est humanisé, et, sans quitter les Cieux,
Il naît en ce bas lieu.

(1) F. V., l. I, c. 3.
(2) F. V., l. III, c. 2.

2º C.

Cet ouvrage divin de la toute-puissance,
Cette heureuse naissance,
Ravit les citoyens de la sainte Sion
En admiration.

3º C.

Ils accourent çà-bas pour voir leur Souverain,
Disant : Comment peut naître
Celui que nous savons avoir toujours été
De toute éternité ?

4º C.

Courage ! enfants d'Adam, ce bon Dieu nous assure,
Prenant notre nature;
Que nous irons un jour peupler le paradis,
Dont nous étions bannis.

5º C.

Quel bonheur, quel honneur et quel plaisir ensemble
. . . .
Le tout avec le rien, le faible avec le fort,
La vie avec la mort.

6º C.

Quel esprit eût jamais conçu cette pensée,
Ou quelle âme insensée
Eût osé souhaiter que, pour ne périr pas,
Dieu souffrît le trépas !

7º C.

Les savants sont d'accord, sans aucune conteste,
Et moi, je le proteste,
Qu'il valait beaucoup mieux laisser l'homme périr,
Que de voir Dieu mourir.

8º C.

Que puis-je donc penser, voyant dans une étable,
Cet enfant tout aimable,
Sinon que sa bonté nous fait voir en ce jour
Un miracle d'amour !

9e C.

O adorable enfant, ô mes chères délices,
Recevez les services
Que j'offre, pour jamais, du profond de mon cœur,
A votre alme Grandeur.

10e C.

Je n'aurai plus de cœur que pour aimer l'enfance,
Et la douce innocence,
Puisque mon Dieu, mon tout, en ce jour triomphant,
S'est fait un doux Enfant.

NOEL

1er C.
Cachez-vous, ô flambeaux des Cieux,
Et n'éclairez plus à mes yeux,
Puisqu'une lumière divine,
Qui me réchauffe en m'éclairant,
Darde ses raies en ma poitrine
Et me fait revivre en mourant.

2e C.
O jour heureux et fortuné,
Auquel cet Astre nouveau-né
Répand sa divine influence
Sur tout le genre des humains,
Et jette l'œil de sa clémence
Sur cet ouvrage de ses mains !

3e C.
Heureuse mille et mille fois,
Pouvons-nous dire à haute voix,
La Sainte Pucelle Marie,
Puisqu'elle est la Reine d'honneur
De toute éternité choisie
Pour être Mère du Sauveur !

4e C.
Que peut dire l'homme arrogant,
Lorsqu'il voit ce grand Dieu tonnant
Quitter le trône de sa gloire
Pour venir, en cette façon,
Gagner du monde la victoire
Sous la forme d'un Enfançon ?

5e C.
>Que penseront ces esprits vains,
>Fiers, téméraires et hautains,
>Qui vont se pavanant sans cesse
>Sur le théâtre de l'honneur,
>Et veulent que chacun s'abaisse
>Sous leur fantastique grandeur ?

6e C.
>Pourront-ils voir assurément
>Celui qui vient, tout humblement,
>Nous enseigner, par son exemple,
>A mépriser la vanité,
>Et que le vrai honneur contemple
>La souveraine Vérité ?

Nous croyons devoir joindre ici, à titre de curiosité, le cantique suivant, que les Dames de la Visitation de Tournon chantent tous les ans, en vertu d'une vieille tradition, au jour anniversaire de la mort de Madame de Bréchard, devant une image de la vénérable Mère : les monastères de la Visitation seront sans doute heureux de connaître cette poésie en même temps que cet usage :

>Jeanne-Charlotte, ah ! c'est la sainte amante
>Dont le nom seul nous dit l'humilité ;
>L'abjection et l'attire et l'enchante
>En l'enivrant de sa sainte volupté.

>Cette humble Mère est notre grand modèle ;
>Suivons ses pas : vivons d'humilité,
>Abaissons-nous d'un cœur toujours fidèle
>Et dilaté *(ter)*.

>Mépris, rebuts, éléments de sa vie,
>Pour elle étaient des faveurs de l'Epoux.
>De ces joyaux son âme était ravie,
>Ne trouvant rien de meilleur, de plus doux.

>Mais quand l'Epoux, dans ses munificences,
>Lui prodiguait sa tendresse en retour,
>Alors c'étaient de saintes défaillances,
>Effets divins des assauts de l'amour.

IX

Procès-verbaux concernant les reliques de la Mère de Bréchard

1. — *Procès-verbal du 23 mai 1645*

« Nous, Henry de Maupas du Tour, évêque du Puy, comte de Velay, suffragant spécial et immédiat du Saint-Siège, abbé de Saint-Denis de Reims, conseiller du Roi en ses conseils d'état et privés, et premier aumônier de la Reine régente, mère du Roi,

» Certifions que, ce jourd'hui vingt-troisième mai 1645, nous étant rencontré en la présente ville de Riom en Auvergne, nous serions entré dans le monastère des Religieuses de la Visitation, du consentement du révérend père Charles de Craffort, vicaire général de Mgr illustrissime et révérendissime évêque de Clermont pour la direction des religieuses du diocèse dudit Clermont, accompagné dudit père Charles, du révérend père Nicolas Bouvier, supérieur de l'oratoire de Riom, de M. François Amheillon, chanoine de la sainte chapelle de la présente ville et confesseur des Religieuses de la Visitation, de M. Dumas, docteur en médecine, de M. Germain Coquery, chirurgien, tous appelés pour visiter le corps de notre très-chère fille Jeanne Charlotte de Bréchard, troisième fille de l'Ordre de la Visitation, décédée le 18e jour de novembre 1637, en la présente ville de Riom, au premier monastère de la dite ville, et enterrée au même lieu le lendemain de son décès qui était le 19e de novembre 1637, suivant le rapport qui nous en a été fait conformément à ce qui en est écrit dans le livre du chapitre de la dite communauté des Religieuses de la Visitation, lequel corps de la dite Jeanne Charlotte de Bréchard aurait été transporté de l'ancien monastère qui fut premièrement établi en la dite ville de Riom, au nouveau monastère des dites Religieuses de la Visitation, situé au faubourg de Mozat et ce le 18e novembre dernier ; et d'autant qu'il était grand bruit de la vertu extraordinaire de la dite Jeanne Charlotte de Bréchard, des rares exemples de piété qu'elle avait donnés durant sa vie, d'une odeur surnaturelle que son corps rendait lorsqu'il fut transporté, de quelques guérisons toutes extraordinaires et autres semblables merveilles, nous susnommés serions entrés dans le chœur des dites religieuses, où toute la communauté se serait assemblée, et après avoir ouï la sainte messe, nous étant approchés du corps de la dite Jeanne Charlotte de Bréchard, aurions senti une très-bonne odeur durant un long espace de temps, que nous jugeâmes tous être miraculeuse, et d'autant plus que toute l'assemblée nous témoigna qu'on n'avait point embaumé ledit corps, ni usé d'aucuns parfums, herbes, aromates ou autres artifices qui pussent causer cette bonne senteur, et que d'ailleurs lorsqu'on levait et remuait le corps pour lui changer de posture et le mieux visiter, cette odeur augmentait au lieu de diminuer. En suite de quoy le susdit sieur Germain Coquery, exécutant l'ordre qui lui en fut donné, aurait fait ouverture du dit corps avec le bistouri en plusieurs endroits, et nommément aurait levé le sternum pour en tirer le cœur, qui fut trouvé entier avec rougeur et la couleur fort approchante du naturel ; et en visitant quelques autres parties du corps, l'on trouva de la graisse blanche et onctueuse, de la chair, et en visitant la tête, nous aurions trouvé les deux yeux dans leurs orbites, où on aurait observé les nerfs optiques et partout une odeur fort suave, et de l'extrémité des doigts sortait du sang qui teignait les linges : et ce qui est à remarquer que le corps en toutes ces parties tant internes qu'externes est succulent, et par ainsi pesant et massif, comme n'ayant rien perdu de la due disposition de toutes les parties.

» En foi de quoi nous avons signé le présent certificat pour servir d'attestation de tout ce que dessus.

» Fait à Riom, dans le chœur du dit monastère, en présence des dits susnommés, ce 23 mai 1645.

» (Signé) † Henry, évêque du Puy, comte de Velay ; Charles de Craffort ; Nicolas Bouvier ; François Amheillon ; Claude Dumas ; Germain Coquery. »

(Archives départementales. — Fonds des Visitandines de Riom, liasse II-1, cote 2.)

2. — *Certificat du médecin Dumas* (23 mai 1645)

« Joanna-Carola de Bréchard, Burgundiæ nobili stirpe nata, sororum Ordinis Visitationis Beatæ Mariæ author Riomi, ubi moritur, cujus corpus datur sepulturæ decima octava novembris, anno Domini millesimo sexentesimo trigesimo septimo, octo integris elapsis annis, e sepulcro eruitur integrum, ponderosum, interiorum viscerum servata diathesi, bene olens ; e cujus uno digito indice fluxit sanguis, pari rubore lintea tingens quali e vivo corpore fluit, soluta vena ; mirandum sane, sed verissimum ; testaturque Claudius Dumas, medicus, et fidem facit toti mundo. Dumas. »

Traduction : Jeanne-Charlotte de Bréchard, issue d'une famille noble de Bourgogne, et fondatrice du monastère des Sœurs de la Visitation Sainte-Marie de Riom, mourut dans cette ville et y reçut la sépulture le 18 novembre 1637. Après l'espace de huit années entières, son corps est retiré du tombeau, intact, pesant, sans altération de la disposition des viscères intérieurs, répandant une odeur agréable. D'un de ses doigts, l'index, coula du sang, qui teignit des linges d'une couleur aussi vive que s'il fût sorti d'un corps vivant à l'ouverture d'une veine. C'est sans doute un fait étonnant, mais il est absolument vrai ; Claude Dumas, médecin, l'atteste et en témoigne devant le monde entier. (Signé) Dumas.

(Archives départementales. — F. V. l. II-1, c. 2).

3. — *Récit fait par Mgr de Maupas aux Religieuses Visitandines de Bourges* (14 avril 1655)

(Tiré de la fondation du monastère de Bourges.)

« Le 14 avril 1655, nous eûmes l'honneur de voir Mgr de Maupas, l'évêque du Puy, qui nous témoigna bien des bontés, et, dans son entretien, nous fit le récit que passant le .... mai 1645 par la ville de Montferrand : J'appris, dit-il, qu'il y avait des religieuses de la Visitation ; je les allai, selon ma coutume, visiter, car partout où il y a des filles du B^x Père, je ne manque point d'y aller. Ce fut une providence et un bonheur particulier pour moi : j'appris qu'il se passait des merveilles dans la ville de Riom au sujet du corps de la Mère de Bréchard que les Sœurs ont tout entier. Je me transportai promptement à Riom, et m'adressant au R. P. Charles, père spirituel de la Communauté, et qui a beaucoup contribué à la sainteté de la défunte, je lui dis ce que j'avais appris à Montferrand, il me dit qu'il était vrai, mais qu'il ne faisait pas grand cas de cela. Néanmoins, il avait remis au lendemain à faire la visite du corps ayant fait ce jour celle de la maison. « Monseigneur, me dit-il, puisque Dieu vous a envoyé ici, je vous remets tout entre les mains. » Sur quoi je lui dis : « Mon Père, vous m'obligez extrêmement, mais je crains que Mgr de Clermont, ne sachant pas ce qui se passe, ne le trouve pas bon. » Mais ce bon Père me dit : « Je suis son grand vicaire et père spirituel de la maison, que j'ai tout pouvoir de sa part, et partant, je vous donne les permissions requises. » Je lui dis que je l'acceptais volontiers, et je me retirai très-joyeux, ayant résolu de faire la visite dès quatre heures du matin pour tenir la chose plus secrète, et à cet effet j'envoyai tout mon train. J'entrai dans le monastère, accompagné du père supérieur de l'Oratoire, d'un bon ecclésiastique, d'un chirurgien et d'un médecin qui avaient servi la maison, et qui pour quelque sujet avaient été priés de s'en retirer, ce qui fut une providence de Dieu qu'ils se trouvassent en cette rencontre et occasion, parce qu'ayant gouverné la défunte pendant sa maladie, ils avaient plus de connaissance de son corps. Etant entrés, l'on nous conduisit droit au Chœur, où nous trouvâmes le saint corps couvert d'un drap blanc y ayant été mis depuis le jour que l'on le tira de terre, il y avait environ six mois, à la recherche que l'on fit des os des Sœurs défuntes, pour les transporter dans le charnier du nouveau bâtiment. Celui qui en faisait la recherche lui marcha sur la main et lui démit le petit doigt. Les Sœurs le voyant furent fort joyeuses et dirent : Voilà notre Mère de Bréchard ! et admirèrent la providence de Dieu, qui fit voir que ce n'était pas la terre qui l'avait conservée tout entière, parce que l'on trouva une sœur tourière qui avait été enterrée deux ans depuis, elle est toute pourrie ; et le cercueil de cette Bienheureuse fut trouvé presque tout en poudre, et cela après 7 ans de son bienheureux décès. Et pour être plus certain, je me fis apporter le livre des registres des Sœurs défuntes du couvent où je trouvai la chose véritable. Après cela, je fis découvrir le saint corps, lequel rendait une odeur si douce et agréable, que bien que j'aie senti des odeurs fort exquises, je n'en ai jamais senti de pareilles ; non-seulement moi, mais tous ceux qui étaient présents la sentirent, excepté le Père Charles qui la sentit fort peu. Tous étoient ravis d'une chose si extraordinaire parce que l'expérience nous fait voir tous les jours que quand nous sommes dans un lieu imbu d'une bonne ou mauvaise odeur, les organes se remplissent incontinent et l'on ne sent plus rien, mais celle-ci subsiste toujours, ce qui me fit demander à la Sœur sacristaine si elle n'avait point mis quelque cassolette ou parfum ? Elle me répondit toute joyeuse : « Non Monseigneur, » je lui demandai encore si elle n'avait point été embaumée, elle me dit que non. Voyant les fenêtres ouvertes, je voulus savoir si ce n'était point les odeurs du printemps, de l'aubépine, bien qu'à la vérité je connaissais fort bien que cette odeur n'était point terrestre, mais céleste, laquelle s'augmentoit de plus en plus. Continuant la visite du saint corps, il se trouva comme on l'a rapporté tout à la fin de l'histoire de sa vie. Et comme on me donna tout pouvoir de faire comme je jugerais, il me sembla que Dieu m'avoit choisi comme la lie des prélats pour faire cette sainte visite. Je soupesai ce saint corps par dessous les épaules lesquelles je trouvai pesantes et massives comme d'une personne vivante. Et comme ce semble que toutes choses concouroient à manifester sa sainteté, il y avoit peu que, passant par Toulouse, le père Gardien me mena dans leur charnier, où la terre dessèche les corps de telle sorte qu'ils ne laissent pas de paraître tout entiers, la peau demeurant collée sur les os. Et en voulant prendre un par le bras, je le levai comme une plume, ce qui n'était point en celui-ci et qui me fit croire qu'il était plein en dedans, et me fit résoudre de lui faire ouvrir l'estomac pour en voir la vérité. Ce que témoignant à la bonne Mère Supérieure, elle me dit : « Hé, Monseigneur, puisque Dieu nous a donné ce trésor, laissez-nous-le tout entier. » Je lui dis : « Ma Mère, c'est là votre sentiment, ce que j'en fais n'est que pour faire connaître sa sainteté, et si c'était à moi, je le ferais. » Alors, elle me dit : « Monseigneur, faites ce qu'il vous plaira. » Ayant cette liberté, je priai le chirurgien de le faire avec toute modestie. D'abord, on trouva la chair un peu blanchâtre, mais le dedans aussi vermeil et la graisse aussi blanche que d'une personne vivante. Et comme j'ai l'odorat fort bon, je m'approchai fort de l'ouverture dont il ne sortait aucune mauvaise odeur. Après quoi, je crus qu'il lui falloit arracher le cœur et dis au chirurgien : « Monsieur, prenez bien garde de le bien déraciner, car je m'imagine que vous le trouverez tout entier. » Ce qu'il fit fort adroitement, quoique avec beaucoup de peine et de temps. Je le pris entre mes mains et dis : « Oh! que voilà un cœur qui a bien aimé Dieu ! » et le reste qui est dans le procès-verbal. Enfin désirant avoir quelque relique, je lui arrachai une dent avec une grande peine, et la Mère Supérieure me donna l'os du doigt, celui sur lequel avait marché celui qui l'avait déterrée, duquel ayant frotté un linge il le rougit, non toutefois d'un rouge fort éclatant, mais d'un rouge agréable comme l'ordinaire du sang. Tout ceci, je l'estime l'un des plus grands miracles qui se puisse faire au monde. De tout ce que dessus, nous en dressâmes le procès-verbal que tous signèrent ; après quoi, nous nous retirâmes, laissant toute la Communauté ravie de joie de la manifestation de la sainteté de cette B^{se} Mère Jeanne-Charlotte de Bréchard. Depuis ce temps là, j'ai vu trois fois le corps de cette B^{se} Mère, et même au mois de 7bre dernier 1654. Nous trouvâmes le corps dans le même état que la première fois, exhalant des odeurs très-merveilleuses ; et me retournant vers le R. P. gardien des Capucins : « Mon père, que dites-vous de cette merveille ? » Il me dit : « Monseigneur, c'est ainsi que Dieu exalte celle qui a marché droit en sa présence, et que les pieds de ceux qui évangélisent la paix sont beaux ! » Et désirant encore avoir de ses reliques, je voulus lui arracher une dent, mais elle tenait si fort que je la laissai, et dis que mon indignité ne méritait pas cette grâce. Mais une bonne Sœur, s'étant mise en devoir de le faire, avec beaucoup de peine en vint à bout. Et l'ayant mise dans ma poche et la retirant, elle sentait une odeur si suave et délicieuse que rien plus, de sorte que me retournant vers N.-S., je lui dis : « Mon Dieu, faites voir ces miracles à ceux qui ne croient pas ; pour moi, j'ai la foi, mais donnez moi la charité. »

» D. S. B. »

4. — *Procès-verbal du 29 mai 1655*

« Nous, Henri de Maupas, évêque du Puy, etc......,

» Nous avons jugé nécessaire de rendre ce témoignage public à la vérité, puisqu'il y va de la gloire de Dieu et de l'honneur des Saints. L'odeur des vertus et de la sainte vie de la très-honorée et très-religieuse Mère Jeanne-Charlotte de Bréchard, qui nous avait attiré autrefois à visiter son corps, que nous trouvâmes entier avec une senteur très-agréable, et plusieurs autres marques extraordinaires, lesquelles nous paraissaient comme de très-signalés miracles dont il semblait que la bonté de Dieu voulait honorer ce précieux dépôt, nous auraient encore obligé de retourner à Riom, au mois de septembre dernier, où nous trouvâmes ce même corps dans un état d'autant plus admirable, qu'après l'application du rasoir et plusieurs incisions faites par nos ordres, dès l'année mil six cent quarante-cinq, nous ne devions pas espérer de le trouver si entier et si sain, comme nous l'avons remarqué ; et qui plus est, le R^d Père Gardien des Capucins de Riom nous ayant fait savoir le grand désir qu'il avait de voir ce saint corps, nous l'aurions conduit nous-même dans le chœur des Religieuses pour le lui montrer, suivant le pouvoir qui nous avait été donné par Monseigneur l'illustrissime et révérend^e évêque de Clermont, et nous étant mis à genoux nous baisâmes les pieds de cette religieuse défunte. Ledit Père Gardien et moi fûmes tous deux saisis d'admiration et de joie, ayant ressenti que les pieds de ce corps mort depuis tant d'années exhalaient un parfum très-agréable, que nous jugeâmes à l'heure même être un indice très-considérable de la sainteté de cette chère défunte, et un ouvrage de la main libérale de Celui qui a mêlé sa myrrhe avec ses aromates, pour honorer de ses caresses l'Epouse du Cantique et les vierges qui sont dans l'imitation de son innocence et de sa pureté.

» Je passe ici sous silence les rapports qui nous ont été faits, que divers malades assuraient avoir été guéris et soulagés de très-fâcheux accidents, après avoir invoqué à leur secours cette révérende Mère de Bréchard. J'abrège encore le véritable récit que je pourrais faire de la consolation que j'ai reçue au mois d'avril dernier, d'avoir trouvé ce même corps à peu près en même état que je l'avais laissé en plusieurs voyages que j'avais faits à Riom.

» Je ne m'explique pas encore de cette heure ce prodigieux miracle dont nous fûmes témoins, que le bois du cercueil de cette religieuse défunte étant plus solide, plus sec et conséquemment moins corruptible que la chair, se trouva néanmoins réduit en poussière, et la chair de la Religieuse dans une merveilleuse intégrité, victorieuse de la mort et de la pourriture.....

» ..... C'est le fidèle témoignage que je rende à la glorieuse mémoire de cette grande religieuse, qui a toujours été très-petite devant ses yeux par les solides pratiques d'une parfaite humilité. Nous espérons qu'un jour notre Saint-Père le Pape, à qui seul appartient de prononcer des oracles et sur les matières de la foi et sur la sainteté des serviteurs de Dieu, après les informations requises sur une matière de telle importance, fera honorer de tous les fidèles cette grande servante de Dieu, à laquelle je paie de tout mon cœur ce faible tribut de louanges que je lui dois par plusieurs titres, et que la gratitude exige de ma plume, pour n'être pas insensible à tant de bienfaits que j'ai reçus de sa bonté et de tout l'Ordre très-saint et très-religieux de la Visitation.

» Donné au Puy ce 29ᵉ jour du mois de mai 1655.

» (Signé) † Henri du Puy, comte de Velay. »

(Archives départementales, l. II-1, c. 2).

5. — *Procès-verbal du 17 octobre 1708*

« Nous, Amable Bourlin, conseiller, médecin ordinaire du Roi, Antoine-Amable Bourlin, docteur en médecine, Gilbert Gravier et Pierre Delonguert, maîtres chirurgiens jurés royaux de la ville de Riom et ressort d'icelle, sommes entrés le 17 octobre de la présente année 1708, dans le Monastère des Dames religieuses de l'Ordre de la Visitation Sᵗᵉ Marie, à la prière et réquisition des dites Dames, pour y faire la visite du corps de la très-révérende Mère Jeanne-Charlotte de Bréchard, religieuse du même Monastère, morte le 18ᵐᵉ de Novembre de l'année 1637. Nous y avons procédé en la présence de Madame la Supérieure du dit Monastère et de toute la Communauté.

» Nous avons trouvé le corps de la Révérende Mère de Bréchard enfermé dans un cercueil, vêtu de l'habit de religion, la tête couverte d'un voile, lequel ayant levé, nous avons aperçu le visage, qui a été fort défiguré par un fossoyeur qui donna, par dessus la bière où ce corps était enfermé, un coup de pied qui en brisa les planches, et lui endommagea fort le nez, et, selon toute apparence, le côté droit du visage, car la peau se soutient dans son entier du côté gauche. Elle est encore souple et obéit sous le doigt. Le front est garni de sa peau en quelques endroits, et les yeux se sont conservés dans toute l'étendue qu'occupent les muscles occipitaux et sur les tempes ; cette même peau paraît sèche en quelques endroits de la partie supérieure du crâne. Nous avons trouvé des dents à la mâchoire supérieure et une à l'inférieure du côté droit. La lèvre inférieure est presque entière, souple, et ne résiste guère au toucher.

» Sa tête tient ferme à son col, lequel est recouvert dans presque toute sa circonférence de la peau, au travers de laquelle on aperçoit, par le toucher, la direction des muscles, surtout des deux qui sont situés à sa partie antérieure, auxquels les anatomistes ont donné le nom de *Sterno-clido-mastoïdiens*. Le muscle qui est au côté gauche est entièrement caché sous la peau. Celui qui est au côté droit paraît avoir été coupé, peut-être par le même coup de pied qui emporta le nez et put avoir endommagé le visage du même côté ; mais ce petit défaut sert à publier avec plus de vraisemblance la conservation miraculeuse du corps de cette Révérende Mère, parce que la portion de ce muscle qui tient encore au sternum, et qui est longue d'environ trois doigts, est fort souple, et ses fibres, dont la couleur approche assez du naturel, paraissent distinguées entre elles et ont conservé, ou peu s'en faut, la souplesse et le ressort qui leur sont naturels. La peau qui couvre extérieurement la poitrine est encore pliante et n'a point perdu sa vertu élastique, de manière qu'elle revient à son premier état quand on la presse un peu avec le doigt ; mais on doit faire une attention particulière à la graisse qui est dessous, laquelle a conservé la blancheur et l'onctuosité qui lui sont naturelles, de sorte qu'elle engraisse les doigts quand on la broie un peu.

» En visitant l'intérieur de la poitrine, nous avons reconnu qu'on en avait fait autrefois l'ouverture, ayant relevé le *sternum*. Sans y faire une nouvelle incision, nous avons trouvé une bourse qui renferme le cœur et que l'on nomme *péricarde*, fort entière, les muscles intercostaux fort sains, surtout du côté droit. La *plèvre*, qui tapisse intérieurement la poitrine, n'a presque rien perdu de cette douceur au toucher qui lui est naturelle ; les vertèbres gardent encore leur figure et leur solidité. Il paraît, par leur direction, que cette Révérende Mère avait la taille fort gâtée, parce que les vertèbres du dos s'avancent du côté droit de la poitrine, et forment, en cet endroit, un arc qui n'est point naturel aux personnes dont la taille est bien faite. Les vertèbres inférieures du dos tiennent une route opposée et se jettent du côté gauche. La colonne des vertèbres des lombes est aussi dérangée dans sa figure. Ainsi tout le corps des vertèbres, depuis la première du dos jusqu'à l'os *sacrum* n'est point dans son niveau ordinaire, mais il est conforme à la situation qu'il garde naturellement dans tous les bossus.

» La peau qui sert d'enveloppe au bas-ventre est entière, souple, et les côtés sont fort mols. Les parties contenues dans cette capacité se ressentent encore de leur onctuosité, et l'on aperçoit fort distinctement le *péritoine,* membrane qui revêt intérieurement le bas-ventre, adhérente en quelques endroits, surtout à la surface interne des os des fesses. La peau qui recouvre les parties postérieures, depuis le col jusqu'à l'os *sacrum,* est aussi entière et aussi souple que celle du bas-ventre. Les extrémités supérieures et inférieures n'ont pas été moins exemptes de corruption que les autres parties dont nous avons fait le détail. La peau qui les couvre est pliante surtout aux bras et aux cuisses, où l'on peut considérer par le toucher la direction des muscles qui servent à leur mouvement. Toutes les parties n'ont rien perdu de leur figure. Les ongles sont fermement attachés aux doigts des pieds, et ces doigts sont distingués entre eux, fermes et séparés comme dans l'état naturel.

» Les Dames religieuses nous ont ensuite montré son cœur, qu'on avait enfermé à part dans une boîte, depuis l'ouverture qu'on fit de sa poitrine, le 23ᵉ jour de mai de l'année 1645. Il y a encore presque toute sa figure et la couleur naturelle. Les vaisseaux qui sont à la base se sont maintenus dans leur entier, surtout cette portion de la veine pulmonaire qui aboutit du poumon gauche au cœur.

» La description que nous venons de faire de l'état où nous avons trouvé le corps de la Révérende Mère de Bréchard, fait assez connaître qu'il a encore une pesanteur sensible et que toutes ses parties sont fermement attachées les unes aux autres. Après avoir examiné chacune de ses parties en détail, nous avons recherché si ce corps, qui a resté incorruptible jusqu'à présent, n'en est point redevable à quelque baume dont on l'eût garni dès que cette Révérende Mère fut morte, ou peu de temps après sa mort ; mais nous n'en avons reconnu aucune trace, ni dans les linges, ni dans les habits qui l'enveloppent. Si l'on ne peut imputer l'incorruptibilité de toutes ces parties à aucun aromate, ni à quelque autre mixtion dont on l'eût enduit pour le conserver plus longtemps ; il faut encore moins l'attribuer à une qualité particulière de l'endroit où ce saint corps fut enseveli, puisque les autres qu'on avait inhumés dans le même lieu, ne servaient qu'à confirmer cet arrêt prononcé dès le commencement du monde : que l'homme, qui n'est que poudre, doit être réduit en *poudre*, tandis que cette Révérende Mère paraît être un témoignage visible que ce Souverain-Auteur de la nature se plaît quelquefois à suspendre l'exécution de cet arrêt, en préservant de la pourriture ordinaire à tous les cadavres ceux qui, pendant leur vie, ont évité avec plus de soins la corruption du siècle.

» La sainte vie que cette Révérende Mère a soutenue jusqu'à la fin et l'incorruptibilité actuelle de son corps semblent prouver qu'elle est ornée dans le Ciel de la couronne incorruptible de gloire, que le Seigneur donne libéralement à ceux qui ont vécu sans tache devant Lui. Tous les fidèles qui ont été témoins de l'exacte visite que nous avons faite de son corps, attendent avec impatience la décision de notre St Père le Pape pour rendre à ce dépôt les honneurs dus aux Saints, s'il juge à propos qu'on le révère comme tel.

» Nous nous estimons fort heureux d'y contribuer en quelque manière par ce présent Rapport que nous affirmons contenir vérité.

» En foi de quoi nous avons signé
le 13me de novembre 1708. »

(Suivent les signatures : Bonnet, — Bourlin, — Bourlin, — Gravier, — Delonguert.)

(Archives départementales. — F. V., cl. II-1, c. 2).

6. — *Procès-verbal du 9 août 1859*

« Nous, Vicaire-général du Diocèse de Clermont, invité, par nos Sœurs de la Visitation Sainte-Marie, à reconnaître l'identité des reliques de la bienheureuse Mère Jeanne-Charlotte de Bréchard qu'elles sont parvenues à recouvrer en partie, Avons procédé ainsi qu'il suit à cette reconnaissance, en présence de M. Charles-Joseph Dalbine, curé de Saint-Amable, de M. Claude-Louis Faucher, aumônier de la Communauté de la Visitation Sainte-Marie établie à Riom, de Claude Chades, aumônier de l'hospice de cette même ville, du sieur Jean-Baptiste Grange, propriétaire, demeurant à Riom, de la Mère Marie-Joséphine Fournier, supérieure de la Communauté Sainte-Marie de Riom, de Sœur Thérèse-Joséphine Despaleines, ancienne religieuse et fondatrice de la maison de

Riom en 1818, de Sœur Marie-Antoinette de Vissac, assistante, et de Sœur Magdeleine-Caroline du Crozet, économe.

» Les Dames de la Visitation nous ont présenté six ossements principaux : 1° le chef ; 2° les deux os latéraux du bassin ; 3° le brachial ou humerus ; 4° le radius ; 5° le tibia ; 6° les côtes flottantes.

» Tous ces divers ossements conservent encore des restes de chair ou de peau, assez distinctes pour être reconnues à la simple inspection d'une vue ordinaire ; ils présentent aussi des traces d'un sang si vif et si rouge qu'on croirait qu'une couleur pourprée y a été répandue çà et là, tout fraîchement. Ces traces de sang sont un indice des ossements de la Mère de Bréchard, suivant une tradition si respectable qu'on ne pourrait sans témérité la révoquer en doute.

» Ces six ossements ont été extraits du tombeau où était déposé le corps de la Mère Bréchard, tombeau particulier placé d'abord dans le caveau des Religieuses de l'ancienne maison de la Visitation Sainte-Marie de Riom, transporté ensuite dans le chœur des Religieuses de la nouvelle maison sise aussi à Riom, faubourg de Mozac, laquelle maison sert actuellement de caserne à la gendarmerie sédentaire de cette ville.

» Ce placement du corps de la Mère Bréchard dans le chœur des Religieuses avait été successivement autorisé par les évêques de Clermont, pour entrer dans les sentiments de respect des Sœurs pour leur première fondatrice et supérieure, la Mère Bréchard, morte, suivant l'opinion unanime des Religieuses de cette époque, en odeur de sainteté.

» En 1794, le nommé Armand, boulanger à Riom, suivant le témoignage de Jeanne Feuillarade, nièce de Sœur Françoise-Catherine Merle, converse dans la maison de Riom immédiatement avant les orages de 1790, morte le 28 août 1807 ou 1808, transporta le corps de la Mère Bréchard, enfermé dans le reliquaire ou tombeau placé au chœur des Religieuses, dans le caveau de la maison où il est demeuré jusqu'au 16 février 1805, époque où il en fut retiré, et ses ossements divisés, par les deux Sœurs converses de la Communauté de la Visitation de Riom alors existantes et avec le secours du sieur Jean-Baptiste Grange, soussigné, qui prit une part des reliques dont il a fait aujourd'hui la remise à la Communauté en ma présence, suivant la désignation ci-après.

» Ces deux Sœurs converses ont, l'une et l'autre, attesté le fait dans des lettres adressées au monastère de Brioude, les 28 et 30 janvier 1805, l'une signée *Françoise-Catherine Merle,* et l'autre

Marie-Michelle Laurent, et par une note, non signée, mais de la même écriture que la lettre de Françoise-Catherine Merle. Nous avons signé et paraphé ces trois pièces pour leur conserver le degré d'autorité qu'elles ont.

» Le sieur Jean-Baptiste Grange nous a attesté et affirmé le même fait, en même temps qu'il a attesté et affirmé devant Dieu que les os dont il fait aujourd'hui la remise et qui sont au nombre de onze, savoir : 1° scapulum ; 2° les cinq premières vertèbres cervicales ; 3° deux vertèbres dorsales ; 4° une portion de côte flottante ; 5° le fémur ; 6° une petite portion d'ossement dont M. le Docteur n'a pas reconnu la dénomination, parce qu'il était informe, et de plus deux petits morceaux de bois qui sont parfaitement identiques avec les morceaux de bois correspondants des croix de bois qu'on est en usage de placer sur la poitrine des Sœurs de la Visitation Sainte-Marie lorsqu'elles sont mortes, ont été retirés par lui, en 1805, et conservés respectueusement dans sa maison jusqu'à ce jour.

» Le chef de la bienheureuse Mère et l'un des deux os indiqués de l'autre part aux n°s 2 et 3 avaient été envoyés à la Communauté de Brioude, en 1806, par les deux religieuses converses ci-devant mentionnées ; la Mère Despaleines, soussignée, se souvient parfaitement du fait et nous l'a attesté en même temps qu'elle a déclaré qu'ils sont revenus à Riom par voie sûre ; les autres ont été remis par ces Sœurs converses, ou, d'après leur ordre, par des tiers qui n'ont donné aucune attestation par écrit du dépôt qu'ils avaient reçu.

» Ces divers ossements appartiennent au même corps, d'après le témoignage de M. Combaud, docteur médecin, que nous avons prié de signer avec nous le présent procès-verbal, après sa vérification.

» Du reste, tous ces ossements portent l'empreinte de mêmes traces de sang, de mêmes portions de chair inhérentes, et nous laissent dans la conviction qu'ils ont tous appartenu au corps de la Mère Bréchard.

» En conséquence, nous autorisons nos chères filles en Jésus-Christ, les Religieuses de la Visitation de Riom, à placer tous ces ossements dans un même reliquaire avec le présent procès-verbal, lequel reliquaire pourra être mis en évidence, mais dans le chœur seulement des dites Religieuses, hors de la vue et de la vénération des fidèles, jusqu'à ce qu'il plaise à la divine Providence de révéler, s'il lui plaît, la sainteté de sa servante, et amener, de l'autorité compétente de notre Saint-Père le Pape, une canonisation qui légitime un culte extérieur envers la Mère Bréchard.

» Fait à Riom, le 9 août 1839, en présence de tous les sus nommés qui ont signé avec nous.

GRANGE.

J'atteste que tous les ossements ci-dessus désignés, qui ont été soumis à mon examen, m'ont paru appartenir au même corps.

Jeudi, ce 8 août 1839.

FAUCHER,
prêtre aumônier.

COMBAUD-DUFRAISSE,
D. en M.

DALBINE, *curé de Saint-Amable.*

GANNAT,
vicaire-général.

CHADES,
prêtre aumônier de l'hospice.

Sœur Marie-Joséphine FOURNIER, supérieure.
Sœur Marie-Antoinette de VISSAC, assistante.
Sœur Magdeleine-Caroline du CROZET, économe et conseillère. »

(*Archives du monastère.*)

7. — *Procès-verbal du 2 juillet 1888*

« Nous, soussigné, Vicaire-général, délégué par Monseigneur Boyer, Evêque de Clermont, nous sommes transporté au monastère de la Visitation de Riom, à l'effet de visiter les ossements de la Mère de Bréchard, fondatrice et première supérieure de cette maison, morte en odeur de sainteté, en l'année 1637.

» Nous avons procédé à cette visite, au parloir de la Communauté. Etaient présents avec nous, en dehors de la grille : MM. Michel Dallet, curé de Notre-Dame du Marthuret ; — Joseph Luzuy, curé de Saint-Amable ; — Etienne-Pierre Planat, aumônier de la maison ; — le P. Collin, missionnaire mariste de la résidence de Riom ; — le P. Terrasse, professeur à l'Institution Sainte-Marie de Riom ; — Antoine-Marie Planat, curé de Ménétrol ; — Antoine Coste, vicaire de Saint-Amable.

» Etaient présentes sous la grille : la Mère supérieure, les Sœurs du Conseil et toute la Communauté.

» Nous avons trouvé les ossements de la Mère de Bréchard dans un reliquaire en forme de tabernacle, doré en dehors et capitonné de soie blanche en dedans, dont la porte et les deux côtés latéraux sont vitrés.

» Ils y furent placés, en 1839, conformément à la prescription de M. l'abbé Gannat, vicaire-général, à la suite de la reconnaissance et de l'inventaire qu'il venait d'en faire dans une visite. Les détails de la visite sont consignés dans le procès-verbal déposé dans le reliquaire.

» Nous avons constaté que tous les ossements mentionnés dans ce procès-verbal se trouvent dans le reliquaire. Quelques-uns présentent encore des traces de sang, comme à l'époque de la dernière visite.

» La très honorée Mère supérieure, Marie-Alphonsine Mazuray, nous a présenté deux autres ossements incomplets, qui lui furent remis, en 1886, comme ayant appartenu au corps de la Mère de Bréchard. Nous avons lu attentivement les attestations signées par les personnes, parfaitement honorables et dignes de foi, qui les possédaient, et nous joignons ces attestations au présent procès-verbal.

» Ce reliquaire renferme donc actuellement tous les ossements anciens, à savoir : 1° le chef ; 2° un fémur ; 3° un tibia ; 4° un humérus ; 5° un radius ; 6° les deux os latéraux du bassin ; 7° un scapulum ou omoplate ; 8° deux vertèbres dorsales ; 9° cinq vertèbres cervicales ; 10° deux côtes flottantes ; 11° la partie supérieure du sternum ; 12° deux petits fragments de la croix de bois déposée dans le cercueil. Auxquels il faut ajouter : 1° le cubitus du bras gauche ; 2° un os du tarse coupé sur trois faces, lesquels, comme nous l'avons dit, ont été rendus en 1886 ; 3° trois petits amas spongieux, découverts dans le chef, et qui seraient, au dire des médecins, des reliquats de la substance cérébrale.

» Comme il a été fait lors de la dernière visite, nous autorisons de nouveau l'exposition du reliquaire dans le chœur des religieuses, mais, hors de la vue des fidèles, jusqu'à ce qu'il plaise à la divine Providence de révéler la sainteté de sa servante, et que, par suite, on puisse obtenir de l'autorité compétente la permission de les proposer à la vénération des fidèles.

» Fait, le 3 juillet 1888, dans le monastère de la Visitation de Riom, par nous, G. Chardon, vicaire-général et supérieur de la Communauté, en présence des prêtres et des Religieuses qui ont signé ci-dessous.

» Suivent les signatures :

CHARDON, *vicaire-général.*

DALLET,
ch. hon., curé de N.-D. du Marthuret.

J. LUZUY,
ch. hon., curé de St-Amable.

E. COLIN,
missionnaire mariste.

PLANAT, E. P.,
aumônier du monastère.

M. TERRASSE,
s. m., professeur de philosophie à l'Institution Sainte-Marie.

A. COSTE,
vicaire à Saint-Amable.

PLANAT Ant.,
curé de Ménétrol.

Sœur Marie-Alphonsine Mazuray, supérieure.
Sœur Marie-Philomène Machebœuf, assistante et conseillère.
Sœur M.-Angélique Grenet, conseillère.
Sœur Françoise-Emmanuelle Leyrit, conseillère.
Sœur Marie-Adélaïde Brancher, conseillère.
Sœur M.-Thérèse Tallon, économe.
Sœur Marie-Amélie Brancher, secrétaire.
Sœur Marie-Augustine Mourton. »

(Archives du monastère.)

X

Enquêtes ecclésiastiques sur les miracles de la Mère de Bréchard

Nous transcrivons ici les témoignages recueillis dans les diverses enquêtes faites par l'autorité ecclésiastique, dans le but d'arriver à la béatification de la Mère de Bréchard. Les documents où ils sont consignés sont déposés au fonds des Visitandines riomoises, archives départementales. Les uns sont les pièces originales elles-mêmes, revêtues des signatures des personnes qui y sont dénommées, les autres paraissent être la copie des originaux qui avaient dû être envoyés à Rome. Plusieurs dépositions ne portant pas de date, nous avons préféré observer religieusement l'ordre dans lequel elles se présentent à nous aux Archives — plutôt qu'essayer d'établir, sur des bases arbitraires, un classement chronologique :

« Etienne Cartier, receveur grénetier du domaine, étant malade au mois d'avril de l'année 1644, on lui appliqua la croix que la Bienheureuse Mère de Bréchard, religieuse de la Visitation Sainte-Marie, portait de son vivant, et l'ayant baisée, et invoqué la Bienheureuse, il ressentit un grand soulagement en son mal et fut guéri quelques jours après.

» Et, au mois de novembre de la dite année, Jean du Floquet, étant atteint d'une grande et périlleuse maladie, suivie d'un grand délire, on lui appliqua au col la même croix, le 8ᵉ décembre, laquelle ayant baisée et ayant, la dite croix, demeuré fort peu sur lui, on reconnut un changement et diminution de son mal, duquel ensuite, et peu de jours après, il fut entièrement guéri.

» Jeanne Echalier, femme Morin, de Riom, étant travaillée durant six mois d'une forte colique, le 28º mai dernier, après avoir porté sur soi quelques reliques de la Bienheureuse Jeanne-Charlotte de Bréchard, se trouva parfaitement guérie par un débondement d'estomac qui ne lui fit aucune violence, ains un doux vomissement, par différence des grands efforts et douleurs que les autres précédents lui avaient causés, et depuis n'a eu aucun ressentiment, se porte bien et attribue sa guérison aux intercessions de la dite Jeanne-Charlotte de Bréchard.

» Aujourd'hui, 28º juillet 1645, Antoinette Garnaud, femme à Giraud Boursel, a déclaré qu'il y avait environ huit jours que sa fille, âgée de vingt mois, aurait été accablée d'une fièvre continue avec redoublements, que jeudi dernier, sur le plus fort de son mal, même désespérée et sans aucun sentiment, Anne Garnaud, sœur de de la dite Antoinette Garnaud, avait suravancé, et avait dit au père et à la mère de la dite fille qu'ils devaient la vouer aux prières de la dite Mère de Bréchard, ce que les dits père et mère de la fille firent à même temps, et lors son mal commença à changer visiblement, et, de morte qu'on la tenait, commença à s'éveiller, revenant en pleine santé, après avoir été traitée par Monsieur Bompard le jeune, médecin, et Monsieur Gravier, apothicaire.

» Aujourd'hui, 29º juillet 1645, a déclaré Louise Feu, femme à Monsieur Charmat, maître écrivain, que Jeanne L'Aumosne, fille à Amable L'Aumosne, ses père et mère, âgée de quatre ans, avait été travaillée d'une grande defluxion sur les yeux ; environ deux mois après s'être servie des remèdes ordinaires, en sorte qu'elle n'en voyait rien, les dits père et mère la vouèrent aux prières de la Bienheureuse Mère de Bréchard, et après lui avoir appliqué un de ses os, à même temps commença à voir, et fut depuis entièrement guérie de cette grande défluxion, sans qu'elle s'en soit ressentie, la neuvaine parachevée.

» Pareille déclaration a faite la dite Louise Feu, aïeule de la dite Jeanne L'Aumosne, qui a été guérie, par les mêmes prières de la dite Bienheureuse de Bréchard, d'une fièvre continue, après avoir bu de l'eau où l'on avait fait tremper un petit bout de sa robe.

» Jean Raymond, tailleur d'habits (maître), il déclare, ce

1ᵉʳ août 1645, que depuis deux ans, ou ça ou environ, il avait été travaillé d'une grosse défluxion sur les yeux, qui lui causait de grandes douleurs de temps en temps. Il lui semblait parfois ressentir des pointes cuisantes au dedans, et que les paupières se seraient tellement chargées, qu'il avait peine à les ouvrir ; de sorte que, pour tout remède, il se serait contenté de retourner aux prières de la Mère de Bréchard, et pour cette fois avait fait une neuvaine, à la fin de laquelle il fut trouvé parfaitement guéri, sans aucun ressentiment de douleur.

» Ce qu'il déclarera par écrit si besoin est.

» Le 29ᵉ septembre 1644, notre Sœur Jeanne-Gabrielle de la Roque, âgée d'environ quarante ans, tomba malade d'une fièvre double quarte, qui, à quelque temps de là, se changea en continue ou fièvre étique, avec inflammation et oppression de poitrine si forte que l'on ne croyait pas qu'elle vécût jusqu'à la fin de la lune. Il arriva qu'en ce même temps l'on apporta le corps de notre bonne Mère de Bréchard, de notre premier monastère de la ville ; la malade ayant ouï-dire qu'il était tout entier, il lui vint en pensée de prendre de ses reliques, ce qu'elle fit, et au second jour qu'elle en prit, elle se leva pour aller à la sainte Messe et communia contre toute espérance, car on avait fait dessein de lui apporter le très Saint-Sacrement en l'infirmerie, comme les fêtes précédentes. Le lendemain, 3ᵉ jour de sa neuvaine, elle ne fut plus travaillée de sa toux et crachement, causés par la défluxion sur les poumons, et, depuis ce jour, elle s'est trouvée sans aucun ressentiment de son mal.

» Au mois de janvier dernier 1645, damoiselle Gabrielle Pouchon, veuve de feu Monsieur de Murat, seigneur de Montaclier, fut travaillée d'une si forte douleur dans une épaule, laquelle la rendait sans mouvement et sans se pouvoir dresser, et cette douleur lui répondait au côté de l'estomac, ce qui lui ôtait la respiration. Après lui avoir appliqué un peu de la robe de la Mère de Bréchard sur la partie offensée, fut, en moins d'un *Pater,* guérie sans qu'il lui en restât aucune douleur.

» Aujourd'hui, 19ᵉ août 1645, honnête femme Françoise Bonnet, femme à Monsieur Joannel, archer de la compagnie de Monsieur le Prévôt, nous a dit que, environ le 3ᵉ de ce mois, une sienne fille, nommée Amable Joannel, âgée d'environ deux ans, deux mois et demi, qui se nourrissait à Prompsat, fut malade d'une fièvre tierce, si bien que l'on vint avertir sa mère en cette ville de Riom, où elle est résidente. Laquelle à même temps fut avisée de s'adresser aux Religieuses de Sainte-Marie, pour avoir des reliques de la Bienheureuse de Bréchard, ce qu'elle fit, et à l'instant qu'elle en eut, monta à cheval pour aller voir sa fille, à laquelle elle mit ces reliques au col, et, en les lui mettant, cette petite eut certain trémoussement, et, cette nuit même, eut un fort violent accès dont on croyait qu'elle mourrait, jusqu'à avoir des sincopes et convulsions. Et depuis ayant bu de l'eau dans laquelle on avait fait tremper les dites reliques, elle n'eut plus de mal.

» Anne Garnaud, veuve de feu Michel Challard, de Volvic, a dit que lorsqu'on découvrait le corps de la Bienheureuse Mère de Bréchard, se trouvant travaillée de grandes douleurs d'estomac et d'une fièvre lente, aurait été sollicitée par ses voisins et par le grand bruit qui courait des merveilles, se serait rendue à la dite Mère de Bréchard, et après avoir visité l'église de Sainte-Marie, d'un acte de foi aurait obtenu entière guérison, ce qui..... (Phrase inachevée.)

» Alix Lacoste, âgée de dix-huit ans, était travaillée d'une fièvre continue, avec douleur de tête. Le 9e ou 10e juillet dernier, après avoir bu de l'eau, où avaient trempé des reliques de la Bienheureuse Mère de Bréchard, fut entièrement guérie.

» Amable Giron, âgée de dix mois, étant travaillée d'une fièvre continue, le 4e août, fut vouée par ses père et mère à l'intercession de la Mère de Bréchard, et après qu'on lui (eut) appliqué au col de ses reliques, (elle) fut à l'instant guérie de sa fièvre.

» Mademoiselle Dalbit, femme de Monsieur l'avocat Valerre, voyant Mademoiselle sa fille fort mal d'une fièvre double tierce, fort violente, au sixième accès on lui donna un morceau de papier huilé de graisse de la Mère de Bréchard, qu'elle attacha à son bras dans l'intention d'aller remercier Dieu en l'église des Sœurs de Riom, si elle guérissait; en même temps la fièvre la quitta, et s'est bien portée depuis.
» En foi de quoi a signé : Gabrielle Dalbit.

» Jeanne Cortaud, bouchère à Montferrand, après avoir eu cinq ou six accès de fièvre tierce, le jour de son accès commençant, elle avait le frisson ; après avoir appliqué sur soi des reliques de la Mère de Bréchard, se trouva aussitôt sans aucun ressentiment de fièvre, et elle n'en a point eu depuis.
» En foi de quoi a signé : Jeanne Cortaud.

» Claire Noylat, boulangère, habitante de Montferrand, atteinte de fièvre tierce fort violente qui lui avait fait perdre son lait, ayant pris de l'eau où l'on avait trempé un bout des habits et du linge de la bonne Mère de Bréchard, fut quitte de la fièvre, et le même jour son lait lui revint. Elle n'a plus eu de mal qu'un seul petit accès de ressentiment.

» La dite Noylat ayant donné de la même relique à un sien neveu, âgé de deux mois, qui avait la fièvre continue depuis quatre jours, à même temps l'enfant n'eut plus de fièvre, sa mère l'a assuré.

» Pour la déclaration faite par Jeanne Fassebat, veuve de feu Gilbert Meunier, habitante de Gimeaux, laquelle m'a déclaré qu'elle avait une fille âgée de six ans, qui, après avoir demeuré trois ans étique et sans espérance de guérison, fut persuadée d'intercéder et d'avoir recours à la bonne Mère dame de Bréchard, et après avoir bu de l'eau dans laquelle on avait mis des reliques de la bonne dame, fut deux ou trois jours sans allègement, mais dans quinze jours fut parfaitement guérie.

» Est encore survenu Blaise Arthons, habitant du dit Gimeaux, qui m'a aussi déclaré qu'il avait une fille, laquelle, depuis l'âge de trois ans et quatre mois, ne s'était soutenue, sinon deux ou trois jours ; après avoir bu de l'eau dans laquelle les reliques de la bonne Dame avaient trempé, elle commença à marcher et se soutenir en la tenant par la main.

» Tout ce que dessus a été déclaré devant moi soussigné, le 22e juillet 1645.

» Signé : J. Cluzel, vicaire à Gimeaux.

» Anne Montel, de Saint-Flour, ayant la fièvre quarte depuis neuf mois, après avoir bu de l'eau — deux matins — où l'on avait fait tremper des reliques de la Bienheureuse Mère de Bréchard, a été guérie.

» Jeanne Miton, âgée de huit ans, étant travaillée d'une défluxion sur les yeux, qui lui avait ôté la vue durant deux mois et plus ; après avoir usé des remèdes de la nature, les père et mère avaient été avertis de la vouer aux prières de la Mère de Bréchard ; après qu'on lui eut appliqué un petit os des reliques sur les yeux, avait vu à même temps et toute douleur avait cessé.

» Aujourd'hui, 8 septembre 1656, pardevant nous, M. François Taveron, prêtre et vicaire de la ville de Riom, et suivant la commission à nous donnée par M. Perreyret, official et grand vicaire de Monseigneur de Clermont, pour recevoir les déclarations de ceux qui auront reçu quelque soulagement dans leurs maladies ou incommodités, ou qui auront vu ou su que d'autres personnes aient reçu par les intercessions de défunte Jeanne-Charlotte de Bréchard, en son vivant supérieure du monastère de la Visitation Sainte-Marie de cette ville de Riom,

» S'est présenté M. Jean Legay, huissier en l'élection de cette ville, lequel nous a dit que, s'étant trouvé fort incommodé par une grande fluxion sur l'œil gauche, accompagnée de cuisantes douleurs et d'une enflure extraordinaire, qui par son acrimonie lui avait presque entièrement ôté la vue, et perdu l'œil. A quoi, ayant appliqué tous les remèdes ordinaires, et fait tout ce qu'il s'était pu imaginer lui être souverain, sans aucun soulagement, mais plutôt sentant son mal davantage irrité par la continuation des remèdes, il aurait appris, par bruit commun, l'assistance qu'en pareille incommodité recevaient ceux qui s'adressaient à Dieu par l'entremise et intercession de la dite Jeanne-Charlotte de Bréchard. Sur quoi, le dit Maître Jean Legay, ayant dévotement formé le dessein de visiter pendant neuf jours consécutifs l'église du monastère des dites Religieuses de la Visitation Sainte-Marie de Riom, où repose le corps de la dite Jeanne-Charlotte de Bréchard, lequel pieux dessein s'étant mis en devoir d'accomplir, nous a assuré, par la présente déclaration, que dès le premier jour il avait ressenti un très grand soulagement, et que continuant son vœu et pieuse intention en visitant dévotement la susdite église, la même faveur lui avait été continuée et augmentée de jour en jour, pendant tout le temps et espace de neuf jours, jusqu'à ce point de soulagement qu'au bout des dits neuf jours, après une entière diminution de ses grandes douleurs et cessation de l'enflure, il a heureusement recouvré la vue.

» Laquelle déclaration il a donnée et signée, en présence de M. Jacques et M. Pierre Legay, ses neveux, qui ont pareillement signé le jour et an que dessus.

» Signé : François Taveron.

(Pas d'autre signature à l'original.)

» Devant nous, François Mangot, curé de Riom, s'est présenté honnête femme, Jeanne Sarvy, veuve de feu Jean Marchand, notre paroissienne. Laquelle, par désir qu'elle a de rendre gloire à Dieu sur plusieurs grâces et faveurs qu'elle reconnaît avoir reçu de Lui en la personne d'un sien fils, nommé Gaspard Marchand, par les prières et intercessions de défunte dame Jeanne-Charlotte de Bréchard, en son vivant supérieure des Religieuses de la Visitation de cette ville, le corps de laquelle est dans le chœur des dites Religieuses. A ce sujet, nous a requis de prendre sa déclaration, portant que son fils, qui est à présent âgé de 12 ans, dans la 3me année de son âge, se trouva atteint d'une maladie qui lui arrivait de temps en temps, et le rendait comme immobile.

» Après avoir appelé quelques médecins et, suivant leurs avis, lui avoir appliqué souventes fois des ventouses et autres médicaments ; enfin, par le cours dudit mal, souvent arrivé, il fut jugé être atteint du mal caduc, par les signes qui en arrivaient lorsqu'il s'en trouvait saisi. Comme la déclarante, sa mère, vit que le mal était incurable, elle rendit ses vœux et dressa ses prières à la dite défunte Jeanne-Charlotte de Bréchard, qu'elle savait être en grande odeur de sainteté, lui vouant son fils et, à cette fin, faisant faire une neuvaine, au commencement de laquelle elle vit un grand changement dans son fils, et, depuis icelle finie, son dit fils, dès le sus dit âge de trois ans. n'en a eu aucun ressentiment jusqu'à présent, restant en très parfaite santé.

» A dit en outre et reconnu autre grâce avoir été donnée de Dieu à son même enfant qui fut atteint, quelques années après, de la petite vérole, qui lui avait tellement couvert le visage, qu'il restait en danger de perdre un œil. Se confiant toujours aux mérites de la dite Mère de Bréchard, elle fit appliquer un os tiré des doigts de la dite Mère (qu'on a continué d'appliquer aux malades en diverses rencontres) ; par le moyen de quoi, son enfant reçut guérison.

» Fait ce 10e septembre 1655, et avons signé le présent acte, après que la dite déclarante a dit ne savoir signer.

» Présents : Monsieur Taveron François, prêtre, etc.; Jeanne Gardissat.

» Signé : Mangot, curé de Riom,
Taveron.

» Une demoiselle de Paris, tante de notre chère Sœur, M. L. Michelarne, dont on a parlé ci-dessus, — manchotte des deux bras... — Cette chère tante lui écrit ce qui suit :

» L'année 1655, le 7e de juillet.

» Il y a huit ans que je fus malade d'une grande maladie : fièvre continue, enflée par tout le corps ; les remèdes ne me faisaient rien. Je me ressouvins d'un petit linge que vous m'aviez envoyé, et qui avait trempé dans le sang de la bonne Mère de Bréchard. Je me recommandai à Dieu, le priant instamment par les mérites de cette sainte Religieuse, et je mis tremper le linge dans un peu d'eau que je pris. Aussitôt, je me sentis soulagée, et, dans peu de jours, je fus guérie. C'est ce que je peux attester, en foi de quoi j'ai signé.

» Signé : Françoise Michelarne.

» J'ai, demoiselle Marie Bonnet, certifié qu'ayant ouï faire récit à Monsieur Michelarne, bourgeois de Paris, qu'il avait un reliquaire du sang de la Bienheureuse Mère de Bréchard, que sa fille lui avait envoyé (qui est Religieuse à Riom, au couvent de la Visitation Sainte-Marie), et comme sa sœur en avait été miraculeusement guérie, l'ayant mis sur elle, étant par deux fois fort malade. En travail pour accoucher, je l'envoyai prier de m'envoyer le sus dit reliquaire, sur la foi que j'avais d'en recevoir du soulagement. Et de fait, sitôt que je l'eus sur moi, par contre, en deux fois, je fus heureusement délivrée.

» En foi de quoi, j'ai signé le présent écrit, le 7ᵉ de juillet mil six cent cinquante-cinq.

» Signé : Marie Bonnet.

» Je, François Michelarne, bourgeois de Paris, certifie qu'il y a quelques années que ma fille, Françoise Michelarne, religieuse au monastère de la Visitation de Sainte-Marie de Riom, m'envoya pour relique un petit morceau de chair du corps de la Bienheureuse Mère de Bréchard, avec un peu de linge qui avait été trempé du sang de la dite Mère. Un peu de temps après, une de mes sœurs, étant fort malade et menacée d'une paralysie en tout le corps, me pria de lui prêter la dite relique, y ayant une grande foi, et de fait, sitôt qu'elle l'eut sur elle, elle se trouva grandement soulagée, et, en peu de temps, en parfaite santé.

» Je l'ai aussi prêtée, par deux diverses fois, à Mᵐᵉ Marie Bonnet, laquelle avait ouï ce récit de la dite relique, et comme ma sœur avait été guérie. Etant fort malade, elle me la fit demander, et aussitôt qu'elle l'eut sur elle, elle fut bientôt soulagée.

» En foi de qui j'ai signé ce présent écrit.

Le 16 juin 1655.

» Signé : F. Michelarne.

(Toutes les pièces qui précèdent sont réunies, aux archives, en une seule liasse.)

» L'an 1661 et le 18 avril, pardevant nous, François Taveron, prêtre et vicaire de la paroisse de cette ville de Riom, et suivant le pouvoir et commission que nous aurait donnés Monseigneur de prendre la déclaration de ceux qui auraient reçu quelque soulagement dans leurs maladies et infirmités par l'aide et prières de Jeanne de Bréchard, décédée *supérieure* des Religieuses du monastère de la Visitation de cette ville de Riom,

» A comparu Monsieur Jean Bernard, avocat au Parlement, sénéchaussée et siège présidial de Riom, lequel nous a dit que Damoiselle Jeanne-Marie Bernard, sa fille, mariée à Monsieur Jean Frossanges, marchand apothicaire de cette ville de Riom, ne pouvait se remettre d'une longue maladie et infirmité qui lui était arrivée quatre ou cinq jours après son accouchement et délivrance. Son esprit était troublé en telle sorte qu'on ne pouvait avoir aucun raisonnement de la dite Bernard.

» Le déclarant, voyant que les remèdes ne pouvaient rien, étant entré un certain jour, dont il n'est mémoratif, en l'église du dit monastère de la Visitation de Sainte-Marie, il pria la dite de Bréchard, sur ce qu'il avait ouï dire que, lorsque l'on transporta les bières et ossements des Religieuses décédées dans leur ancienne maison, ensevelies dans leur tombeau, — dans celui où elles sont à présent, — la bière de la dite de Bréchard s'étant entrouverte, l'on vit son corps sans corruption et en son entier, qui est une marque de la gloire dont elle jouit dans le ciel, et que, si elle avait quelque pouvoir, qu'elle obtînt la guérison de la dite Bernard.

» Quelques jours après, s'étant rencontré à la promenade avec M. Pierre Girard, docteur ès droit canon de la Sorbonne et Faculté de Paris, ils étaient entrés dans l'église du dit monastère, où étant, le dit déclarant eut fortement en pensée d'invoquer la dite de Bréchard, pour obtenir, par ses prières envers Dieu, la guérison de sa fille. En même temps, il fit vœu devant le tabernacle du Saint-Sacrement de la dite église, pour sa fille infirme de corps et d'esprit, qu'elle commencerait de visiter la dite église, en demandant l'intercession de la dite de Bréchard pour sa guérison. Qu'il ferait dire trois messes en l'honneur de la très Sainte Trinité, avec l'oraison des Vierges et des Saintes. Qu'à la sortie de la dite église le déclarant dit son vœu au dit sieur Girard, et fut aussi le rapporter aux Religieuses auxquelles il demanda des reliques de la dite de Bréchard, qui lui baillèrent un peu de sa chair, et lui dirent de la faire tremper dans de l'eau et que la malade bût de cette eau, le matin et le soir pendant neuf jours, qu'elle s'en trouverait parfaitement bien.

» De ce pas, le déclarant était allé trouver sa fille, pour lui dire et au dit Frossanges, son mari, le vœu qu'il avait fait pour elle, et qu'elle eut à l'exécuter, et confirmer demain, car il croyait parfaitement et avait cette foi que, par l'intercession de la dite de Bréchard, elle obtiendrait de Dieu sa guérison. Il lui bailla la chair de la dite de Bréchard, et leur dit de la faire tremper dans de l'eau, et boire, tous les matins ou le soir de la neuvaine, de la dite eau. Et ayant fait comprendre le dit vœu à la dite malade, et après lui avoir répété plusieurs fois, elle se mit à pleurer. Le lendemain, la dite Bernard, infirme, commença à chausser un de ses bas, et, quoiqu'il fît grand froid et neigeât, commençant son vœu, on l'avait conduite avec bien de la peine dans la dite église, où elle aurait ouï la dernière des trois messes à genoux, sans la pouvoir faire asseoir. Etant de retour au logis du dit déclarant, il connut son esprit tout changé, et que la dite Bernard commença dès lors à raisonner de son mal et de la cause d'icelui. L'après-dîner, ayant demandé ses Heures, elle lut plusieurs oraisons, comme aussi les Litanies des Saints. Pendant la neuvaine, elle s'habilla seule entièrement, et raisonna de mieux en mieux. Que depuis ce temps, elle est venue dans une parfaite santé et convalescence, avec bon sens et jugement.

» Et en foi de cette vérité et attestation de ce que dessus, a été dressé le présent procès-verbal, le dit jour et an que dessus. Et sont signés :

» Bernard, — Marie Jauberton, — Girard, — Jeanne-Marie Bernard, — Frossanges, apothicaire.

» Je soussigné, Antoine Bochetal, procureur aux bailliages et sénéchaussée de Roanne, Saint-Etienne, domaine de Forez et autres juridictions royales de la ville de Montbrison, capitale du pays du Forez,

» Certifie et atteste à tous qu'il appartiendra, que Damoiselle Marie-Bénigne Chavassière, mon épouse, étant tombée malade au mois d'août de l'année mil sept cent-dix, d'une rechute et d'une fièvre maligne, après dix-sept ou dix-huit jours de maladie, elle fut abandonnée du sieur Edouin, conseiller, médecin du Roi, à Lyon, et par le sieur Beurrion, son médecin ordinaire, du dit Montbrison, et par un grand nombre de religieux et prêtres séculiers, notamment par le sieur Gazan, curé de Saint-Galmier-en-Forez, bon ami du dit Bocheval, le sieur Ribeyron, curé de Saint-André ; le sieur Cluzel, aumônier des Dames de la Visitation du dit Montbrison ; le Père Giraudo, lors vicaire des Cordeliers de la dite ville, et de plusieurs autres ; et après avoir demeuré cinq jours à l'agonie, la dite Chavassière n'ayant aucun usage de ses sens que celui de l'ouïe, le dit Bochetal fut inspiré par l'organe de Sœur Marie-Espérance

Bochetal, sa sœur, Religieuse au monastère de la Visitation Sainte-Marie du dit Montbrison, de faire vœu au tombeau de la Dame de Bréchard, à Riom, et de faire dire le saint sacrifice de la messe à la Visitation du dit Riom, dans l'espérance du rétablissement de la santé de la dite Chavassière. Ce vœu fut fait en présence du dit Cluzel, de la dite Chavassière et de sa mère, et à l'instant la dite Chavassière reprit ses forces, et à la surprise de toute la ville qui la croyait morte. Elle est en bonne santé à présent, ce que je certifie véritable, à Riom, ce huitième mai mil sept cent onze.

» Signé : Bochetal-Froment,
Pérol, prêtre et vicaire de Saint-Amable, de Riom.

» Raignaud, maître horloger de cette ville de Riom, avait un fils, lequel fut travaillé d'une grande défluxion sur un œil qui était fort enflammé et lui sortait presque de la tête, paraissant gros comme une noix et rouge comme de l'écarlate. Les médecins et chirurgiens ayant dit à la mère que l'enfant perdrait infailliblement cet œil, celle-ci alla au monastère de la vénérable Mère de Bréchard, pria qu'on y fît une neuvaine, pendant laquelle on lui passa une relique de la servante de Dieu, qui sans doute avait prié pour le petit malade, puisque, au bout de la neuvaine, le mal n'avait laissé aucune trace de ses ravages.

» Le fils d'un marchand nommé Lachaise, ne pouvant souffrir en façon du monde de voir le jour, il fut amené au monastère de la vénérable Mère de Bréchard, pour qu'on lui passât sur les yeux une relique de cette grande servante de Dieu. Au bout de la neuvaine, l'enfant fut entièrement guéri, ne faisant plus résistance de voir le jour.

» Maître Pierre Debort, tailleur, ayant un fils qui, durant plusieurs nuits, rendait du sang par les yeux, fut inspiré de recourir aux prières de la vénérable Mère de Bréchard. Au bout de la neuvaine, pendant laquelle on fit passer une relique sur les yeux de l'enfant, le mal avait entièrement disparu.

» La femme d'un mouleur avait une enflure au cou, de la grosseur d'un œuf, ce qui la rendait très difforme. Ayant recours aux prières et intercessions de la vénérable Mère de Bréchard, au bout de cinq jours, elle fut entièrement guérie.

» Un bon paysan étant tombé d'un arbre, fit une chute terrible qui lui meurtrit un bras, où il se fit une plaie que ce bonhomme négligea. Il laissa amasser une humeur qui attira bientôt la gangrène ; on y voyait aucun remède que de lui couper le bras au plus vite ; ce qui mettait ce pauvre homme hors d'état de gagner sa vie. On lui inspira de se vouer à la vénérable Mère de Bréchard ; et il alla demander quelque chose qui lui eût appartenu. Après l'application de la sainte relique, ce pauvre malade se mit sur son lit pour attendre les médecins et les chirurgiens qui devaient lui couper le bras ; il dormit pendant quatre heures et se trouva à son réveil parfaitement guéri, au grand étonnement des médecins et chirurgiens et de plusieurs autres personnes. »

XI

Ventes des biens nationalisés de la Visitation de Riom
(1791, 1792, an VIII)

1. — *Vente des biens ruraux* (1791, 1792)

Nous donnons la liste des adjudications des biens du monastère de la Visitation de Riom, consenties par la Nation en 1791 et 1792, telles que nous les trouvons détaillées dans les registres des aliénations des biens ecclésiastiques déposés aux Archives départementales :

Dates	Noms des Adjudicataires	Désignation de l'immeuble	Étendue de l'immeuble	Prix de l'Adjudication	Estimation de l'immeuble
30 jan. 1791	Claude Forget, Ant. Barthélemy, Bravy Dumazet, tous de Riom.	Verger des Charmes.	6 journaux.	1300 »	6930 »
20 fév. 1791	Claude Frelut de Riom.	Moulin de Bardon, grange, petit jardin, pré des Canaux, terre.	1/2 journal, 1 éminée.	11300 »	5680 »
21 fév. 1791	Louis Boisson de Riom.	Enclos en jardin, deux petites maisons, le tout dit clos de Bardon.	3 septérées et 1 éminée.	8600 »	5478 »
»	Jean Carrier de Riom.	Pré au Marais.	4 journaux.	1936 »	1936 »
»	Bravy Dumazet de R.	Prés de l'Etang et de la Litte longue, saulée.	»	12800 »	4235 »

Dates	Noms des Adjudicataires	Désignation de l'immeuble	Étendue de l'immeuble	Prix de l'adjudication	Estimation de l'immeuble
21 fév. 1791	Blaise Tailhand et Priest Mouton.	Terre, routoir à chanvre.	2 septérées et demie	5100 »	2870 »
»	Antoine Baisle et Louis Boisson.	Vigne à la Beaumette	24 œuvres.	8250 »	3190 »
6 mars 1791	Amable Roudaire, Enreille, Belin et autres.	Domaine d'Oranche	125 septér. de terres, 25 septér. de prés.	100100 »	3927) »
22 mars 1791	Antoine Lapeyre et Michel Dulin.	Terre distraite de l'enclos de Champredon.	1 septérée.	4100 »	1788 10
5 avril 1791	Fiacre Favier.	Vigne à Chauriat.	6 œuvres.	2675 »	858 »
»	Jean Jeudi.	Vigne à Chauriat.	4 œuvres.	1800 »	676 »
19 avr. 1791	Antoine Chassaing de Riom.	Vigne aux Cottes.	12 œuvres.	6600 »	3310 »
13 juil. 1791	Louis Boisson.	Terre à la Beaumette		2350 »	310 »
23 août 1791	Jean Bœuf de Mozat.	Terre à Courriat.	1 septérée.	2050 »	962 10
1 sept. 1791	Antoine Mandet.	Terre à la Beaumette	2 septérées.	4975 »	2222 »
28 sept. 1791	Jean Huguet-Feuillade.	Vigne à Bourrassol.	4 œuvres.	1200 »	374 »
29 mars 1792	Jean-Bénigne Massonnet	Vigne à Bourrassol.	5 œuvres.	1100 »	
11 oct. 1792	Jean Dumontel.	Clos Champredon.	5305 toises.	22700 »	

Nous donnons à la suite le texte de la vente des bâtiments du couvent, en date du 19 germinal an VIII :

2. — *Vente de domaine national en exécution de la loi du 28 ventôse an IV*

(Domaine soumissionné le 21 floréal an IV, n° 65)

« Du 19 germinal an VIII de la République française une et indivisible.

» Nous, administrateurs du département du Puy-de-Dôme,

» Pour et au nom de la République française, et en vertu de la loi du 28 ventôse an IV,

» En présence et du consentement du commissaire du Directoire exécutif,

» Avons, par ces présentes, vendu et délaissé, dès maintenant et pour toujours,

» Au citoyen Gilbert Hom, greffier en chef du tribunal de cassation, habitant de la commune de Paris, d'icy absent et pour lui acceptant le citoyen François-Joseph Maugue, homme de loys, habitant de la commune de Clermont, son fondé de pouvoir, etc.,

» Le domaine national dont la désignation suit, savoir :

» Les bâtiments et enclos ayant formé le ci-devant monastère de la Visitation qui existait dans la commune de Riom, faubourg de Mozat, en quoi que le tout puisse consister et tel qu'il est ci-après détaillé :

». Cette propriété se compose d'une première aile de bâtiments au midi, distribuée en sept pièces voûtées, comprise celle servant à la cage du grand escalier, d'une seconde aile à l'occident en retour d'équerre de la précédente divisée aussi en sept pièces non voûtées.

» Encore en retour d'équerre, au nord, une autre aile distribuée en trois pièces, compris celle d'un second escalier par lequel on arrive aux greniers.

» En retour à angle droit, une quatrième aile divisée en parloir, chœur de religieuses et chambre de correction.

» Encore à l'orient de cette aile, est l'église et la sacristie.

» Au centre est un cloître formant parallélogramme rectangle, environné de trois côtés par des dortoirs, sur lequel cloître sont avancés trois petits oratoires.

» Au midi de l'église, du chœur et de la première aile méridionale, règne un jardin, qui était cour lors de l'existence de la Communauté.

» A l'occident de la seconde aile, est une vaste cour.

» Au nord de la troisième aile, une autre cour et passage ; à l'orient de cette cour et passage, est une avant-cour servant d'entrée à l'église.

» Sur tout le côté septentrional des bâtiments règne une autre aile, confinée à cet aspect par la rue du faubourg de Mozat, divisée en six boutiques, deux chambres et un cabinet, une boulangerie, pétrin et mauvais cuvage, servant aujourd'hui de vitrière ; au retour d'équerre de ce cuvage est une sorte de hangar qui fait avancement sur la cour à l'occident de la seconde aile.

» Tel est l'ordre de distribution dud. bâtiment au *rez-de-chaussée.*

» *Distribution du premier.* — L'aile méridionale est coupée au milieu par un dortoir sur lequel sont distribuées de droite et de gauche quinze cellules.

» Suite du même corridor, sur lequel sont développées de droite et de gauche vingt-six cellules, et dans l'angle méridional et occidental des lieux communs, galerie et beau regard. Ce corridor se termine par une salle commune aux cellules parallèles.

» Continuité du même corridor sur la troisième aile septentrionale, trois chambres, l'une desquelles a son entrée sur l'escalier du grenier.

» Au dessus de la salle dite de correction, une pièce et à côté une seconde qui diminue sur le passage qui conduit au cloître.

» Vaste grenier sur les ailes septentrionale et méridionale.

» Le premier de l'aile qui longe sur la rue du faubourg de Mozat, six chambres au-dessus des boutiques, et une septième sur le passage de la principale entrée, et enfin deux chambres et deux cabinets prenant vue dans l'intérieur, le tout dominé par des greniers ou galetas.

» Toutes les cours ou petits jardins contiennent ensemble un journal et un quinzième, et toute la masse des bâtiments cinq sixièmes de journal.

» Lesquels bâtiments sont dits être dans un état de dégradations sensibles, n'y ayant plus de contrevents, les gonds étant arrachés, plus ou presque point de châssis aux fenêtres, les dortoirs étant décarrelés en grande partie, les couverts percés de toute part, les lattes et les tuiles pourries presque en totalité, et la charpente désirant des réparations pressantes.

» Au midi de ce bâtiment est un jardin donnant en planimétrie deux journaux et un centième, dans lequel est un colombier et un oratoire.

» Les dits bâtiments et jardins estimés être d'un revenu, valeur de 1790, de la somme de 1,025 francs, au capital, à raison de 18 fois le revenu, de 18,450 francs.

» A l'occident du jardin est un pré-verger, arrosant à volonté par un ruisseau qui coule au midi des dits bâtiments. Il contient trois journaux et un tiers, — estimé en revenu, valeur de 1790, de la somme de 318 francs, au capital, raison de 22 fois le revenu de 6,996 francs.

» Les dits biens, d'après le rôle foncier de 1793, imposés en principal et sans additionnel à 423 fr. 65 c.

» Ne feront point partie de la présente vente les différents meubles qui existent ou peuvent exister encore dans les dits bâtiments, et par exprès une grande armoire en bois dur à six battants, deux autres en bois de sapin, une quatrième à tiroirs, et une vaisselière ; lesquels meubles, ensemble tous autres qui n'auraient point été dénommés et détaillés et sortissant nature de meubles, demeurent réservés pour iceux être vendus comme mobilier national.

» Les dits biens dépendant de ceux qui étaient ci-devant jouis par les ci-devant religieuses de la Visitation de Riom, iceux déclarés biens nationaux par la loi du 2 nov. 1792.

» Cette vente est faite moyennant la somme de vingt-sept mille deux cent cinquante francs, que l'acquéreur s'oblige payer à la République, entre les mains du receveur des domaines nationaux, moitié dans la décade de ce jour, et l'autre moitié dans les trois mois.

» Fait et clos les dits jour et an, et avons signé, etc...

» Enregistré à Clermont-Ferrand, le 4 floréal an VIII.

TABLE DES MATIÈRES

	Pages
Avant-propos	v
Sources inédites	vii
I. — Etat des Communautés religieuses de Riom au début du xviie siècle	1
II. — Les préliminaires de la fondation de la Visitation de Riom (1616-1622)	9
III. — Oppositions à la fondation (1622-1623)	16
IV. — La fondation (8 décembre 1623)	39
V. — Jeanne-Charlotte de Bréchard	50
VI. — Premier gouvernement de la Mère de Bréchard. — La Mère Chariel (1624-1632)	61
VII. — Second gouvernement de la Mère de Bréchard. — La Mère Chahu (1632-1636)	71
VIII. — Mort de la Mère de Bréchard (18 novembre 1637)	81
IX. — Le monastère du faubourg de Mozat (1637-1644)	85
X. — L'incorruptibilité du corps de la Mère de Bréchard (1645)	89
XI. — La Visitation de Riom pendant la fin du xviie siècle (1645-1700)	99
XII. — La Visitation de Riom pendant le xviiie siècle (1701-1788)	114
XIII. — Histoire des reliques de la Mère de Bréchard (1645-1788)	121
XIV. — Mouvement religieux et littéraire au monastère de la Visitation de Riom	131
XV. — L'administration temporelle	145
XVI. — La Révolution (1789-1818)	167
XVII. — Les reliques de la Mère de Bréchard pendant la Révolution (1789-1818)	177
XVIII. — La restauration de la Visitation de Riom (1818-1892)	181
XIX. — La résurrection du monastère Sainte-Marie (1792-1892)	199

TABLE DES ANNEXES ET PIÈCES JUSTIFICATIVES

	Pages
I. — Liste chronologique des supérieures (1723-1892)	207
II. — Liste alphabétique des religieuses	208
1. — 1623-1790	208
2. — 1790-1792	212
3. — 1818-1892	213
III. — Contrat de fondation du monastère (10, 25 septembre 1622)	213
IV. — Procès-verbaux des assemblées de la ville de Riom	216
1. — Du 23 octobre 1622	216
2. — Du 29 octobre 1623	217
V. — Procès-verbal de la première visite du monastère (6 décembre 1623)	221
VI. — Notice sur le Monastère de la rue de l'Ane-Vert	222
VII. — Le Monastère du faubourg de Mozat	225
VIII. — Deux poésies de la Mère de Bréchard	228
IX. — Procès-verbaux de reconnaissance ou de visite des reliques de la Mère de Bréchard	232
1. — Procès-verbal du 23 mai 1645	232
2. — Certificat en latin du docteur Dumas, 1645	233
3. — Récit de Mgr de Maupas à la Visitation de Bourges (14 avril 1655)	234
4. — Procès-verbal du 29 mai 1655	237
5. — — du 17 octobre 1708	238
6. — — du 9 août 1839	241
7. — — du 2 juillet 1888	244
X. — Enquêtes ecclésiastiques sur les guérisons obtenues par l'intercession de la Mère de Bréchard	246
XI. — Ventes par la Nation des biens de la Visitation de Riom	257
1. — Des biens ruraux, 1791-1792	257
2. — Des bâtiments, an VIII	258

Clermont-Ferrand, imprimerie BELLET. — 3145.

www.ingramcontent.com/pod-product-compliance
Lightning Source LLC
Chambersburg PA
CBHW050332170426
43200CB00009BA/1567